供应链网络规划

北京京东乾石科技有限公司　组　编

文　容　黄珏群　主　编

陈焕南　钟肖英　副主编

清华大学出版社

北京

内 容 简 介

本书聚焦供应链网络中仓储网络节点的布局与设计，基于企业实际工作过程和网络规划案例逐步深入剖析供应链规划的本质与核心。本书集案例背景、案例数据、企业实践方法于一体，属于应用型教材。本书以供应链网络设计的工作过程为主线，主要介绍供应链战略、仓储网络布局与优化，以及供应链网络规划的拓展内容等，并结合当前行业中几大典型的供应链类型展示前沿拓展案例。全书以图、表为主，文字为辅，内容全面且实用性强，着重突出可操作性，不仅为供应链网络规划人员提供了实用的工作思路和模板，还为其开展工作提供了重要的参考资料。

本书内容丰富，以先进的企业实践为指导，注重理论与实践相结合，既可作为本专科院校物流、供应链等相关专业的教材，也可支持计划或已在物流领域从业的相关人员的进阶学习。

本书封面贴有清华大学出版社防伪标签，无标签者不得销售。
版权所有，侵权必究。举报：010-62782989，beiqinquan@tup.tsinghua.edu.cn。

图书在版编目(CIP)数据

供应链网络规划 / 北京京东乾石科技有限公司组编；文容，黄珏群主编 . —北京：清华大学出版社，2024.1

ISBN 978-7-302-64799-7

Ⅰ. ①供… Ⅱ. ①北… ②文… ③黄… Ⅲ. ①供应链管理—教材 Ⅳ. ① F252.1

中国国家版本馆 CIP 数据核字 (2023) 第 195178 号

责任编辑：	陈　莉
装帧设计：	方加青
责任校对：	马遥遥
责任印制：	丛怀宇

出版发行：清华大学出版社
网　　址：https://www.tup.com.cn，https://www.wqxuetang.com
地　　址：北京清华大学学研大厦 A 座　　邮　编：100084
社 总 机：010-83470000　　邮　购：010-62786544
投稿与读者服务：010-62776969，c-service@tup.tsinghua.edu.cn
质 量 反 馈：010-62772015，zhiliang@tup.tsinghua.edu.cn

印 装 者：三河市龙大印装有限公司
经　　销：全国新华书店
开　　本：185mm×260mm　　印　张：11.5　　字　数：258 千字
版　　次：2024 年 1 月第 1 版　　印　次：2024 年 1 月第 1 次印刷
定　　价：56.80 元

产品编号：101541-01

编 委 会

组　编　北京京东乾石科技有限公司

主　编
文　容　四川铁道职业学院
黄珏群　福建商学院

副主编
陈焕南　海南经贸职业技术学院
钟肖英　广州南方学院

参　编
马潇宇　北京外国语大学
黄明珠　北京外国语大学
杨　晓　宜宾职业技术学院
李卫涛　郑州财税金融职业学院
胡楚奇　四川铁道职业学院
陈　真　青岛理工大学（临沂）
吴春涛　湖北三峡职业技术学院
张　雪　贵州交通职业技术学院
王　梅　贵州交通职业技术学院
何梦嘉　宜宾职业技术学院
王　静　辽宁理工职业大学
付永军　河南物流职业学院

曹丽婷　北京联合大学
高玉蓉　青海高等职业技术学院
吴莎莎　山东商业职业技术学院
刘文颖　北京京东远升科技有限公司
司　博　北京沃东天骏信息技术有限公司
郭　荣　北京沃东天骏信息技术有限公司
王　博　北京京东远升科技有限公司
王　姝　北京京东乾石科技有限公司
安　琪　北京京东乾石科技有限公司
张　慧　北京京东乾石科技有限公司
宋亚粉　北京京东远升科技有限公司
范广辉　北京京东乾石科技有限公司

作 者 简 介

文容，四川铁道职业学院经济管理学院院长，副教授，高级 ERP 财务应用师，京东智能供应链产业学院院长，校级科研平台"智轨经济与供应链运营研究中心"负责人；在核心期刊和普刊上发表论文 10 余篇；主持和参与省级、市厅级、校级教科研课题 6 项，主持多项横向课题；主编省级规划教材 1 本，参编教材 5 本；被评为校级优秀教育工作者、优秀党务工作者、优秀党员、优秀纪检委员。

黄珏群，教授，硕士生导师，福建省本科高校重大教改项目负责人，中共福建省委宣传部首批理论研究及宣传专家库成员；先后在德国、新加坡等国外高校访学，曾任陕西省大型企业集团高管；主要从事供应链管理和产业经济学教学及研究工作，先后主持、参与省级以上自科基金、社科规划及软科学项目 5 项，横向课题 2 项；主持编制现代服务业行业标准 1 项，发表论文 30 余篇，出版专著 1 部；3 项社科研究项目获省级财政科研和社会科学研究优秀成果奖。

陈焕南，副教授，高级经济师，具有 25 年企业管理经验；编写企业管理方案 10 余套，发表论文 7 篇，主持省级课题 1 项，参与省级课题 2 项，主持编写教材 1 部、著作 1 部；主持建设"供应链管理"在线课程并上线智慧树平台，作为主讲人参与海南省第四批在线开放精品课程"创新创业与企业家精神"的建设，并荣获 2020 年第二届全国高校混合式教学设计创新大赛三等奖；带领团队参加 2023 年海南省教学能力比赛，荣获二等奖；指导学生参加 2023 年全国供应链大赛，荣获一等奖。

钟肖英，教授，广州南方学院教务处处长，硕士生导师，电子商务国家一流专业建设点负责人，教育部高等学校物流管理与工程类专业教学指导委员会冷链物流专业工作组成员，广东省本科高校物流管理与工程类专业教学指导委员会委员，广东省特色重点学科"电子商务"带头人，中央财经大学中国互联网经济研究院特聘研究员；获评 2018 年度南粤优秀教师，荣获 2019 年广东省高等教育教学成果奖一等奖；主持和参与国家自科、社科等国家级课题 2 项，教育部人文社科课题 1 项，省部级课题 25 项；发表高水平论文 25 篇，出版教材 2 本、专著 1 本。

前　言

供应链网络是由与核心企业相关的成员组织构成的，这些组织直接或间接与核心企业的供应商或客户产生联系，覆盖产品的起始端到消费端。供应链网络规划中，必须对成员组织进行分类，确定哪些成员对公司及供应链的成功起着决定作用，以便对它们给予关注并合理分配资源。

供应链网络规划是指对供应链中的产品和信息的流动结构进行科学、合理的设计与建设，包括供应链关键节点布局、运输线路的设计、容量配置等。基于某一目的，提前收集供应链中流转的相关信息，并根据产品、节点、线路、客户分布等进行合理且具有前瞻性的设计与配置，可以提高供应链运作的效率，降低全链路成本，提高客户的满意度，提升服务的竞争力。随着科技的不断进步，供应链及物流行业将越来越数字化和智能化，物联网、大数据、人工智能、机器学习等技术在供应链各环节的广泛应用，可以提高供应链的效率、准确性和可视性，实现供应链的数字化管理。

京东物流是一家供应链一体化服务商，消费者能够体验京东商品送达的高时效性，正是得益于京东物流强大的供应链网络支撑。京东物流的核心优势在于通过商品预测算法将货物放置在离客户最近的仓库，通过减少货物搬运次数来提高履约效率。在当前供应链网络复杂、商品 SKU 种类繁多的背景下，算法模型和数字化平台能够辅助专业人员更好地进行供应链网络规划与设计。如何设计供应链网络并定期进行供应链网络优化是战略性问题，对企业的发展至关重要，因此对于供应链行业的从业人员来说，深度了解、学习相关内容，并能够利用数字化工具提升效率非常有必要。

当前，在普通高等院校的供应链相关课程中，多为对传统的供应链经典理论的介绍，较为宏观，涉及面较广；在经典供应链相关教材中，案例也多为国外早期的案例，缺乏当前中国供应链行业发展过程中的企业实践案例。基于我国普通高等院校应用型人才培养的定位，教学过程中需要依据中国供应链企业的实践场景、实践方法、实践平台来综合设计教学实践内容。

本书聚焦供应链网络中的仓储网络节点，基于企业实际工作过程和网络规划案例，集案例背景、案例数据、企业实践方法于一体，属于应用型教材。通过本书的学习，学生可以了解并掌握供应链网络规划的方法，并具备一定的分析能力和逻辑思维能力。

本书的案例均来自企业一线实践，受篇幅所限，案例涉及的仓储网络优化可视化分布图在本书配套的教辅资源中展示。本书还提供课程PPT、京东物流规划专家的讲解视频等教学资源，可以很好地帮助使用本书的教师和学生进行学习及课后的理解，也有助于自学者进行深入学习。读者可填写本书后附的课程资源申请表申请上述资源。

限于编者的学识和经历，书中难免有不足之处，敬请读者不吝赐教。

编者

2023年6月

目 录

项目 1
供应链战略

任务1　供应链战略规划 …………………………………………………… 2
任务2　确定仓网规划策略 ………………………………………………… 18
任务3　供应链网络库存配置 ……………………………………………… 29

项目 2
仓储网络布局与优化

任务1　凌云公司单级仓网方案设计与优化 ……………………………… 44
任务2　雅丽公司单级网络规划 …………………………………………… 69
任务3　乐宁公司多级仓网规划模型搭建与优化 ………………………… 102
任务4　汽车配件行业多级仓网规划模型搭建与优化 …………………… 122

项目 3
拓展篇

第1节　一体化供应链 ……………………………………………………… 150
第2节　数智化社会供应链 ………………………………………………… 156
第3节　全球化供应链 ……………………………………………………… 162
第4节　绿色供应链 ………………………………………………………… 168

参考文献 ……………………………………………………………………… 173

项目 1
供应链战略

任务 1　供应链战略规划

● **知识目标**

1. 理解供应链战略。
2. 掌握三种供应链战略规划方法。
3. 了解供应链可持续发展战略。
4. 了解供应链网络。

● **能力目标**

1. 能够分析供应链的不确定性及供应链能力。
2. 能够根据实际情况选择合适的供应链战略。

● **基础知识**

一、什么是供应链战略

供应链由直接或间接地满足顾客需求的各方组成，不仅包括制造商和供应商，而且包括运输商、仓储商、零售商和顾客本身。供应链是动态的，包括不同环节间的信息、产品、资金的持续流动。[①] 供应链的各环节通过物流、信息流和资金流彼此相联。因此，供应链设计、计划和运作对企业的成败有重要影响，要保持企业的竞争优势，供应链必须基于不断发展的技术和不断变化的顾客期望做出调整，这就涉及供应链的战略定位和规划。

所谓供应链战略，就是从企业战略的高度对供应链进行全局性规划，它确定原材料的获取和运输、产品的制造或服务的提供，以及产品配送和售后服务的方式与特点。供应链战略突破了一般战略规划仅关注企业本身的局限，通过对整个供应链的规划达到帮助企业取得竞争优势的目的。供应链战略管理所关注的重点不是企业向顾客提供的产品或服务本身给企业增加的竞争优势，而是产品或服务在企业内部和整个供应链中运动的流程所创造的市场价值给企业增加的竞争优势。

---

① 苏尼尔·乔普拉. 供应链管理 [M] .6 版 . 北京：中国人民大学出版社，2017：3.

二、基于竞争战略的供应链战略规划

供应链战略必须与企业战略保持一致。在供应链的战略设计阶段，企业需要决策今后若干年的供应链结构，决定供应链的配置，如何分配资源，以及每个环节采用什么流程。企业做出的战略决策包括：①确定是通过外包还是通过自制来执行供应链的功能；②确定生产设施和仓储设施的选址、节点与产能，在不同地点制作或存储的产品，不同的阶段采用的运输方式；③确定所采用的信息系统类型。企业一定要确保供应链配置在这一阶段支持其战略目标并增加供应链盈余。供应链设计决策应是长期的事情，想在短期内发生改变，花费会非常大。因此，当企业做出这些决策时，必须考虑所能预测的未来几年内市场状况的不确定性。

所有的供应链战略决策都取决于企业战略的方向，企业战略是一个战略体系，包括竞争战略、发展战略、技术开发战略、市场营销战略、信息化战略、人才战略，以及其他战略。供应链战略的规划与竞争战略密切相关，并且要计划并推动实现供应链战略与竞争战略的匹配，以提升企业的整体业绩，增强企业在市场竞争中的优势。

而企业的竞争战略与其竞争对手息息相关，确定了需要通过本企业的产品和服务满足的顾客需求。

波特的企业竞争战略研究开创了企业经营战略研究的新领域，对全球企业发展和管理理论研究的进步做出了重要的贡献。以竞争优势为中心，将战略制定与战略实施两者有机地统一起来是波特企业竞争战略理论的又一创新。在波特看来，竞争优势是任何战略的核心所在，每一基本战略都涉及通向竞争优势的迥然不同的途径，以及为建立竞争优势而采用战略目标来框定竞争类型。竞争优势源自企业内部的产品设计、生产、营销、销售、运输等多项独立的活动。这些活动对企业的相对成本和地位都有贡献，同时也是构成差异化的基础，实施竞争战略的过程实质上就是企业寻求、维持、创造竞争优势的过程。因此，分析竞争优势的来源时，必须有一套系统化的方法，来检视企业内部的所有活动及活动间的相互关系。在企业已经明确竞争战略的前提下，如何才能使供应链发挥更大的作用，这就是供应链优化过程中需要探索和落地的内容，供应链战略需要匹配企业竞争战略。

波特将竞争战略分为成本领先战略、差异化战略和聚焦战略，这些在供应链层面实现竞争战略的方法称为供应链战略。

综合以上要素，且随着全球化供应链的发展和企业间竞争的加剧，竞争战略与供应链战略的整合变得极具挑战性。竞争战略反映的是企业如何通过差异化、成本领先和聚焦战略，获取并保持竞争优势(Miller 和 Roth)。而供应链战略强调企业如何通过供应链的能力，如成本有效性、反应速度和灵活性打造自身的竞争优势。供应链战略的内容包括如何生产，如何购买原材料，如何交付产品去支持企业设定的竞争战略 (Handfield

和 Nichols)。因此，竞争战略和供应链战略相比，前者强调"是什么"，而后者强调"怎么做"。

在企业已经明确竞争战略的前提下，如何才能使供应链发挥更大的作用，这就要看如何使供应链战略匹配竞争战略，实现战略匹配是关键。

战略匹配意味着竞争战略和供应链战略要有共同目标。共同目标是指竞争战略所要满足的顾客至上理念和供应链战略旨在建立的供应链能力的一致性。对于一个企业而言，要想实现战略匹配，必须实现以下三点。

1) 竞争战略要和供应链战略相互匹配以形成协调、统一的总体战略。供应链战略规划必须支持企业实现竞争战略目标。

2) 供应链管理部门必须恰当地构建本部门的流程并配置资源，以成功执行供应链战略规划。

3) 整体供应链的设计和各环节的实施必须协调一致，以支持供应链战略和竞争战略相匹配。一家公司极可能因为供应链战略不能与竞争战略匹配而失败，也可能因其整体供应链的设计、流程和实施无法支持所制定的竞争战略而失败。

供应链战略的具体实践路径将在"实践路径"部分进行探讨。

三、基于产品类型的供应链战略规划

不同的供应链战略匹配的是不同形态特点的产品。关于经济型供应链与响应型供应链，要从马歇尔·费雪 (Marshall Fisher) 于1997年在《哈佛商业评论》上发表的"你的产品该用什么样的供应链" (What is the Right Supply Chain for Your Product) 一文谈起，该文阐述了产品战略与供应链战略的匹配。他的二分法具有历史意义：对于走创新路线的产品，应该采用快速响应的供应链，其核心是供应链的灵活性，也意味着高成本；对于走低成本路线的产品，应该采用高效的供应链，其核心是供应链的低成本。产品战略的成功，取决于有合适的供应链战略来匹配。

1. 功能型产品与创新型产品

功能型产品的特点是生命周期长，产品种类少，比较好预测，但边际收益低。功能型产品一般走的是成本优势路线，一般来说，日用品都属于此类产品。

创新型产品并不一定都是技术含量很高的产品，而是更具有差异化特点，一般生命周期较短，品类多，预测准确度低，但是边际收益更高。比如，每年不同季节流行的服装和电子产品等都属于此类产品。

功能型产品和创新型产品的特点对比见表1-1-1。

表 1-1-1　功能型产品和创新型产品的特点对比

对比项目	功能型产品（需求可预测性高）	创新型产品（需求可预测性低）
产品生命周期	超过 2 年	3 个月到 1 年
边际收益率	5%～20%	20%～60%
产品配置种类	少，10～20 种不同配置	多，成千上万种配置
平均预测误差	10%	40%～100%
季末被迫打折	0	10%～25%
平均缺货率	1%～2%	10%～40%

两种不同的产品，对供应链的要求不一样。功能型产品面临的竞争激烈，成本压力很大，需要经济型的供应链来支持。如何才能使功能型产品的成本更低？产能利用率越高，库存周转越快，单位成本才越低。而创新型产品，由于需求预测准确性低，计划先天不足，需要执行来弥补，即需要响应型的供应链来支持。怎么才能响应得快呢？要么保持一定的缓冲产能，要么维持大量的库存，这都意味着高昂的成本。

因此，人们发现，响应快的供应链往往成本高，成本低的供应链往往响应慢。成本和速度一般无法兼顾，这正是供应链的矛盾所在，也是供应链战略需要匹配企业战略的根源——什么样的产品匹配什么样的供应链。匹配产品、匹配企业战略的供应链，才是最优供应链。

2. 经济型供应链与响应型供应链

经济型供应链注重低成本，但响应速度较慢；响应型供应链效率高，能够快速响应，但是成本高。[1] 经济型供应链与响应型供应链的对比见表 1-1-2。

表 1-1-2　经济型供应链与响应型供应链的对比

对比项目	经济型供应链	响应型供应链
主要目标	针对可预测性高的需求；低成本	针对不易准确预测的需求；快速响应，减少缺货和库存
生产焦点	保持高水平的产能利用率	保持一定的缓冲产能
库存战略	高库存周转；供应链各阶段低库存水平	保持大量缓冲库存（零件或成品）
交货周期	不增加成本的同时，尽可能缩短交货周期	大量投入资源，以各种方式缩短交货周期
供应商选择	成本和质量	速度、灵活性和质量
产品设计战略	最大化性能、最小化成本	模块化设计，尽可能减少产品差异化

（资料来源：Marshall Fisher.What is the Right Supply Chain for Your Product.Harvard Business Review, March-April 1997.）

---

[1] Marshall Fisher.What is the Right Supply Chain for Your Product.Harvard Business Review, March-April 1997.

功能型产品需要经济型供应链，创新型产品需要响应型供应链，即产品要匹配合适的供应链。理论很容易理解，但是实践起来不容易。因为企业的产品是复杂、多样的，既可能有创新型产品也可能有功能型产品，企业所面临的竞争环境也是非常复杂的，实践中往往出现产品与供应链不匹配，供应链没有为企业带来更大的竞争优势等情况。这都是供应链规划中需要决策的问题，包括战略选择与供应链模式的设计。

四、基于成熟度分析的供应链战略规划[①]

为了更严谨地制定供应链战略规划，企业还应当了解所在供应链的成熟度，根据供应链成熟度现状与目标确定迁移战略。全球知名 IT 研究与顾问咨询公司 Gartner 提出的供应链成熟度模型为企业评估自身所在供应链的成熟度提供了参考。Gartner 将供应链成熟度模型分为 5 个阶段，如图 1-1-1 所示。

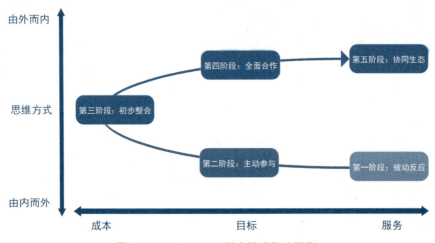

图 1-1-1　Gartner 供应链成熟度模型

第一阶段：被动反应。在第一阶段，供应链是最为被动的，纯粹对外部需求做响应，各部门的目标是孤立的。各部门通过数据来衡量某个特定的指标，比如及时交货率、库存周转天数、生产计划达成率。处于该阶段的企业主要使用 Excel 电子表格等提供有限的数据分析，各部门之间存在信息孤岛，缺乏协同。

第二阶段：主动参与。在第二阶段，供应链上的各部门实现标准化、规模化运作，部分关键流程实现连接和打通。为了避免提前期导致的响应不及时，供应链通过主动预测来提高对市场和订单的响应速度，加快订单履约周期。企业可以从 ERP(enterprise resource planning)和其他系统导入数据，使用 Excel 电子表格、报表和仪表盘等工具，改变信息孤岛的状态。此阶段，供应链内部职能部门(如采购、生产、物流等部门)开始协同。

---

① Gartner for supply Chain Leaders Sample Presentation, Framework for Demand-Driven Maturity.

第三阶段：初步整合。在第三阶段，整个企业内部开始整合，供应链内部职能部门（如采购、生产、物流等部门）和产品、销售、财务等部门跨职能打通。企业专注于数据协调和数据处理，可以对端到端流程数据进行分析，此阶段是供应链逐步成熟的重要里程碑。处于此阶段的供应链系统专注于建立跨流程的可见性体系和流程的绩效衡量体系。此阶段的供应链协同较为明显，供应和需求可以在中长期匹配，成本和服务可以更好地平衡。

第四阶段：全面合作。在第四阶段，供应链上下游形成合作的价值网络，并能差异化响应用户的不同需求。处于该阶段的企业可以使用来自企业内部和供应链成员的数据，分析供应网络层面的整体情况。在此阶段，供应链先进技术覆盖多个企业，用于洞悉企业内外部的可见性和衡量整个供应链的绩效；数据实时集成和分析，并在供应链中跨企业共享。在这个阶段，整个链条上的伙伴已达成全面合作共识，供应链的协同进入更高阶段。

第五阶段：协同生态。该阶段是目前供应链成熟度模型的最高阶段——协同生态。在供应网络中，企业根据下游用户的消耗情况控制上游补货的速度和频次。物料有节奏地移动，仿佛一根无形的绳子协调地拉动物料，使物料从供应商流向制造商，从原材料变成产成品。上下游的企业组成了一个开放、创新的生态系统，通过高度的协同实现价值共享和价值优化，并使风险尽量降低，较好地平衡利润与可持续发展。此阶段也是供应链协同的最理想状态。

参照 Gartner 供应链成熟度模型，企业可以明确所处供应链的成熟度，确定短期发展目标和长期发展愿景，从而找到能力差距和迁移方向，指导供应链战略规划。

五、供应链战略与供应链网络

1. 什么是供应链网络

供应链网络是由与核心企业相关的成员组织构成的，这些组织直接或间接与核心企业的供应商或客户产生联系，覆盖产品的起始端到消费端。在供应链网络规划中，必须对成员组织进行分类，确定哪些成员对公司及供应链的成功起决定作用，以便对它们给予关注并合理分配资源。

从供应链仓库设施的角度来看，传统模式下的企业要自建仓库、组建物流车队来扩大供应链的承载能力。自建仓库周期偏长，如今也有越来越多的弹性手段，如租用第三方物流、云仓等，使得企业不需要巨大的初始投资，能够快速通过租赁获得供应链能力的扩充。

目前，整个供应链、物流系统都在进行数字化转型，基于数字化平台构建完整的供应链网络，通过模拟真实世界的各种可变参数进行调整、仿真及优化，找到最佳的网络节点规划方案，以有效规避设计不合理的风险。

2. 供应链网络与供应链战略的关系

供应链网络的规划中，除了供应商等企业组织的结构，很重要的环节还有仓网网络节点及仓网设施的布局分配，制造、仓储或运输等相关设施的布局，以及每个仓网节点的产能或库存分配等。仓网是供应链网络中最重要，也是投资规模最大的环节。仓网节点的选址决策对供应链的绩效有长期影响，因为关闭或者新增一个仓网节点对仓储的成本，以及对各仓储网络的库存会有很大的影响。一个好的仓网选址决策能帮助供应链在保持低成本的同时具有较好的响应性。

供应链网络的规划、设计对供应链效率有相当重要的影响，与供应链战略息息相关。供应链网络是供应链运行的基础，没有仓库就没有地方堆放货品，没有门店就无法产生线下销售，没有工厂就无法生产产品。以自建仓储网络节点为例，节点建设周期较长，有必要把供应链网络控制作为一个战略议题，因此供应链网络本身就属于战略资源。而且供应链网络中仓储节点的设计、布局与企业服务客户的成本和时效息息相关，也与企业未来较长一段时间的供应链战略是以响应型为主还是以经济型为主有直接关系。

● 实践路径

供应链战略从企业战略的高度对供应链进行全局规划，确定原材料的获取和运输、产品的制造或服务的提供，以及产品配送和售后服务的方式与特点。供应链战略包括对供应链主要结构的说明，传统上称为供应战略、运作战略和物流战略的内容，以及关于库存、运输、生产设施和信息等的供应链设计决策内容。供应链战略影响供应链各个环节的设计与运营，因此在进行供应链网络规划之前，必须明确企业的供应链战略定位。

"基础知识"部分介绍了供应链战略以及与此相关的概念、内涵、原理等，阐述了供应链战略和企业竞争战略的关系、供应链与产品的关系。本部分将尝试探索企业实际运作中供应链战略的定位方式及其实践路径。

企业进行供应链战略定位，首先要了解市场竞争环境，分析客户需求和整个供应链的不确定性因素。另外，企业要依据实际情况准确评估自身的供应链能力，在此基础上制定与竞争战略相匹配的供应链战略，包括供应商的选择、供货期的确定、生产制造策略、库存策略、运输策略等，可以尝试按照以下路径确定企业供应链战略定位。

一、分析客户需求和供应链的不确定性

首先，企业必须了解每个目标客户群的需求，以及在满足这些需求的过程中，供应链所面临的不确定性。了解客户需求有助于帮助企业确定预期成本和服务要求，了解供应链的不确定性有助于企业识别供应链可能面临的中断或延误风险。

1. 客户需求的不确定性

客户需求的表现通常是多种多样的，不同客户群体的需求常表现出以下几种不同属性。

1) 每次购买的产品数量。不同的产品类型或者产品批次，因为客户群体不同或者产品功能及用途不同，预期的订单数量也会不同。例如，一款新手机上市的时候，预期的订单数量会较大，生产所需要的原材料和配件也会比较多。客户在不同时期购买产品的数量也是不一样的。例如，客户对春联的购买量都集中在春节前。

2) 客户愿意接受的响应时间。一般来说，紧急订单所能接受的响应时间较短，而用于具有较长周期的大型项目建设的订单，客户所能承受的响应时间可能较长。

3) 所需产品的种类和客户愿意支付的价格。对于紧急产品需求，一般来说客户对价格不会过于敏感，愿意支付较高价格。而对于非创新型产品，或者需求不是非常迫切的产品，客户则可能会在低价时备货或者处于观望状态，往往不太愿意支付高价。

4) 产品更新速度。有一些产品需要不断推陈出新，才能激发客户的重复购买行为。例如口红产品，每年的不同季节，各大品牌都会推出不同的色号，尽管有些色号之间只有细微差异，但是由于口红属于耐用型产品，使用时间较长，如果不通过不断地推陈出新并结合营销手段去激发客户潜在的购买欲，那么这类产品的销量将大打折扣。因此，对于这类单价较低却需要不断出新来推动客户重复购买的商品，需要在供应链战略中考虑其产量、库存等要素，避免过度积压。

通过上面的分析可以看出，客户需求会随属性的不同而变化，具有高度的不确定性，因此需要一个关键的衡量指标——隐含需求不确定性，来捕捉这些属性的所有变化，进而帮助企业选择最适合自身的供应链战略。隐含需求不确定性是指供应链计划满足特定客户需求所存在的不确定性。需求不确定性反映的是客户对产品(总)需求的不确定性。例如，客户对钢材的需求在种类和数量上都会表现出一定的不确定性：钢材服务中心供应许多品种的钢材，提前期只有一周；小型钢铁厂供应少数品种的钢材并要求数周的提前期；综合钢铁厂则要求数月的提前期。在这三种情形下，产品差不多是相同的，但供应链面对的隐含需求不确定性是不同的。钢材服务中心由于品种多、提前期短，具有最高的隐含需求不确定性；综合钢铁厂的隐含需求不确定性要低得多，能够提前很久对客户需求进行准备。表1-1-3列出了客户需求对隐含需求不确定性的影响。

表1-1-3 客户需求对隐含需求不确定性的影响

客户需求	对隐含需求不确定性的影响
需求量波动范围增大	增加，因为更大的需求量波动范围意味着需求变动增加
供货期缩短	增加，因为对订单的响应时间缩短了
所需的产品种类增加	增加，因为每种产品的需求更加分散了
获取产品的渠道增多	增加，因为顾客总需求分散给了更多的供货渠道

续表

客户需求	对隐含需求不确定性的影响
更新速度加快	增加,因为对新产品的需求会有更大的不确定性
所需的服务水平提高	增加,因为企业不得不面对偶然出现的需求高峰

2. 供应链的不确定性

除了客户需求的不确定性,还应当考虑供应链自身的不确定性。表 1-1-4 列出了供应能力对供应链不确定性的影响。

表 1-1-4　供应能力对供应链不确定性的影响

供应能力	对供应链不确定性的影响
频繁停产	增加
不可预测,低产出率	增加
质量差	增加
供应能力有限	增加
供应能力不灵活	增加
生产工艺的改良	增加

通过对产品需求和供应不确定性的分析,可以创建一个隐含不确定性连续带图谱,如图 1-1-2 所示。

图 1-1-2　隐含不确定性连续带图谱

二、分析企业自身的供应链能力

了解客户需求和供应链的不确定性后,接下来要考虑企业如何在这个不确定环境中依据供应链响应能力满足客户需求?供应链响应能力是指供应链完成以下任务的能力:

- 对大幅度变动的需求量的反应;
- 满足短期供货;
- 经营品种繁多的产品;
- 生产具有高度创新性的产品;

- 提供高水平服务；
- 处理供应的不确定性。

供应链完成上述任务的能力越强，响应能力越强，但响应能力的提高都需要付出额外的成本。供应链往往需要在响应能力和成本之间进行权衡。成本-响应性效率边界曲线给出了一定响应能力所对应的最低成本，如图1-1-3所示。最低成本的界定是建立在现有技术的基础之上的，并不是每家企业都能够在效率边界上运营，效率边界代表最理想的供应链成本-响应性。

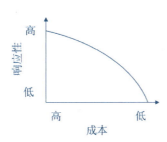

图1-1-3　成本－响应性效率边界曲线

供应链中既有强调响应性的，也有致力于以低成本进行生产和供货的。图1-1-4显示了响应性连续带和各种类别的供应链在连续带上的位置。

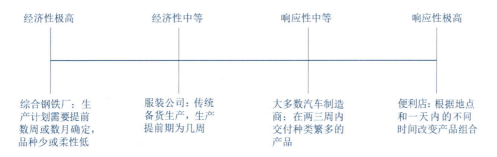

图1-1-4　响应性连续带和各种类别的供应链在连续带上的位置

三、匹配竞争战略与供应链战略

在响应性连续带上标出了隐含不确定性水平及供应链的位置后，应确保供应链响应能力与隐含的不确定性是协调一致的。其目标就是对面临高不确定性的供应链匹配高响应能力，对面临低不确定性的供应链匹配高经济性。

如果客户需求和供应能力的隐含不确定性增加，供应链的响应能力也应增强。这种关系可以用图1-1-5来描述。要获得高水平的绩效，企业应当在战略匹配区调整竞争战略(进而影响隐含不确定性)和供应链战略(进而影响响应能力)。需求不确定性比较高的企业应当采取响应型供应链战略，需求不确定性比较低的企业应当采取经济型供应链战略。

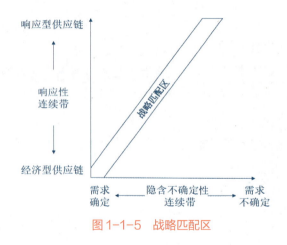

图1-1-5 战略匹配区

四、确定供应链具体策略

确定企业供应链战略定位后,需要依据不同的供应链战略目标,选择具体的供应商选择策略、供货期策略、产品设计策略、制造策略、库存策略、定价策略和运输策略等。

1. 确定供应商选择策略

对于经济型供应链,需要在权衡成本与质量的基础上选择供应商,在保证质量合格的前提下尽可能选择低成本供应商;对于响应型供应链,则需要着重考虑供应商的速度、弹性和质量等指标,尽量与供应商建立长期、稳定的战略合作伙伴关系。

2. 确定供货期策略

经济型供应链条件下,供货期的缩短不能以增加成本为代价;而响应型供应链条件下,哪怕付出巨大成本,投入大量资源,也要以各种方式缩短交货周期,快速响应客户需求。例如盒马生鲜与7-11的门店,门店补货周期较短,补货频次较高,顾客无论什么时候走进店内都能采购到新鲜的货品。

3. 确定产品设计策略

经济型供应链在产品设计上追求最大化性能、最小化成本;而响应型供应链充分利用模块化设计,尽可能将产品标准化、模块化,通过积木式组合快速响应客户定制化、个性化需求。例如戴尔公司前期只储存通用计算机部件,客户需求明确后,再根据客户需要组装满足其个性化需求的计算机产品。

4. 确定制造策略

经济型供应链常保持高水平产能利用率，充分发挥设备生产的规模效应以降低成本；响应型供应链则需要保持柔性的生产能力来缓冲需求或供应的不确定性。

5. 确定库存策略

经济型供应链追求高库存周转，尽可能地降低供应链各阶段库存水平，如采用越库配送方式降低在途库存，通过智能化仓储及分拣技术的应用加快库存周转等；而响应型供应链通常维持大量零件或成品等缓冲库存，以应对需求不确定性。

6. 确定定价策略

经济型供应链条件下，由于价格往往是其产品的主要竞争优势，无论是价格还是成本都被压缩得很低，边际收益较低；而响应型供应链由于具有独特的供应链特性与产品价值，能够带来较高的剩余价值，通常维持较高的边际收益。

7. 确定运输策略

经济型供应链一般追求低成本运输方式，响应型供应链通常选择较为快速的运输方式。例如冷链供应链中，为了保证生鲜产品的品质，产地到门店的供应渠道被打通，省略了中间环节，极大地缩短了运输时间，异地产品也常采用航空运输方式。

值得注意的是，随着企业实践中商业模式的不断创新，供应链策略在逐渐优化与创新。例如供应链的响应性不再只局限于成品库存的有效供应，而是更多地向供应链上游延伸，与原料供应商、生产制造商等形成更为协调、高效的战略伙伴关系，调动各方能力，以更好、更快地满足客户需求。

●实践案例分析：某企业手机产品的供应链战略

一、企业背景

某企业是一家专注于智能硬件和电子产品研发的全球化移动互联网企业，同时也是一家专注于高端智能手机、互联网电视及智能家居生态链建设的创新型科技企业，以手机、智能家居设备、App 为三大核心业务，采用互联网开发模式开发产品，基于极客精神做产品，利用互联网技术减少中间环节，致力让全球每个人都能享用来自中国的优质科技产品。

该企业手机销量逐年递增，2018年30万台，2019年719万台，2020年1870万台，2022年6500万台，该企业的快速崛起与其强大的供应链系统建设密不可分。

作为一家互联网创新企业，该企业有着"电商基因"，其生态链相对较短，只涉及研发组、代工工厂、核心企业和顾客几个环节。在供应链模式上，该企业依靠专业的代工厂为其代工，减少中间代理商和流转环节，直接对接生产商和用户，尽可能地缩短供应链，快速响应顾客需求。

二、产品分析与竞争战略制定

1. 产品特征

该企业手机产品属于典型的短生命周期产品，短生命周期产品要求企业有快速调整其供应链的能力。企业的供应链战略设计可以分为两个层面：一是在水平层面上，需要设计几种不同的供应链来满足不同需求特性的产品；二是在垂直层面上，从时间维度来看，在产品生命周期的不同阶段，如何实时调整最适合的供应链战略。

以该企业手机系列产品为例，在水平层面上，从1代产品到4代产品，每一代产品的需求和供应特性都有较大差异，分别对应不同的供应链战略。在垂直层面上，每一代产品所处的生命周期阶段不同，1代产品基本退出了市场，2代产品处于成熟期，3代产品已经进入成长期，而4代产品处于研发导入的阶段，如表1-1-5所示。

表1-1-5 该企业手机产品生命周期

产品	1代产品	2代产品	3代产品	4代产品
生命周期阶段	衰退期	成熟期	成长期	导入期

在不同生命周期阶段，其供应链特征也有较大差异。

在导入期，由于无法准确预测需求量、产品未被市场认同、订货频率不稳定且批量小等，供应链的主要目标是在产品投放市场前制订完善的供应链支持计划，高频率、小批量发货避免生产环节和供应链末端的大量库存，以及供应链各环节信息共享。这个阶段最大的风险是供应链上技术的变化和客户的反馈存在比较大的不确定性，快速迭代试制产品、供应商寻源、供应商参与早期设计、快速配送等是供应链管理的重点。在成长期，随着产品的市场需求稳定增长，供应链应做到批量生产，较大批量发货，较多存货，以降低供应链成本，同时通过供应链各方的协作增强竞争力，使服务水平与成本更合理，这时最大的风险来自响应速度。在成熟期，产品竞争加大，利润降低，销售增长放缓，产品一旦缺货，将被竞争性产品所代替，同时市场需求相对稳定，市场预测较为准确，这时供应链应该建立配送中心，利用第三方物流公司降低供应链成本并减少成品库存。进入衰退期，产品的市场需求急剧下降，同时价格下降，应对供应链进行调整以适应市场的变化，如供应商、分销商、零售商等数量的调整及关系的调整等，去库存是供应链的主要目标。

2. 竞争战略

与传统厂商相比，该企业手机产品采用了互联网营销模式。在手机市场中，苹果手机凭借自身的 iOS 系统打造一个完整的生态链，而该企业作为初创企业，不具备雄厚的资金实力，无法搭建传统的生产及销售链条。因此，企业另辟蹊径，采用差异化的互联网思维模式，取得规模效应后绑定大批优秀的硬件供应商，进而形成成本优势来狙击竞争对手。

3. 销售渠道

该企业减少了销售链条中的环节，利用互联网技术，砍掉了很多中间的经销商环节，节省了营销成本，形成了高响应的敏捷供应链结构，实现极致的性价比。同时，这样的战略模式也可以让企业实现轻资产，聚焦于研发和营销。

互联网资源整合的成功和供应链战略的成功，是该企业手机产品成功的关键战略。该企业手机产品坚持差异化竞争战略，以"为发烧而生"为设计理念，不断加强自己在系统和产品外观设计方面的软实力，将全球最顶尖的移动终端技术与元器件运用到每款新品中。由于产品具有极高的性价比，且契合用户需求，成功地运用饥饿营销、事件营销、微博营销等一系列营销模式取得了成功。

三、该企业手机产品的供应链战略定位

1. 该企业手机产品的需求和供应不确定性分析

从需求不确定性来看，该企业手机产品目前所处的手机市场创新速度较快，产品生命周期较短，消费者所能接受的响应时间较短，所需客户服务水平较高。顾客需求具有高不确定性，创新型产品脱销可能性大。

从供应不确定性来看，手机芯片供应能力有限，面临中断、延迟等风险，产品设计和生产工艺在不断改良，手机核心配件的供应也具有较高不确定性。

在这样的不确定性下，该企业手机产品采用了 C2B 预售模式，生产由客户订单拉

动,以降低需求不确定性带来的影响。但是这也要求供应链有较高的运作水平,比如丰富的预测经验和算法,良好的供应链上下游资源协调能力,及时、准确的采购和排产计划等。

2. 该企业手机产品供应链能力分析

通过对该企业手机产品供应链不确定性进行特征分析,可以得出手机产品的成本-响应性效率边界曲线,如图1-1-6所示。由图可知,手机产品响应性较高,需要快速响应客户需求,同时高响应性也带来了高运作成本。

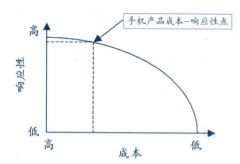

图1-1-6　手机产品的成本-响应性效率边界曲线

3. 该企业手机产品供应链战略匹配

手机产品属于创新型产品,产品生命周期短,需求具有高度不确定性,对供应链的响应性也有较高要求,据此可以得出手机的战略匹配,如图1-1-7所示。由手机产品供应链战略大致匹配带可以看出,与手机产品相匹配的是响应型供应链战略。

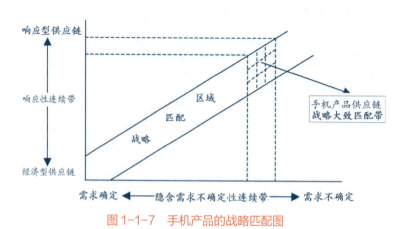

图1-1-7　手机产品的战略匹配图

在互联网模式下,手机产品供应链实施的是拉动式策略,关键因素是实现快速的信息传递,缩短提前期,缩短从产品需求预测、收到订单直到将产品送达客户手中的周期。

对于新产品来说，供应链战略的制胜因素在于最小化从产品设计到产品发布进入市场的时间，该企业手机产品研发过程中紧密和上游核心供应商合作，共同开发，如参与联发科和高通的芯片开发，从而较早以较低价获得量产芯片。该企业手机产品还将最终客户带入研发链，体验和反馈其工程样机，将供应链和开发链紧密结合起来，尽快向市场推出量产手机。

四、供应链战略方案制定

该企业手机产品采用的是响应型供应链战略，该战略要求通过库存、运输、信息、产能等策略快速响应客户需求，具体如下。

1. 库存策略

由于该企业手机产品的销售特点是提前预约，于指定日期发布每轮可供销售数量。手机生产能力有限，因此也是由用户订单数量来指导生产。传统供应链模式下，快速响应的供应链模式应该维持一定的安全库存。区别于传统生产制造企业，该企业手机产品实行的是非核心业务外包的运营模式，专注于研发和市场营销等核心业务，因此有强大的供应商协同管理体系。该体系向该企业手机产品指定的超过 100 个境外供应商采购商品，并提供分拣、贴标、VMI 管理、添加 GPS 定位模块等服务，按照最经济的原则向境内超过 10 家海关进行申报通关，货物运输价值较大、运输量较多且需要快速响应，采用零担、空运、专车、快递等形式，向境内为数众多的代工厂及指定的地点运送货物，并随时根据各代工厂的生产进度进行快速调拨以满足"零库存"生产的要求。

2. 运输策略

由于手机产品属于创新型产品，产品时效性较强，销售以线上网络渠道为主，所以主要采用航空与公路联运的运输方式。随着高铁技术的逐渐发展，手机产品也可采用高铁与公路联运的方式进行运输。

3. 信息策略

与供应商协调预测，信息共享。手机产品的生产信息一方面来自客户订购信息，另一方面来自企业对市场的预测。通过 ERP 实现与合作供应商共享有效数据，实现供应链信息共享与协调，实现预测计划和综合计划的实施等。以供应链目标为导向，协调企业各个部门的工作计划，并延伸到企业外部，驱动并协调供应链合作伙伴的工作与计划，使企业内部、供应链各节点的运作能够协调发展。

4. 产能策略

对该企业手机产品而言，目前应主要解决产能问题，因为目前手机产品的供应能力有限，这可能会导致丢失一部分市场，所以应增加一定的产能，但这意味着对供应链上下游要有高效的信息共享协同和较为精准的销售预测。

● **总结**

整体来看，从信息流、资金流和物资流的角度，手机产品的营销属于互联网模式，相对于传统零售模式，效率是优势，但对于发展初期的手机产品，劣势是损失了线下体验和即得性。新零售模式下，消费场景的多元化和消费者需求的随机性，使得柔性服务能力、综合服务能力变得至关重要，既要满足规模化的计划性需要，又要满足碎片化的即时性要求，这已成为新零售企业的重要能力要求。新零售，就是让线下的体验性和即得性优势插上效率的"翅膀"。这也是该企业手机产品在商圈开设线下体验店的原因。

供应链管理就是确定产品线规划，再规划出高效的供应链战略设计，最后在战术层面对供应链管理四大关键领域，即需求管理、供应管理、制造管理和物流管理，进行计划和执行。

在新零售领域，该企业属于为数不多的既做产品又做新零售的企业。这就要求将产品做好、供应链做强，通过强大的供应链销售到消费者手里。

任务 2　确定仓网规划策略

● **知识目标**

1. 了解仓网规划的影响因素。
2. 掌握仓网节点的类型。
3. 了解网络节点的选址依据。

● **能力目标**

1. 能够识别供应链仓网规划的驱动因素。
2. 能够根据所识别的驱动因素选择合适的仓网规划策略。

● **基础知识**

仓网规划是指企业在一定的客户服务水平下,通过对仓储网络层级、仓库等设施节点的数量、位置、库存、线路连接及产能分配等的规划与布局,提升供应链运转效率,服务供应链战略,支持企业竞争战略。企业进行仓储网络布局的规划,最根本的目标是提高客户服务的效率,提升服务水平,但是,并不意味着仓储网络越密集越好,因为增加一个仓储节点,意味着需要增加一个节点的成本,包括建设仓储中心的固定成本、库存成本、人员成本等。因此,企业进行仓网规划,其实就是在服务水平和成本之间做一个最优的权衡,即在当前的供应链战略下,既能够满足一定的可接受的服务水平,又能够符合企业的成本预期,达到成本最优。企业要么在不影响客户服务水平的情况下,降低仓储网络总成本;要么在仓储网络总成本不变的情况下,提高客户服务水平。成本与服务水平的平衡始终是仓储网络规划的核心。

一、影响仓网规划的因素

1. 内部因素

(1) 供应链战略

供应链战略决定了仓储网络选址原则。采用经济型供应链的企业往往会远离市场,在成本较低的区域布局仓网节点;采用响应型供应链的企业往往会在市场附近布局,有时不惜以高成本为代价。

(2) 产品技术

工艺复杂、设施和设备投资高的企业会选择数量少而规模大的集中型仓网节点布局策略,如计算机芯片生产商;而工艺相对简单、设施和设备投资相对较低的企业往往选择数量多而规模小的分散型仓网节点布局策略,如饮料生产商。

原材料获取代价较大,而产品运输代价相对较小的企业会将仓网节点尽可能地靠近原料产地布局,如牛奶生产商;原材料获取代价低,而产品运输代价相对较大的企业会将仓网节点尽可能地靠近市场布局。

(3) 设施成本

供应链中的物流和设施成本会随着设施的数量、布局及产能分配的变化而变化。库存和设施成本会随着供应链中设施数量的增加而增加,运输成本则会随着设施数量的增加而降低。

2. 外部因素

(1) 宏观经济环境

随着全球贸易的发展，关税水平、税收优惠和汇率波动等宏观经济因素也对供应链网络布局产生了重要的影响。尤其是对于涉及海外市场的业务来说，全球经济相关政策的变化对于供应链网络的布局是非常重要的。

(2) 政治环境

国家的政治稳定性在仓网选址决策中起到了关键作用。

(3) 基础设施条件

运输枢纽、场地可获得性、地方性公共设施等交通基础设施和劳动力供给情况等也会对仓网规划产生重大影响。

(4) 竞争因素

在规划供应链仓网时，企业必须考虑竞争对手的战略、规模和布局。

二、仓网节点的类型

根据仓网节点在整个仓储网络中的位置及所承担的功能，可以将仓网节点分为中央配送中心(central distribution center，CDC)、区域配送中心(regional distribution center，RDC)、前端物流中心(front distribution center，FDC)，也经常被简单、通俗地称为中央配送仓、区域中心仓、前置仓，以上三个类型的仓网节点构成了整个仓储的三级网络，如图1-2-1所示。

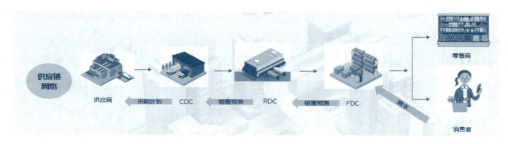

图1-2-1 仓网节点类型示意

1. 中央配送仓

中央配送仓也称总仓或产地仓，是一个组织或者企业的最核心的且统管其旗下其余配送中心的全国仓。CDC 一般设置在工厂的旁边，工厂生产的大量货物需要存储，因此就近存储在 CDC 会比较方便。

2. 区域中心仓

区域中心仓是以较强的辐射能力和库存准备，向省(州)际用户配送的配送中心。这种配送中心配送规模较大，一般而言，用户较多，配送批量也较大。区域中心仓的货物可以配送至下一级的城市配送中心，也可通过快递网络发送至全国各地的消费者。

RDC 实质上是企业销售物流运动的中心和枢纽，它承担着商品的入库、库存、分拨、运输、配送等任务。在新零售时代，对 RDC 的货品出库时效和服务水平都提出了更高要求，仓内需要配备先进的仓储管理系统及设备，建立正确、迅速、安全、低成本的作业机制。RDC 物流运作有三大支撑系统，即仓储系统、运输系统和物流管理信息系统。伴随前端零售场景的变化，RDC 物流管理流程也在不断变化，更趋于合理化。

尤其在线上零售业态中，由于我国快递网络已足够发达，配送端的时效可以确保，所以商家选择一个 RDC 或几个 RDC 分仓作为后端物流中心即可。但对于品牌商来说，如果想为消费者提供更满意的线上购物体验，实物商品几千上万的 SKU 的精细化管理更为重要，在仓配管理方面需要更具有柔性，颗粒度更精细。在整个物流履约方面，RDC 成为关键一环。

3. 前置仓

FDC 就是在区域中心仓之下，在重点区域建设的前端物流中心，指以大、中城市为依托，有一定规模的，进行商品储存、运输、包装、加工、装卸、搬运的场所，一般配有先进的物流管理信息系统，其主要功能是促使商品更快、更经济地流动。FDC 集合了货品短期存储、加工、分拨、配送等功能，入仓商家的销售区域性明显，满足 B2B 和 B2C 端物流需求。

随着近几年社区生鲜新零售模式的兴起，部分前端物流中心也演变为讨论较多的前置仓模式，覆盖一定半径范围的居民消费者，也解决了"最后一公里"的配送问题。例如在各地兴起的社区团购业务中，货品存放于各城市的 FDC 中，用城配方式送到当地团长手中，团长将货品分发至本社区消费者，满足既快又好的需求。FDC 的设置使采购的时间成本和商品性价比实现了最佳结合。

在进行仓网规划设置时，需要考虑什么货物放在 CDC，什么货物放在 RDC。一般来说，可以把商品分为"快流"商品和"慢流"商品。企业为了提高客户送达时效，一般会把流转较快、用户会频繁订购、库存周转非常快的"快流"商品放在离客户较近的仓，因此这类商品会放置在 RDC。比如，在京东购买的商品有 211 时效，能够非常快地送达客户手中,这也是因为京东物流强大的仓储网络,客户经常购买的商品会在全国各 RDC 中进行配置,因此也能够更快地送达 RDC 所覆盖的区域范围的客户手中。但如果是"慢流"商品,出库频次很低,那么这类商品放置在 RDC 就会浪费库存空间,增加存储成本,就不够经济。比如一些原材料商品,这类商品往往放置在 CDC,按照一地发全国的模式进行配送,这样的配送模式也会整体提高 CDC 的库存周转率。

三、网络节点选址应考虑的因素

网络节点选址时应考虑以下因素。

1) 物流节点所在区域的货物运输量。该指标可以从一个侧面反映运输物流市场的供给情况和运输业的发展水平,一般包括铁路、公路货运量和港口吞吐量。此指标可用地区货物运输总量加以衡量。

2) 交通通达度。路网密度能很好地反映物流节点所服务地区的交通通达质量,因此该指标可以用铁路网及公路网密度加以衡量。

3) 物流节点货物平均运距。该指标反映一般情况下物流节点可能覆盖的范围,可采用地区货物周转量与地区总货运量之比进行衡量。

4) 交通运输设施的发展水平。交通运输设施发展水平较高的地区,比较有利于未来物流节点的集疏运。该指标可用交通运输设施建设投资的增长率加以衡量。

● 实践路径

仓网规划是供应链网络规划的重点内容,在进行仓网规划之前,首先必须明确驱动优化现有仓网结构的主要因素,判断要改善、优化的驱动因素,这样才能更好地制定仓网规划的策略和方案,选择合适的仓网规划策略,提高仓网规划效率。

一、分析仓网规划的驱动因素

仓网规划的驱动因素主要包括成本和服务两大类,每一类驱动因素都有相应的指标予以对照,具体如下。

1. 成本因素

评估一个企业的仓网规划是否是由成本因素驱动,主要可以分析其库存成本、运输成本、设施搬运成本和信息成本等与成本相关的关键因素,见表 1-2-1。

表1-2-1　仓网规划成本因素

驱动要素	主要评价指标	分析方式
库存成本	库存周转率、资金占用比	如果一个企业库存周转率极低，占用资金较多，说明其现有仓网条件下库存成本较高。在优化仓网时，需要着重考虑通过仓网规划降低库存成本
运输成本	内配成本、履约率等	如果一个企业内配成本较高，履约率较低，说明其现有仓网条件下运输成本较高。在优化仓网时，需要着重考虑通过仓网规划降低运输成本
设施搬运成本	搬运作业成本、中转成本	如果企业搬运作业耗时较长，中转次数较多，说明其现有仓网条件下设施搬运成本较高。在优化仓网时，需要着重考虑通过仓网规划降低设施搬运成本
信息成本	信息基础设施等	企业信息沟通困难，获得相关信息往往需要付出巨大代价，说明其现有仓网条件下信息成本较高。在优化仓网时，需要着重考虑通过仓网规划降低信息成本

供应链网络中，仓库存储的商品种类不当也会影响其库存成本。比如将一些长尾产品(需求不旺或销量不佳的产品)存储在FDC，由于长尾产品库存周转率较低，占用FDC仓储空间，会大大增加其库存成本，则现有仓网规划有待改进。同样，运输成本也可驱动仓网规划，当客户所在地的仓库不能及时满足客户需求时，企业经常会从其他仓库调配产品，长此以往会导致仓与仓之间的内配成本较高，需要重新进行仓网规划。另外，货物经过的仓储网络层级较多时，则每一层级仓库的出入库搬运作业成本也会较高，可以驱动企业反思现有仓网规划层级问题。此外，供应链网络中信息沟通不畅，各个节点仓库之间的信息不通，会影响其客户服务水平，促使企业优化现有仓网规划之间的信息传递网络。

在分析成本因素时，应考虑到有的因素是因为成本较高而导致的效率较低，而有的因素是因为资金成本高而导致与服务水平不匹配或者不平衡，进而进行针对性分析，以确定优化的方向。

2. 服务因素

仓网规划服务因素见表1-2-2。

表1-2-2　仓网规划服务因素

驱动因素	主要评价指标	分析方式
响应时间	订单响应时效、新产品供应时效	如果一个企业订单响应非常慢，客户需求得不到及时满足，说明其现有仓网条件下响应时间较慢。在优化仓网时，需要着重考虑通过仓网规划提升响应时效
产品多样性	可选购产品的种类	如果企业想增加产品种类，丰富产品线，在优化仓网时，需要着重考虑通过仓网规划增加产品多样性，这就涉及库存规划中的品类配置问题
产品可获得性	产品缺货率	如果企业产品经常缺货，说明现有仓网条件下客户对该产品的可获得性较低

续表

驱动因素	主要评价指标	分析方式
产品质量	破损率、客户满意度	如果企业客户质量满意度较低,说明现有仓网条件下企业产品质量较低
客户体验	时效产品、增值服务	如果一个企业给客户带来的增值服务较少,说明现有仓网条件下客户体验不高。在优化仓网时,需要着重考虑通过仓网规划提升客户体验
订单可见性	订单实时查询	如果企业订单可见性较低,信息不透明,在优化仓网时,需要着重考虑通过仓网规划增强信息透明程度和及时性
可退货性	及时退货率	如果企业不能很好地处理客户退换要求,在优化仓网时,需要着重考虑通过仓网规划加强可退货性

二、选择合适的仓网规划策略

识别企业仓网规划的关键驱动因素后,应选择与之相对应的仓网规划策略,具体内容如下。

1. 成本策略

对于以降低库存成本为主要驱动因素的企业,在进行仓网规划时,应注重降低库存波动性,整合多级库存,减少库存节点。对于不同类型的节点,实施相对应的库存配置策略。

对于以降低运输成本为主要驱动因素的企业,在进行仓网规划时,应考虑现有节点位置是否与需求范围匹配,如果不匹配,则需要重新优化节点位置,调整现有网络结构。

对于以降低设施搬运成本为主要驱动因素的企业,在进行仓网规划时,应根据实际情况适当减少网络层级,控制货物中转次数,尽可能缩短货物搬运时间。

对于以降低信息成本为主要驱动因素的企业,在进行仓网规划时,应通过多渠道打通供应链信息系统,提高信息可视化水平,实现数据信息共享,增强供应链上下游的沟通与协调。

2. 服务策略

(1) 优化网络节点

对于以缩短响应时间、提高客户服务水平为主要驱动因素的企业,在进行仓网规划时,应考虑缩短整个供应链的链条长度,适当增加最后一层网络层级节点的数量,拓展分销网络,使产品尽可能地靠近销售地。

(2) 增加库存节点 SKU 品类，提升商品可获得性

如果仓网节点的库存品类 SKU 不够，RDC 或者 FDC 中没有覆盖区域内经常订购的商品，那么需要去较远的配送中心进行调拨，这样不仅会产生额外的调拨成本、运输成本，还会降低送达时效，影响客户的体验。因此，这样的情况下需要在 RDC 或 FDC 的库存配置上增加品类，保证丰富的商品来源，保证产品供应。

对于以提高产品可获得性为主要驱动因素的企业，在进行仓网规划时，应注意在合适的网络节点保持一定比例的安全库存，防止产品缺货。

(3) 保证产品质量，提升客户体验

对于以提高产品质量为主要驱动因素的企业，在进行仓网规划时，应注重货源控制，从源头保证产品质量，同时采用高质量运输方式，减少产品在运输过程中的受损率。

(4) 提升订单时效，保证客户体验

在电子商务零售已成为客户购买习惯的今天，送达时效是客户最为关注的重要体验。对于以提高客户体验为主要驱动因素的企业，在进行仓网规划时，应注重提升订单时效，尽可能地减少同一客户的产品拆单。而减少同一客户同一订单的拆单，其实也与网络节点布局和节点库存的品类丰富程度有关系。如果 RDC 或者 FDC 中品类单一，则必须进行拆单，从不同的配送中心发出同一订单的不同商品。

(5) 打造高质量服务网络，提升客户服务水平

对于以增强订单可见性为主要驱动因素的企业，在进行仓网规划时，应注重供应链全流程信息披露，提高供应链数字化水平，实现在库、在途订单的实时可视化，提升整个仓储服务网络的信息化水平。

(6) 优化逆向物流网络，保障客户服务水平

对于以优化可退货性为主要驱动因素的企业，在进行仓网规划时，应注重发展逆向物流、规范退换货流程、设立退换货处理中心、集中处理退换货业务等。

●实践案例分析：某奶制品企业的仓网布局策略

一、企业背景描述

某奶制品企业的鲜奶工厂都建在奶源地附近，如内蒙古、黑龙江、河北等。截至 2019 年，包括吉林基地在内，该奶制品企业已在全国 15 个省区市建立 20 多个生产基

地，拥有液态奶、酸奶、冰淇淋、奶品、奶酪五大系列200多个品项，产品以其优良的品质覆盖国内市场，并出口到美国、加拿大、蒙古、东南亚，以及我国香港、澳门等国家和地区。该企业生产基地在自治区境内以呼和浩特为轴心，向西延伸，进入包头、巴盟等地区；向东延伸，进入兴安盟、通辽等地区；向外省延伸，进入北京、天津、山西、山东、湖北、河南、安徽、兰州、新疆、浙江、黑龙江等地区。

  原有配送情况：好的原奶生产地都集中于北纬40度以北的地方，而原奶配送过程中，即便利用了较好的质量控制手段，如果运输时间超过24小时，奶品质量也会下降。因此，该企业的鲜奶工厂都建在奶源地附近。在全国区域配送网络范围内，吉林总部主要供货华东、华南及周边地区；包头事业部主要供货华东、西南及周边地区；巴盟事业部主要供货西南、西北及周边地区；东北的几个事业部、加工地在主要满足东北、蒙东地区的同时，优先发往华南地区；而唐山、滦南的事业部则依托渤海湾的海运优势满足周边地区及华南地区。此外，常温物流系统还设有杭州、广州、厦门、南昌、南京、成都、长沙、昆明、贵州、重庆、湖北等12个分仓，用来满足周边地区的客户小批量要货的及时供给。

  从牛奶的消费市场来看，南方优于北方，沿海优于内陆，这就决定了"北奶南下"势在必行，但给物流作业提出了很大挑战。该企业的奶制品专卖店已拓展至北京、上海、广东、吉林、辽宁、内蒙古、山东、河南、河北、陕西、山西、江苏、浙江等十余省区市，并拥有40多家加盟商，终端奶制品专卖店近300家。为了突破配送瓶颈，该企业在全国范围内建立了十几个区域配送中心，都分布于奶制品消费市场的枢纽位置，所有RDC都按照企业设定的标准流程进行作业。

  下面基于此背景来分析该企业的奶制品配送网络规划策略。

二、分析关键驱动因素

1. 企业需要新的增长点——打造产品的多样性

(1) 低温奶 / 酸奶项目

  除了日常的普通牛奶产品，随着消费者对牛奶类型和品质要求的提高，企业需要增加产品类型，因此通过低温奶和酸奶打造新的业务增长点，丰富产品线。

(2) 国外奶源——打造全球产业链

  国内高端客户对牛奶品质有较高要求，企业可以打造高端牛奶，增加增长点。另外，由于环境等因素，本地奶源成本逐年提高，需要寻找进口奶源，并引入国外生产、制造、加工工艺。

2. 响应时间是关键——打造强大的仓网布局

低温奶、酸奶这类商品保质期非常短，因此，消费者对订购时效要求非常高。低温奶有15天的保质期，需要在产品生产完成后2～3天抵达销售节点或客户手中。这样的驱动因素必然要求企业打造强大的RDC或FDC的多层级库存网络。另外，对于全球产业链来说，应完善产能布局，形成资源供给与市场需求相匹配的强大生产力，拓展海外消费市场。

三、确定本企业仓网规划策略

1. 产销结合

企业确定了产销结合的经营模式，即物流网络规划的第一原则是在产地销售，每个工厂负责自己周边地区的供货。产品由生产基地配送到经销商仓库，再由经销商配送到卖场。为了保证产品及时送达，企业尽量缩短运输半径。企业的生产布局也逐渐向黄河沿线及长江沿线伸展，使牛奶产地尽量接近市场，以保证低温产品快速送达卖场、超市。因此，企业设立了南方工厂，生产布局向黄河沿线和长江沿线伸展。

在全球产业链布局中，企业在新西兰、澳大利亚、阿尔卑斯山、丹麦等优质奶源地完成布局，并在新西兰、印度尼西亚设立生产基地，在当地销售。

2. 产品配送网络规划

在北方地区，企业设置了无仓库中转点，通过约定取货，由批发商及时领走订货，奶品流转速度十分迅速，无仓库的做法还大大节约了成本，生产车间挨着市场。对于酸奶这样的低温产品，虽然其货架期有21天左右，但是由于消费者对奶制品新鲜度的要求越来越苛刻，因此，一般在生产日期三天后送达商店、超市的酸奶，都会被毫不留情地"拒之门外"。争分夺秒，成为酸奶配送任务的重中之重。如何确保将刚刚从生产线上走下来的酸奶，在2～3天送达销售终端？企业锁定了缩短运输半径的策略。当然，将生产车间搬到距离销售市场最近的地方，是加快配送速度的关键所在。

3. 分销策略

(1) "公司直营+经销商配送"扁平平台式策略

该策略主要用于华北区域各直辖市及省会城市，经销商演变为配送商，只负责配送，企业通过增设二批，细分区域网络，提升终端服务功能。

"公司直营+经销商配送"分销网络如图1-2-2所示。

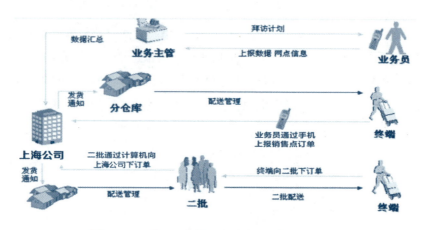

图1-2-2 "公司直营+经销商配送"分销网络

(2) "公司直营+社会力量配送"扁平网络式策略

该策略通过构建自有配送中心，并招募大量社会人员负责配送，形成密集型网络。

(3) 传统经销代理金字塔垂直式策略

该策略主要用于距离较远的偏远地方，如长江流域以南，客户经销区域较大，由于厂方人力、物力所限，无法进一步掌控市场。

四、存在的问题

众所周知，北方是我国传统的产奶区和耗奶区，而随着南方对牛奶的需求越来越大，南方的奶业发展日益重要。"南方的牛奶好像不如北方的香？"许多饮奶的市民有这种感觉。速度与成本往往是不解的"冤家"，如何在确保配送速度的情况下，尽可能地降低物流成本，以便为自己的产品争取更大的市场竞争优势？企业采取了灵活的配送方式，即不同类别的产品采取最适宜的配送方式。例如，对于路途较远的低温产品运输，为了确保配送速度和产品质量，企业往往选择汽运，但成本相对较高。在其他类别的产品上，例如利乐包牛奶这样保质期较长的产品，长途运输则主要依靠货车集装箱，成本大大低于汽运。

当然，合理安排配送批次和批量对于控制成本也十分关键。在考虑合理路线的基础上，将不同类别的配送任务进行整合，如原材料和产品配送的整合，可以尽量扩大每一批次配送的批量，运输工具的单次利用效率会大大提高，另外还可能在配箱方面拿到很好的折扣，同样可以做到很好的成本控制。在利用火车集装箱资源方面，企业还联合中铁集装箱运输公司，开通了"五定"牛奶集装箱班列，在奶制品运输的时间控制上有了更大的主动权。

● **总结**

确定供应链仓网规划策略，本质是通过分析需要提升的驱动因素来确定成本和时效的平衡点，基于此制定布局策略。所有的策略都基于所要考虑的驱动因素来制定，驱动因素主要是服务水平与成本最优化。如果成本与当前服务水平不匹配，比如在当前的服务水平下，其实可以更优化成本，那么就要分析是什么因素导致成本过高，可以采用什么手段降低成本。比如节点库存利用率不高，品类较少，RDC无法覆盖业务范围内客户常见的订单品类，这不仅会导致时效降低，更会增加运输调配等成本，这种情况下就要考虑整合库存或丰富节点库存品类。如果是由于网络层级较少而产生时效未达标的情况，那么就需要根据产品时效需求和市场分布布局增加仓网层级以提升时效。供应链仓网规划永远都在围绕时效与成本去匹配企业的供应链战略，使其达到一个最为平衡的点。

任务3　供应链网络库存配置

● **知识目标**

1. 了解网络节点库存的概念。
2. 了解影响库存的因素。
3. 了解库存配置的策略。

● **技能目标**

1. 学会决策供应链网络中的库存要素。
2. 能够合理规划供应链网络库存。

● **基础知识**

供应链上各个阶段暂时闲置的原材料、半成品、成品都称为库存，即存储在仓储配送中心的商品都称为库存。

分析供应链及物流效率时，经常会涉及库存这个要素。因为库存不仅影响企业的供应链及物流成本、仓库的利用率，而且经常需要考虑安全库存来满足客户服务水平的要求。在网络规划层面，库存与网络节点的设置也有密切关系。

一、库存的作用

合理配置库存对企业来说非常重要,既可以提高客户响应,又能降低成本。库存设置不合理也会带来一些负面影响。

1. 积极作用

(1) 平衡供求矛盾

许多商品面临生产地与消费地分离、生产时间与消费时间分离的问题,库存能够创造时空效用,帮助解决产品时空量不平衡的问题。

(2) 防止生产中断

在生产过程中,如果某个工序发生故障,保有一定量的在制品库存能够保持生产的连续性,防止生产中断,影响后续工序的生产。

(3) 获得规模经济

库存能够帮助实现规模经济,如批量订货时能产生数量折扣,分摊订货费用;整车运输时能产生运输折扣,获得规模经济效益等。

(4) 快速响应需求

库存能够帮助企业缩短订货提前期,快速响应市场需求,尤其是紧急订单需求,从而预防不确定性需求波动,提高顾客服务水平。

2. 负面影响

(1) 占用大量的资金

库存是企业的重要资产,也会占用企业大量资金,影响企业资金运转。

(2) 产生库存成本

库存是成本之源,过多的库存会产生大量的仓储、搬运、管理等一系列库存成本,带来诸多费用支出。

(3) 掩盖管理问题

高库存会掩盖计划不周、质量不稳定、设备故障等管理问题,比如当产品废品率比较高或产品存在质量缺陷时,企业都可以用现有库存去弥补,不会加大力度改善这些管理问题。而一旦库存水平降低，很多管理问题就立刻暴露出来，迫使企业去改进。

(4) 存在贬值风险

创新型产品生命周期较短，保有大量库存往往存在贬值风险，可能会给企业带来较大损失。

二、影响库存的因素

1. 服务水平

服务水平会影响库存的数量。高服务水平往往要求较高的库存配置。当然，在当前的仓储网络规划体系下，为了提高服务水平，除了增加库存配置，企业也会根据自身业务形态考虑增加网络层级，例如在原有CDC的基础上增加若干个RDC，来提高区域范围内的响应速度。

2. 需求特性

需求可分为确定性需求和不确定性需求。确定性需求条件下，库存水平往往较低；而不确定性需求条件下，库存水平往往较高。

3. 订货提前期

订货提前期是指从下达采购订单到收到货物的周期。订货提前期较长时，企业就需要较高库存，防止缺货。订货提前期较短的产品，企业产品可获得性较高，库存水平较低。

4. 产品价格

产品单价直接影响库存成本。对于产品单价较高的产品，企业往往会增加采购次数，减少订购量。

三、库存成本

1. 存储成本

存储成本表示储存现有库存的成本，包括储存空间成本、资金占用成本、折旧破损成本、库存风险成本等。

2. 订货成本

订货成本是指提交订单的成本，包括提出请购单、分析供货商、填写采购订货单、来料验收、跟踪订货和完成交易所必需的业务等产生的各项费用。订货成本与订货批量无直接关联，与订货次数有关。

3. 采购成本

采购成本是指购买和运送每单位产品的成本，也称可变成本，与订货量息息相关。

4. 缺货成本

缺货成本是由于没有足够库存以满足需求而产生的成本，也称惩罚成本，取决于库存对缺货状况的反应。缺货成本包括延期货成本、当前利润损失(潜在销售量的损失)和未来利润损失(商誉受损)等。

四、网络节点和库存的关系

1. 库存配置和多级库存

前面所讲述的内容是从一级库存网络角度，即单一库存的角度来说明库存的影响因素。但在仓网体系下，多级网络会产生多级库存。多级库存是在单级库存的基础上发展而来的。Clark 和 Scarf(1960) 是最早开始研究多级库存的学者，他们提出了"级库存"的概念，认为供应链的级库存是某一库存节点现有的库存和正在转移给后续节点的库存。在优化库存结构和数量时，要以整体优化的思维和角度优化供应链整体库存，既要考虑上下游的供需关系，又要掌握系统中不同库存节点的库存状态，实现整个供应链的内部资源的集成和优化，达到系统全局的最优。

例如，电子商务是一个典型的以商品为核心，借助配套的快递服务以"共同实现消费者需求的产品和服务组合"。电商企业的配送系统为电子商务活动提供高效、实时的物流配送服务，是为提高配送服务效率构建的多层级、多层次的配送系统。电商企业的配送系统中，各库存节点的库存数量的决策和合理分配是典型的多级库存配置问题，合理的库存配置能有效满足个体需求量小、位置分散的消费者需求，降低物流成本，提高服务效率。

2. 库存前置

在设置三级仓网的物流体系中，FDC 的布局本质就是为了库存前置。尤其在当前电子商务新零售业态下，库存前置是电商企业供应链采取的策略，将商品放置在离消费者最近的位置。企业通过对用户行为数据的分析预测消费者购买行为，根据相关信息将商品提前调拨至距离消费者最近的位置，以减少消费者的等待时间，缩小消费者因商品交付时间长而降低的时间满意度的程度。一般来说，需求量大、需要快速周转的商品适合库存前置。

五、库存配置策略[①]

1. 看品类，品类特征不同，备货策略不同

对于需求波动大、对时效不是特别敏感的长尾商品，如服装、图书、奢侈品等，一般采取集中库存策略，将库存集中存储于一个统一的分发中心 (DC)，由该 DC 将货物发往各个不同的门店。

对于需求稳定、销量较大、包装规范、商品异形少、配送成本较低的标准商品，如食品、母婴、3C 产品，一般采取两级库存策略，先将库存统一存放在一级 DC，一级 DC 依据需求将货物发往不同的二级 DC，二级 DC 再分别对应不同的补货门店。

对于对时效敏感、配送成本较高的产品，如生鲜、大家电等，一般采取多级分散库存策略，设立多个二级 DC 直接向门店发货，让仓库尽量靠近客户，缩短配送距离，以最快的速度把商品送到客户手里。

2. 看 SKU，长尾集中存储，畅销前置存储

京东将全国日均销量≤1，周转天数≥30，库存件数 >4 的商品定义为长尾品。对于长尾品，只需要在几个特定的仓库进行集中存储，这样可以有效缓解仓容紧张的问题，降低库存资金压力，减少供应商送货频次和数量。

京东一般将本地满足率为 70%，库存周转天数为 10 天的商品定义为畅销品。对于畅销品，一般采取前置存储策略。SKU 数决定本地满足率，畅销 SKU 数需要按照一定频率定期更新。

[①] 资料来源：京东京英平台。

3. 看节点，当库存节点从 1 个增加至 n 个，总库存量增加到原来的 $\sqrt{n}$ 倍

例如当仓库从 1 个增加到 2 个时，总库存量增加到原来的 $\sqrt{2}$ 倍；当仓库从 1 个增加到 3 个时，总库存量增加到原来的 $\sqrt{3}$ 倍。

六、库存三大定律

库存管理模式分为分散式、集中式和多级管理三种，如图 1-3-1 所示。

图 1-3-1　库存管理模式

1. 多级库存之道——多级库存原理

级，指每个供应链上的节点企业，如制造商级、分销商级和零售商级。

级库存，指该级的现有库存量加上所有下游库存量。例如某网络中存在 1 个一级经销商和 3 个二级经销商，一级经销商日常库存为 2 万件／天，二级经销商日常库存为 1 万件／天，则一级经销商的级库存 =2+1×3=5(万件)。在整个供应链的优化过程中，不仅要考虑本级库存，同时还需要考虑下级库存。

级提前期，指本级的订购提前期加上所有下级的订购提前期。

由中心库统一进行库存计划和管理，有利于充分发挥库存的聚集效应，显著降低库存水平。例如对于滞销品，采用中心仓进行统一存储，可以把多个 DC 的不确定需求汇集到一个中心仓，进而降低整个网络的安全库存水平。

例：某仓储网络中各个 DC 的月需求服从均值为 3，标准差为 1 的标准正态分布。整个网络中有 9 个 DC，采购提前期为 2 个月，且不考虑采购提前期的波动。选择 9 个 DC 中的某一个仓库作为中心库，其到任意一个 DC 的最远配送时效是 6 小时，要求的服务水平为 98%，对比无中心库模式和增加中心库的两级模式下的安全库存。安全系数表如表 1-3-1 所示，安全库存 = 安全系数 × 订货提前期内需求的标准差 ×$\sqrt{订货提前期}$。

表 1-3-1　安全系数表

缺货概率	5%	4%	3%	2%	1%
服务水平	95%	96%	975	98%	99%
安全系数	1.65	1.75	1.88	2.05	2.33

无中心库模式下,订货提前期内需求的标准差为1;二级仓库体系下,订货提前期内需求的标准差为$1\times\sqrt{n}=1\times\sqrt{9}=3$。

无中心库模式下,单个DC的安全库存=$2.05\times1\times\sqrt{2}\approx3$,总安全库存=$3\times9=27$;二级仓库体系下,一级中心库安全库存=$2.05\times3\times\sqrt{2}\approx9$,二级DC安全库存=0,总安全库存=9。可见,两级仓库体系下的总安全库存量仅为无中心库模式下的1/3左右,中心库集中存储模式有利于降低库存量。

2. 配送成本之变——配送微笑曲线

网络总成本由库存持有成本、仓库运营成本和配送成本组成,具体如下。

1) 库存持有成本 = 库存水平 × 库存持有成本率(包括库存占压资金的机会成本,贬值率和盗窃、损耗率,保险费率等)。随着仓库数量的增加,库存及由此引起的库存持有成本会显著增加。

2) 仓库运营成本 = 固定成本(仓库、设施设备硬件设施费用,物资管理、安监等信息系统成本)+ 可变成本(管理费用、人工成本、能源成本设施维修维护费用)。仓库运营成本会随着仓库数量的增加呈阶梯式上升。

3) 配送成本 = 一次配送成本(CDC工厂至RDC仓的费用,与配送频次、人工成本、燃油、维修维护和保险等相关的费用)+ 二次配送成本 (RDC仓至客户终端的费用,与配送频次、人工成本、燃油、维修维护和保险等相关的费用)。

随着仓库数量的增加,二次配送的距离显著减少,可以迅速降低配送成本,但一次配送距离逐步增加,导致配送成本逐步上升。因此,当仓库数量增大到一定程度以后,总物流成本反而会增加。适当的仓库数量能使配送成本达到最优。配送微笑曲线如图 1-3-2 所示。

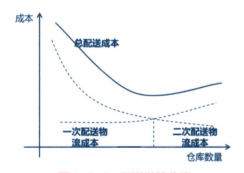

图 1-3-2 配送微笑曲线

可以看出,网络层级的规划要考虑产品特点、客户服务水平、成本等多种要素,并且要和企业的供应链战略匹配。此外,从供应链网络规划体系来看,网络层级的设置必然会影响每一级及其每一个节点的库存量。这就要求在实际的业务实践中,进行网络层级设计布局时要结合企业服务水平期望和成本期望进行最优的权衡与决策。

● **实践路径**

供应链库存配置是仓网规划的重要内容。确定仓库位置及对应的服务范围后,需要依据客户需求特点、企业服务水平、库存成本等,考虑供应链网络库存配置问题,包括将货物存放在哪个仓库、每个仓库的库存量大小、什么时候补充库存等。本任务尝试提供供应链网络库存配置的实践路径供读者参考,主要包括以下几个步骤。

一、选择库存位置——存在哪里

供应链网络中往往存在多个层级节点,在考虑库存问题时,首先需要考虑的是将产品存放在哪里才能更好地满足客户服务水平要求、降低供应链网络成本。一般来说,不同产品的品类特征、销量大小等都会影响供应链上企业对产品的库存布局。可以通过分析产品特有的品类特征和销量大小,对产品进行归类,进而选择与之相适应的库存配置策略。

1. 依据品类特征选择库存配置策略

品类特征不同,库存配置策略也不同。对于需求波动大,对时效不是特别敏感的商品,如服装、图书、奢侈品等,一般采取集中库存策略,将库存集中存储于一个统一的DC,由该DC将货物发往各个不同的门店。

对于需求稳定、销量较高、包装规范、商品异形少、配送成本较低的标准商品,如食品、母婴、3C产品,一般采取两级库存策略,先将库存统一存放在一级DC,一级DC依据需求将货物发往不同的二级DC,二级DC再分别对应不同的补货门店。

对于对时效敏感、配送成本较高的产品,如生鲜、大家电等,一般采取多级分散库存策略,设立多个二级DC直接向门店发货,让仓库尽量靠近客户,缩短配送距离,以最快的速度把商品送到客户手里。

2. 依据销量大小选择库存配置策略

长尾商品集中存储,畅销商品前置存储。对于长尾品,只需要在几个特定的仓库进行集中存储,这样可以有效缓解仓容紧张的问题,降低库存资金压力,减少供应商送货频次和数量。

对于畅销品,一般采取前置存储策略,将其存放在离客户较近的仓库。同时,由于SKU数决定本地满足率,畅销品的SKU数需要按照一定频率定期更新。

二、决策库存补充时间——何时订货

确定将产品存放在哪里后,接下来就需要决策什么时候对库存节点进行订货的问题,既可以定期对库存进行盘点,以固定的频率和周期进行订货,也可以不定期地盘点库存,将现有库存水平作为参考,决策何时进行订货、补货。前者对应的是定期订货方式,后者对应的是定量订货方式。

1. 定期订货方式

定期订货方式下,企业会依据自身实际,确定一个固定不变的订货周期,如图1-3-3所示。每经过一个相同的时间间隔,就发出一次订货补充库存,即订货间隔期固定不变,每次订货量随需求量的变化而变化,将现有库存补充到目标库存水平即可。定期订货方式常用于品种较多、价值较低的B、C类产品。

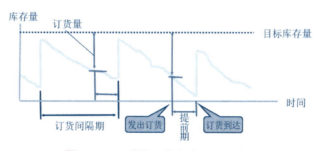

图1-3-3 定期订货方式的订货周期

2. 定量订货方式

定量订货方式下,每次的订货量保持不变,订货间隔期会随需求量的变化而变化,如图1-3-4所示。在日常生产活动中需要连续不断地检查仓库库存水平,当库存量下降到订货点时就发出订货通知,每次按相同的订货量补充库存。定量订货方式常用于品种较少、价值较高的A类产品。

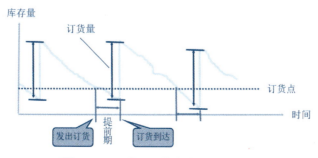

图1-3-4 定量订货方式的订货周期

三、配置库存量——订多少

与"何时订货"紧密相关的是"订多少"的问题,即每次的订货批量大小。经济订货批量模型是定量订货方式中最经典的库存模型,所谓定量,即确定的经济订货批量。此外,从更为全局的供应链网络库存视角来看,不仅需要考虑单个节点的经济订货批量,还要考虑当节点数量或位置发生变化时,整个供应链网络库存将如何变动以及多级库存模式下的安全库存问题。

1. 经济订货批量模型

经济订货批量(economic order quantity,EOQ)就是按照库存总费用最小的原则确定的订货批量,经济订货批量模型如图1-3-5所示。

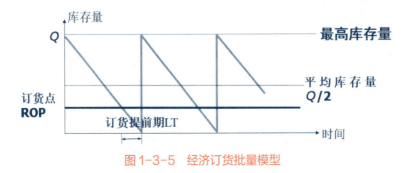

图1-3-5 经济订货批量模型

基本假设:
- 需求是已知的常数,即没有需求的不确定性;
- 需求是均匀的,即单位时间内的需求量不变;
- 不允许发生缺货;
- 订货提前期是已知的,且为常数;
- 交货提前期为零,即瞬时交货;
- 产品成本不随批量而变化(没有数量折扣);
- 订货成本与订货批量无关;
- 库存成本是库存量的线性函数;
- 采用定量订货方式。

基本参数:
- D——年总需求量;
- p——购买单位货物的成本;
- K——每次订货的固定成本(供应商联系费、采购人员差旅费等);
- H——单位货物每年的存储成本($H = p \times h$,h为资金费用率);

- Q——订货批量;
- TC——年总成本;
- LT——订货提前期。

经济订货批量模型基本变量及公式见表1-3-2。

表1-3-2 经济订货批量模型基本变量及公式

基本变量	公式
年订货次数	$\dfrac{D}{Q}$
年订货成本 C_O	$\dfrac{D}{Q} \times K$
平均库存量	$\dfrac{Q}{2}$
年库存成本 C_H	$\dfrac{Q}{2} \times H$,即 $\dfrac{Q}{2} \times p \times h$
购货成本 C_P	$p \times D$
年总成本 TC= 年库存成本 C_H + 年订货成本 C_O + 购货成本 C_P	$\dfrac{Q}{2} \times p \times h + \dfrac{D}{Q} \times K + p \times D$

由图1-3-6可知,随着订货批量的增加,库存费用会增加。但是大批量的订货会使得订货次数减少,订货成本也随之减少。经济订货批量是在总成本最小的情况下求得的。通过对总成本中的 Q 求导,并令其一阶导数等于零,可得

$$最佳订货批量 Q^* = \sqrt{\dfrac{2DK}{H}} = \sqrt{\dfrac{2DK}{ph}}$$

$$订货点\ R = D \times LT$$

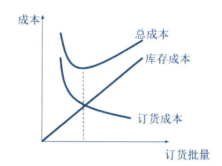

图1-3-6 经济订货批量模型成本组成

例:某企业每年以单价10元购入8 000件产品,每次订货费用为30元,资金年利息率为12%,仓储费用按所存储货物价值的18%计算。若每次订货的提前期为2周,试求经济订货批量、最低年总成本、年订货次数和订货点(一年按52周计算)。

依据题意可得:

年总需求量 D=8 000件

产品单价 $p=10$ 元

每次订货固定成本 $K=30$ 元/次

提前期 $LT=2$ 周

年存储成本 $H=10×18\%+10×12\%=3$(元/件·年)

可得：

最佳订货批量 $Q^*=\sqrt{\dfrac{2DK}{H}}=\sqrt{\dfrac{2×8\,000×30}{3}}=400$(件)

$Q=Q^*=400$ 件

最低年总成本 $TC=\dfrac{Q}{2}×H+\dfrac{D}{Q}×K+p×D=\dfrac{400}{2}×3+\dfrac{8\,000}{400}×30+10×8\,000=81\,200$(元)

年订货次数 $\dfrac{D}{Q}=\dfrac{8\,000}{400}=20$(次)

订货点 $R=D×LT=\dfrac{8\,000}{52}×2≈308$(件)

答：经济订货批量为 400 件，最低年总成本为 81 200 元，年订货次数为 20 次，订货点为 308 件。也就是说，当现有库存量降到 308 件时，就要发出下一次 400 件的订货。

2. 根号 n 法则

根号 n 法则是京东在物流与供应链实践中总结出来的，经过实践验证的重要经验法则，是指当供应链网络中的库存节点从 1 个增加至 n 个时，总库存量增加到原来的 $\sqrt{n}$ 倍。

例：假设客户共设三个仓储网络节点覆盖全国，总日均库存件数为 200 万件/日，各节点原有业务占比如表 1-3-3 所示。

表 1-3-3　各节点原有业务占比

节点	业务占比
节点 A	50%
节点 B	30%
节点 C	20%

考虑当节点个数增加 2 个时，各节点现有业务占比如表 1-3-4 所示，网络中需要增加多少库存量？

表 1-3-4　各节点现有业务占比

节点	业务占比
节点 A	50%

续表

节点	业务占比
节点 B	18%
节点 C	15%
节点 D	12%
节点 E	5%

由表 1-3-4 可知，节点 D、E 的业务占比是通过拆分节点 B、C 得到的。每增加一个库存节点，依据实践经验得知库存量增加 $\sqrt{2}$ 倍。而对于业务占比低于 5% 的节点，由于其业务量很小，为充分利用批量采购和整车运输的优势，供应商将增加单次采购量，减少采购频率，使得库存周转减慢，库存量增加。另外，销售范围越小，面临的需求波动越大，要求的库存量越高。因此，依据行业实践经验，当节点业务占比小于 10% 时，库存量增加 $2\sqrt{2}$ 倍。

综上，该客户拆分网络节点后的总库存量 = $(50\% + 18\% + 15\%) \times 200 + (12\% \times \sqrt{2} + 5\% \times \sqrt{2} \times \sqrt{2}) \times 200 = 219$（万件）。

●实践案例分析：七鲜的仓网布局策略

1. 企业简介

7FRESH（以下简称七鲜）是京东自营超市，作为京东全渠道零售的排头兵，七鲜通过商圈、社区、写字楼等全场景覆盖，配合线上渠道延伸服务范围，为消费者提供全方位、全时段的高品质生鲜商品及生活服务的一站式购齐体验。七鲜在店仓一体化协同，提升仓拣配全链路效率方面积极探索，持续完善同城物流基础设施和体系建设，有效提升即时零售履约稳定性和配送效率。作为距离消费者餐桌最近的全渠道零售品牌之一，七鲜将打造本地生活服务新型基础设施新标杆。

对于京东来说，供应链就是其核心竞争力。这两年，京东在生鲜供应链上下足功夫，全品类覆盖，低价渗透社区，成功打入下沉市场，并且入资老牌零售品牌永辉，不仅是赋能，更是一种"链条交叉"。从单链变多链，让供应链更加强大。

2. 仓店一体模式

仓店一体模式是典型的以门店为中心的模式，门店既是小型生鲜超市，又是线上配送的仓储中心。仓店一体模式即"到店 + 到家"模式，一体化的体验优于单一的到家模式、线上、线下更加聚合，也可以培养用户线上下单、线下提货的消费习惯。店仓一体模式服务周边1千米～3千米范围内的用户，消费者既可以到店消费，也可以选择在其App下单后送货到家。

七鲜的供应链网络结构中的网络节点分别是供应商、七鲜门店、消费者。七鲜门店就相当于一个前置仓，产品直接从供应产地通过城际大干线全程冷链运输至城市分选中心。客户下订单后，七鲜门店将根据客户订单需求，通过末端骑手将产品即时交付给客户，从而实现从前置仓到客户的"最后一公里"交货。

七鲜使用专有的前置仓选址算法来确定新前置仓的位置，该算法考虑了诸多参数，如住宅区统计、人口统计、居民的消费能力、财产所有权和类型、物业状况、交付便利性和财务要求。所用数据均来自公司长期积累的运营数据及业务合作伙伴提供的数据、实地调查报告及公开的信息。前置仓的覆盖半径一般为3千米左右，单个门店SKU近万个，在传统的订单拣货作业模式下，面对海量SKU和高峰时段的大量订单，拣货员需要边拣边分，耗时久、强度高、拣货效率低。京东物流为七鲜量身打造了智能分货解决方案，部署了最新自研自产的自动分播墙系统，该系统针对商超生鲜场景，还增加了防冷凝、防破损设计。应用了自动分播墙系统之后，七鲜高峰期拣货效率提升50%，订单的平均履约时长减少了5分钟，分货准确率高达99%以上。

七鲜进行了"传统商超+线上购物"的创新，开创了互联网驱动线下体验的复合模式，也因此成为新零售模式的标杆。

● 总结

进行供应链网络库存配置，首先需要确定库存的位置，即解决"放在哪里"的问题。通过分析不同商品的品类特征、销量大小等，可以选择适合其存放的不同级别的网络节点。其次，需要决策每个网络节点的库存补充时间，即解决"何时订货"的问题，包括定期订货、定量订货等不同的订货方式。在确定"何时订货"的同时，也需要决策每个网络节点配置的库存量，包括经济订货批量模型、安全库存大小、网络总库存等。

项目 2
仓储网络布局与优化

任务1 凌云公司单级仓网方案设计与优化

● 能力目标

1. 能够运用仓网规划软件进行单级仓网方案设计。
2. 能够运用相关知识分析单级仓网规划结果。
3. 能够依据相关分析做出最佳仓网规划决策。

● 实践路径

在实践中,可以按照以下"仓网优化五步法"来进行方案的设计、分析与选择。

一、现状分析

在对企业的供应链仓储网络进行优化前,最重要的是了解企业仓网目前存在的问题。仓网存在的问题往往需要从企业服务时效是否达到预期的角度来考虑。现状分析阶段,企业要列举需要收集的数据。

二、数据收集

数据收集阶段,首先要收集现状分析阶段罗列的数据,确定数据收集时间的跨度。一般来说,需要收集1年的数据作为数据分析的基础,收集内容包括订单信息、订单量、配送距离、配送商品所在仓库位置、客户属性、成本信息(包括仓储成本和配送成本信息)、运输时效等。

三、数据分析

企业收集的原始数据没有经过整理和分析,不能够作为改进、优化依据。数据分析就是通过对预期目标的分析,来判断所存在的问题,为优化方向提供参考。

数据分析包括整理数据、搭建数据模型、对例外数据集和不完整数据的处理等。

四、搭建模型

数据分析之后，一般来说，企业都会设定一个预期目标，并依据这个预期目标搭建基准模型，通过一些关键要素对模型所呈现的结果进行验证。

五、方案验证

在方案验证阶段，目前企业都会采用一些仓储网络规划辅助决策软件进行测试和验证，帮助企业优化仓储网络规划方案。

京东物流作为一家拥有覆盖全国六大网络的物流及供应链企业，在仓网规划方面有丰富的实践经验。仓网规划软件是京东物流在进行仓网规划及帮助其客户进行仓网规划时常用的一款仿真决策软件，通过该软件，能够快速对比不同方案下的仓网成本与时效。另外，该软件可以帮助企业在市场环境、商业模式、业务发展等因素发生变化时，完成供应链网络的规划及调整。该软件是基于网络规划方法论的完整规划平台，能够有效适用多样业务场景和各类运营约束。

通过仓网规划软件收集、录入企业基础数据，包括企业仓储网络的层级现状数据、选址范围数据、商品信息、客户需求数据、仓储网络的网络关系、配送线路数据，进而对企业的仓网现状进行分析。通过对优化方案约束条件的设置，软件所嵌入的模型可以自动给出相应约束条件下的时效及成本的数据值。如果未达到企业所设置的时效和成本的预期值，那么可以在软件中持续调整约束条件，设置不同的优化方案，利用软件给出的结论来评估适合企业当前的优化方案。

● 实践仿真

本任务通过仿真数据进行单级仓储网络的优化方案设计，可以通过数据模型假设及仓网规划软件的决策与分析，学习对仓网优化原理的应用以及如何利用软件进行决策。

在实际的仓网优化项目中，确定仓网规划策略以后，接下来要考虑的便是具体的仓网布局和选址问题。仓储网络层级和仓库位置一经确定，短时间内难以变动，因此如何进行仓网规划选址尤为重要。本任务将按照"实践路径"中介绍的"仓网优化五步法"进行分析，尝试提供仓网规划具体实践路径参考，并结合仓网规划软件予以分析。

一、企业背景信息

进行仓网规划之前，首先需要了解企业的背景，包括但不限于企业类型、所在行业、所售卖的产品、分销方式等，同时需要着重了解其现有仓网布局、目前仓网规划的痛点和难点，以及可能的优化方向等。以下是某企业的基本情况。

凌云公司[①]是一家专门销售电子产品的企业，产品主要通过京东、淘宝等电商平台进行销售。该公司在东莞设立了一个 RDC，公司成立初期，产品需求主要集中在广东省内，所有订单均由东莞 RDC 进行履约。随着企业的不断发展和产品知名度的提升，客户需求不断增加，产品逐渐由广东省销往全国各地。电子产品多属于创新型产品，客户对订单时效要求较高，单一的东莞 RDC 无法满足客户时效需求，同时由东莞发往全国各地的运输成本也较大。当前该公司时效现状为次日达可达到 49% 的客户履约时效。公司希望根据业务特点，重新优化现有仓网规划，尝试增设新的 RDC 以更好地满足客户时效要求，以提高次日达预期时效占销量的 70% 以上。

二、收集企业基本数据

根据需求收集企业一定时期内的数据并进行整理是十分重要的。利用软件进行决策分析时，也要了解软件对数据收集的要求，因此应按照软件对数据类型和格式的要求进行收集与整理。

关键的数据包括仓储网络层级信息、商品信息、需求信息、运输信息等。

1. 仓储网络层级信息

仓储网络层级主要指当前企业所设置的仓储网络层级现状，层级数据描述的是某一场景下的网络层级数量，一般取决于对物流运作成本、服务水平、物流运作特点等的考虑。通常采用行业内对标的方式决定将采用的网络层级，主要包括现有网络层级数、每层级的仓库详细经纬度、现有库容和仓库租金等内容。收集仓库详细的经纬度信息主要是为了在仓网规划软件的地图上展示当前仓库的位置，满足用户的可视化需求，使客户能够直观地看出当前仓库所覆盖的客户范围。

依据仓网规划软件要求，对网络层级数据信息按照表 2-1-1 所示模板进行整理。

表 2-1-1　仓储网络层级信息模板

网络层级	层级名称(CDC/RDC/FDC)	仓库所在省份	仓库所在城市	经度	纬度	现有库容/m²	仓库租金(元/m²·年)
1	RDC	广东省	东莞市	113.31	22.39	345	4 015

由表 2-1-1 可知，该公司目前只在东莞设立了一座 RDC 以满足客户需求，现有仓网属于一级网络模式，由 RDC 直接服务于客户。仓库现有库容为 345m²，容量较为有限，租金为 4 015 元/m²·年。

---

① 公司名字为虚构，涉及的案例内容及数据均来源于京东物流真实项目，并做过脱敏处理。

2. 商品信息

商品信息主要包括商品类型、商品重量、商品体积等。商品重量和体积涉及运费报价，影响后续对成本的计算、成本的评估，因此该数据也是必须收集的商品数据。

表 2-1-2 所示是凌云公司的具体商品信息。

表 2-1-2　凌云公司的具体商品信息

商品类型	商品平均重量/kg	商品平均体积/m^3
电子产品	1.5	0.006

由表 2-1-2 所示数据可知，该公司销售的商品是电子产品，对时效要求较高，商品平均重量为 1.5kg，平均体积为 0.006m^3。

3. 需求信息

需求代表在仓网规划中需要被满足的销量，是整个供应链链条的终点。需求信息主要指客户需求，包括客户是 C 端客户还是 B 端客户，客户的所在地，以及每个地区范围内客户对商品的需求数量等信息。这些数据主要用于分析区域客户量和订单量情况，为后续的仓网节点位置选择提供依据。

依据仓网规划软件中需求信息的要求，整理凌云公司的需求信息如表 2-1-3 所示，包括需求所在地、客户类型、商品需求量等。

表 2-1-3　凌云公司的需求信息

客户编号	需求所在地	客户类型(B/C端)	商品需求量/件
1	西安	C端客户	6 983
2	舟山	C端客户	7 324
3	福州	C端客户	7 538
4	太原	C端客户	8 900
5	重庆	C端客户	9 921
6	成都	C端客户	12 923
7	北京	C端客户	10 142
8	上海	C端客户	10 783
9	长沙	C端客户	21 495
10	南昌	C端客户	22 015
11	武汉	C端客户	29 778
12	东莞	C端客户	30 972

续表

客户编号	需求所在地	客户类型(B/C端)	商品需求量/件
13	佛山	C端客户	35 623
14	深圳	C端客户	38 075
15	广州	C端客户	41 857

从表2-1-3中数据可以看出，该公司需求主要集中在南方地区，特别是广东省内的需求最为突出，其次是离广东省距离较近的武汉、南昌、上海等华中、华东地区的城市，北京、太原、西安等地也有一定的商品需求量。该公司所有客户都是面向C端的客户。

4. 运输信息

运输成本是整个仓网成本的重要部分，因此运输始发地与目的地的距离、当前所达到的运输时效、运费等，都是进行仓网节点规划的重要参考要素。

依据仓网规划软件模板要求整理运输信息，如表2-1-4所示，包括始发地、目的地、运输距离、运输时效、首重价格、续重价格等信息。

表2-1-4 运输信息

始发地	目的地	运输距离/km	运输时效/天	首重价格/元·kg^{-1}	续重价格/元·kg^{-1}
武汉	舟山	977	3	15	5
东莞	重庆	1319	4	16	6
北京	西安	1084	3	16	6
苏州	上海	110	2	11	2
…	…	…	…	…	…

运输信息常由物流公司提供，不同始发地和目的地之间的距离及运输量的差异都会导致不同线路上运输成本出现差异。一般来说，同一运输方式下，距离越近，运输成本越低，运输时效越高。

以上数据收集、整理好之后，就可以将项目数据录入仓网规划软件进行分析。

三、基础数据录入

打开仓网规划软件，进入"项目管理"主页界面，该界面主要帮助用户对仓网规划项目进行集中管理。仓网规划项目是指使用相同数据进行运算的仓网规划方案合集。首先，需要为凌云公司新建一个项目，以保存后续仓网规划合集。单击"新增项目"按钮，弹出"新增项目"对话框，输入项目名称和项目简介，如图2-1-1所示。

图 2-1-1 "新增项目"对话框

单击"保存"按钮，出现图 2-1-2 所示界面。

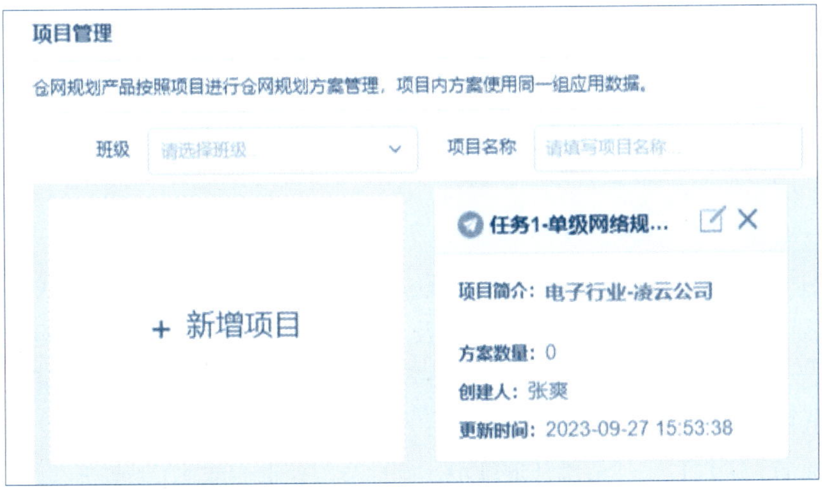

图 2-1-2 新建项目后的界面

单击"任务 1-单级网络规划(凌云)"项目，可以查看凌云公司单级仓网规划项目的详细信息，界面可分为基础数据(页面上方)、方案清单(页面左侧)、可视化报告(页面右侧)、报告明细(页面下方)四部分。

支撑仓网规划方案运行所需要的基础数据包括层级、各层级选址范围、商品、需求、支援关系和线路。

1. 层级数据录入

目前系统最多支持 CDC、RDC、FDC、客户 4 层网络，可以通过在模板中输入数据，然后上传的方式完成层级数据的录入，如图 2-1-3 所示。

目前该企业对标电子产品行业标准，采用 RDC 一级网络，依据软件模板格式要求，整理并维护凌云公司仓网规划的层级信息，如图 2-1-4 所示。

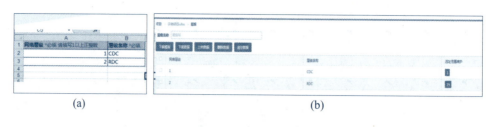

	A	B
1	网络层级 *必填 请填写1以上正整数	层级名称 *必填
2	1	CDC
3	2	RDC

(a)

(b)

图 2-1-3　层级数据录入

网络层级 *必填 请填写1以上正整数	层级名称 *必填
1	RDC

(a)

(b)

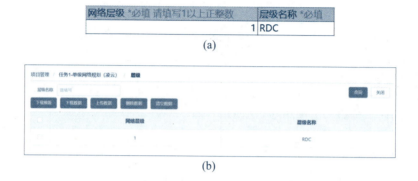

图 2-1-4　整理并维护凌云公司仓网规划的层级信息

2. 选址范围数据录入

维护网络层级后，需要给每个层级设置备选的仓库。为了对比网络规划前后的成本差异，需要对网络现状（正在使用的仓库及库容）进行设定。可以根据实际情况，将备选仓库设置为三种不同的包含方式：“必选”，系统必须选择该仓库；“参与”，系统自行根据成本和时效考虑决定是否选择该仓库；“排除”，系统不能选择该仓库。用户可以通过上传数据的方式进行选址范围数据维护，选址范围数据如图 2-1-5 所示。

(a)

A	B	C	D	E	F	G	H	I	J	K
层级名称	编号 *必填	名称 *必填	所在省份 *必填	所在城市 *必填	经度 *必填	纬度 *必填	仓库租金（每天每平米）	初始状态 *必填 为完成与现有仓网规划的时效和成本对比，请维护选址现状。	现使用库容 *必填 为完成与现有仓网规划的时效和成本对比，请维护选址现状。	包含类型 *必填
RDC	1	北京仓	北京	北京	116.34999	39.41391	1	已使用	5600	参与
RDC	2	沈阳仓	辽宁	沈阳	123.52635	41.69793	1	已使用	4000	参与
RDC	3	兰州仓	甘肃	兰州	104.01218	35.95105	1	已使用	2961	参与
RDC	4	济南仓	山东	济南	117.01061	36.70674	1	已使用	4500	参与
RDC	5	长春仓	吉林	长春	125.43276	43.82783	1	已使用	3000	参与
RDC	6	石家庄仓	河北	石家庄	114.68494	38.02407	1	已使用	7800	参与
RDC	7	郑州仓	河南	郑州	113.71075	35.09531	1	已使用	5600	参与
RDC	8	广州仓	广东	广州	113.21336	23.37036	1	已使用	6500	参与

(b)

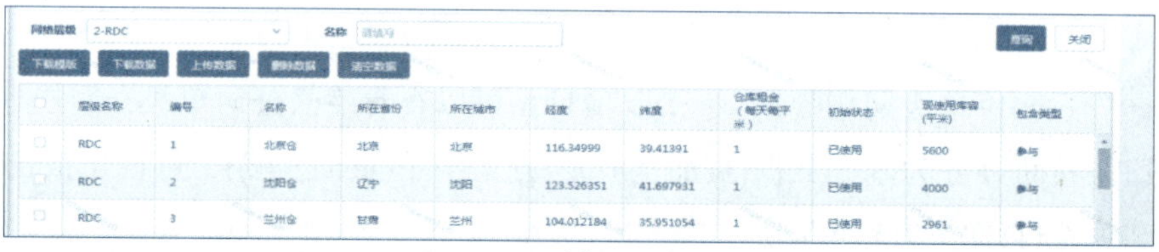

图 2-1-5　选址范围数据

根据市场调查结果及企业业务特点，该企业拟在东莞、北京、苏州、武汉四地设立

RDC 备选仓库。由于广东省需求较多，且东莞 RDC 一直处于正常运行状态，则继续保留东莞 RDC，将其设置为“已使用”的“必选”仓库，而北京、苏州、武汉三仓则为“参与”状态。此外，由于各地的土地价格、房价等存在差异，各备选仓库租金也存在差异，如图 2-1-6 所示。

层级名称	编号 *必填	名称 *必填	所在省份 *必填	所在城市 *必填	经度 *必填	维度 *必填	仓库租金（每天每平米）	初始状态 *必填 为完成与现有仓网规划的时效和成本对比，请维护选址现状。	现使用库容 *必填 为完成与现有仓网规划的时效和成本对比，请维护选址现状。	包含类型 *必填
RDC	1	北京公共平台仓3号库	北京	北京	116.25	39.47	19	未使用	0	参与
RDC	2	苏州公共平台仓8号库	江苏	苏州	120.37	31.19	11	未使用	0	参与
RDC	3	东莞公共平台仓5号库	广东	东莞	113.31	22.39	11	已使用	345	必选
RDC	4	武汉公共平台仓9号库	湖北	武汉	114.58	30.66	10	未使用	0	参与

(a)

项目管理　任务1-单级网络规划（凌云）　选址范围

网络层级 1-RDC　名称 请填写　查询　关闭

下载模版　下载数据　上传数据　删除数据　清空数据

层级名称	编号	名称	所在省份	所在城市	经度	纬度	仓库租金(每天每平...	初始状态
RDC	1	北京公共...	北京	北京	116.25	39.47	19	未使用
RDC	2	苏州公共...	江苏	苏州	120.37	31.19	11	未使用
RDC	3	东莞公共...	广东	东莞	113.31	22.39	11	已使用
RDC	4	武汉公共...	湖北	武汉	114.58	30.66	10	未使用

(b)

图 2-1-6　备选仓库页面

3. 商品数据录入

在供应链网络中流转的商品，由于在仓网中计算成本时主要基于商品的物理属性，因此可以将不同的商品进行聚类，汇总成一个商品。这个商品的重量和体积可通过各个商品的销售量进行加权平均，如图 2-1-7 所示。

项目　单商品　商品

商品名称 请填写　查询　关闭

下载模版　下载数据　上传数据　删除数据　清空数据

商品编号	商品名称	加权件均重量（KG）	加权件均体积（立方）
1	鞋子	2	0.0092

(a)

加权平均举例：

聚类前商品	重量	体积	销量
鞋子1	2	0.009	2000
鞋子2	2.2	0.008	8000
鞋子3	2.4	0.0085	5000

聚类后商品	重量	体积	销量
鞋子	（2*2000+2.2*8000+2.4*5000）/(2000+8000+5000)=**2.24**	（0.009*2000+0.008*8000+0.0085*5000）/(2000+8000+5000)=**0.0083**	2000+8000+5000=15000

(b)

图 2-1-7　商品重量参考

该企业产品差异较小，可聚类成一个电子产品，加权件平均重量为 1.5kg，将依据重量进行运费计算，可暂不加权件平均体积，商品信息维护如图 2-1-8 所示。

(a)

(b)

图 2-1-8　商品信息维护

4. 需求数据录入

考虑到仓网规划的层级和周期，建议以城市作为最小收集颗粒度，以年销量为需求量统计时长。除了需要为每个需求提供对应的商品和需求量，还需要明确客户类型为"B 端客户"或"C 端客户"，客户类型将影响统计上游仓履约该需求的履约成本计算方式(详见线路数据)，如图 2-1-9 所示。

客户编号	客户名称	所在省份	所在城市	客户类型	商品编号	商品名称	需求量(件)
1	呼和浩特门店	内蒙古	呼和浩特	B端客户	1	鞋子	22960
2	廊坊门店	河北	廊坊	B端客户	1	鞋子	5213
3	张家口门店	河北	张家口	B端客户	1	鞋子	16757
4	苏州门店	江苏	苏州	B端客户	1	鞋子	121484

图 2-1-9　客户信息

该企业的需求信息如图 2-1-10 所示，将需求信息上传至系统后，可以得到该产品的需求分布，如图 2-1-11 所示。华南地区需求占比最高，华中地区次之，北方地区需求较少。

客户编号	客户名称	所在省份	所在城市	客户类型	商品编号	商品名称	需求量
001	西安市	陕西	西安	C端客户	001	电子产品	6983
002	舟山市	浙江	舟山	C端客户	001	电子产品	7324
003	福州市	福建	福州	C端客户	001	电子产品	7538
004	太原市	山西	太原	C端客户	001	电子产品	8900
005	重庆市	重庆	重庆	C端客户	001	电子产品	9921
006	成都市	四川	成都	C端客户	001	电子产品	12923
007	北京市	北京	北京	C端客户	001	电子产品	10142
008	上海市	上海	上海	C端客户	001	电子产品	10783
009	长沙市	湖南	长沙	C端客户	001	电子产品	21495
010	南昌市	江西	南昌	C端客户	001	电子产品	22015
011	武汉市	湖北	武汉	C端客户	001	电子产品	29778
012	东莞市	广东	东莞	C端客户	001	电子产品	30972
013	佛山市	广东	佛山	C端客户	001	电子产品	35623
014	深圳市	广东	深圳	C端客户	001	电子产品	38075
015	广州市	广东	广州	C端客户	001	电子产品	41857

图 2-1-10　需求信息

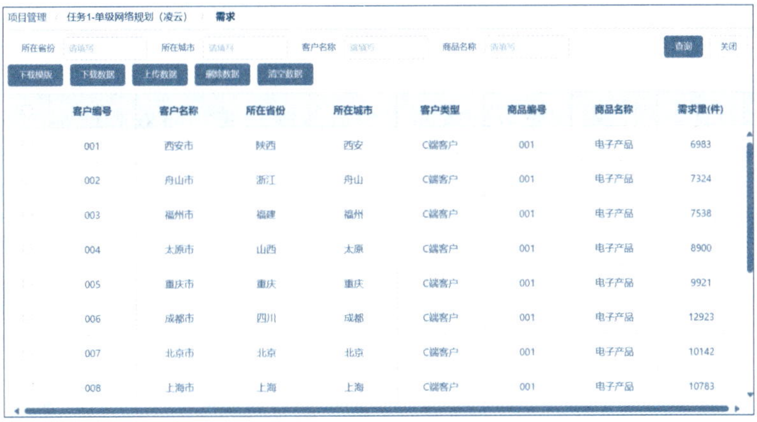

图 2-1-11　客户需求分布

5. 支援关系数据录入

通过配置支援关系，可以设置不同网络层级间的链接关系。若要使不同的仓或商品拥有差异化的链接方式，可以通过设置"指定仓"或"指定客户"来实现，如图 2-1-12 所示。

图 2-1-12　支援关系数据录入

该企业的产品直接从 RDC 发往客户，始发网络层级和目的网络层级分别为 RDC 和客户，暂不指定发送的特定始发和目的网络层级，仓到客户每个订单的平均件数为 8 件，如图 2-1-13 所示。

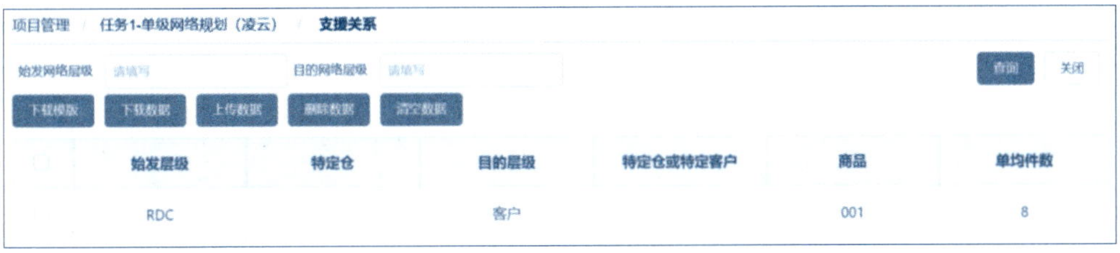

图 2-1-13　支援关系

6. 线路信息数据录入

用户可以直接使用已经设置好的线路模板进行线路履约时效和成本的计算。管理员会将不同的运输报价数据录入系统,针对不同的客户类型做成模板,用户可以直接套用,如图 2-1-14 所示。

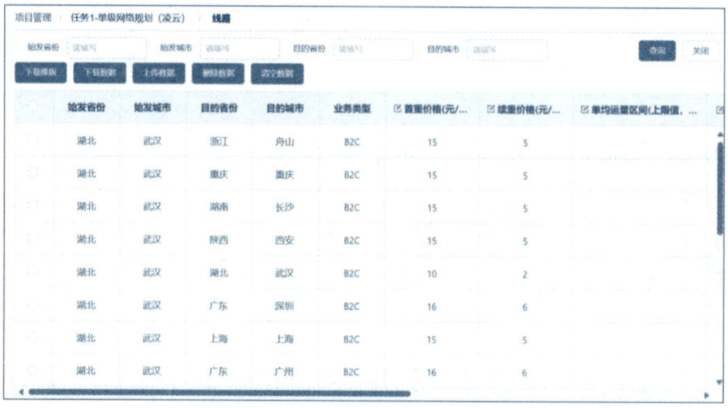

图 2-1-14　线路信息 1

该企业目前有 4 个备选 RDC 仓库,15 个需求点,业务类型为 B2C 模式,因此一共存在 60(4×15) 条线路信息,如图 2-1-15 所示。所有 B2C 线路报价均采用"首重价格+续重价格"的形式。"单均运量区间"用于阶梯报价,不同的重量区间可以有不同的报价。"最低一票"指不论重量是多少,最低的运费要求。"单均运量区间""最低一票""重量价格""体积价格"为 B2B 业务模式的报价形式,此处可暂不考虑。

(a)

(b)

图 2-1-15　线路信息 2

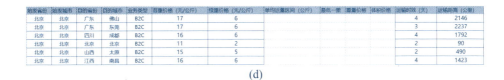

(c)

(d)

图 2-1-15 线路信息 2（续）

所有数据正确录入完毕，"基础数据"处会显示正确的完成状态，如图 2-1-16 所示。

图 2-1-16 基础数据录入完成状态

四、方案设计

1. 分析企业仓网现状

收集、整理完基础数据之后，需要进一步分析企业仓网的现状，包括现有网络下的服务水平、服务成本等。可以在仓网规划软件左侧"方案清单"模块进行方案管理。方案管理主要是通过对仓网节点数量、服务水平等条件的限定和约束，来进行分析。分析的主要目的包括：第一，对现状分析，分析目前存在的问题；第二，根据预期目标设定期望的服务水平、仓节点数量，以此评估服务水平和成本的变化，并决策选择最优的仓网优化方案。

系统操作步骤如下：

现状分析之前，需要在方案中增加对现状的描述数据。单击"新增方案"，可创建新方案(见图 2-1-17)，通过设置不同的规划约束，可以得到差异化的规划方案，并完成横向比较。

首先，通过新增方案创建"方案 1-现状分析"，以了解目前该企业仅有一个东莞 RDC 仓库时的网络成本、服务水平等。

图 2-1-17　新增方案

方案界面右上角分别提供了修改方案信息、参数配置、启动运行、删除等四个功能按钮。单击界面下方中间的展开按钮可以显示方案的核心指标，如图 2-1-18 所示。单击方案名称，可以显示方案的报告内容。

(a)　　　　　　　　　　　　(b)

图 2-1-18　新增方案参数界面

单击方案 1 右上角的 ✿ 按钮可以设置方案参数，将仓网规划数学模型转换为计算机仿真模型，在计算机系统上模拟仓网规划建模。系统提供了仓约束、时效约束、成本设置三种不同的参数类型，通过进行不同的参数设置，可以达到差异化规划的目的。

(1) 仓约束

"仓数量约束"，即通过设置仓数量，在满足仓数量约束的前提下，找到最合适的仓库。"是否启用同省内需求单一仓满足约束"，即某一省内的需求是否考虑只用某一个仓库来满足，启用后可避免同省内不同客户的需求被多个仓分别满足导致成本上升的情况。

该企业目前采用一级 RDC 网络模式，仅存在一个东莞 RDC，因此仓数量约束为 1，也不会出现多个仓满足省内需求的情况，如图 2-1-19 所示。

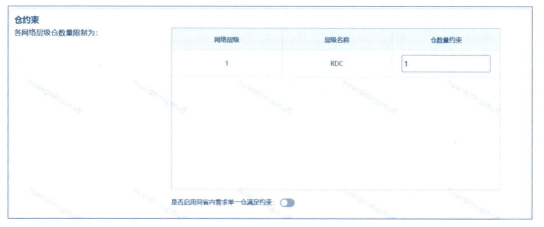

图 2-1-19 仓约束设置

(2) 时效约束

针对需求范围,单击右上角的 新增 按钮可以设置多种不同的订单履约时效要求。目前系统支持在全国范围内基于销量占比的时效达成约束,可配置的时效类型包括211(时效为1天)、次日达(时效为2天以内)、隔日达(时效为3天以内)和隔日达以上(时效为3天以上)。

由企业背景信息可以得出,该企业目前的服务水平是满足销量占比为49%左右的次日达时效,如图2-1-20所示。

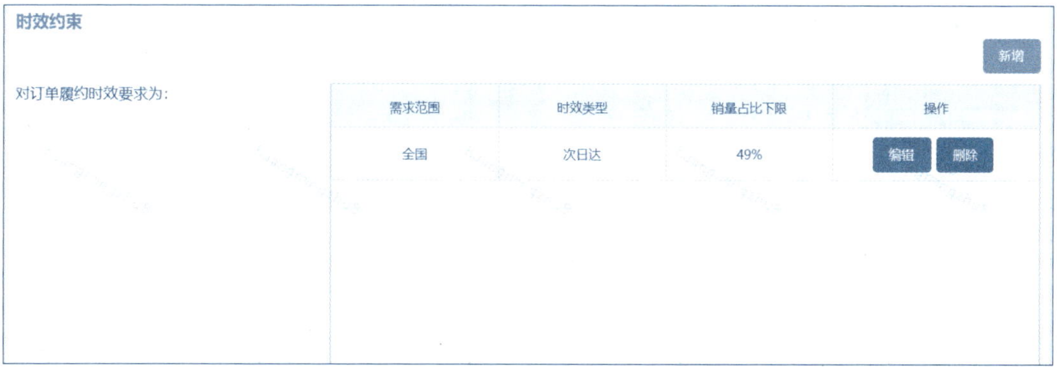

图 2-1-20 时效约束设置

(3) 成本设置

仓网规划成本主要包括运输成本和仓储成本两部分,一般来说两者均需要统计。规划方案生成后,系统将自动计算各类成本的总额。其中,运输成本可以设置不同层级支援关系的运费折扣、运费计算方式等。凌云公司目前在运输成本上没有任何运费折扣,如图2-1-21所示。

方案参数设置完毕后,回到主页面,单击方案运行按钮 ▶,系统将开始运算符合方案参数的布局。方案成功运行后,单击方案名称"方案1-现状分析"可显示该方案的内容,获得可视化报告和详细内容,如图2-1-22和图2-1-23所示。(网络布局图可在教辅资源中查阅。)

图 2-1-21　运输成本设置

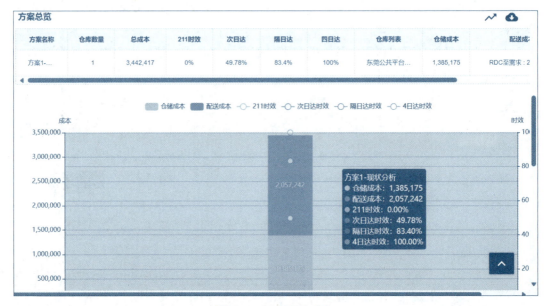

图 2-1-22　现状成本

始发名称	始发省份	始发城市	目的网络层级	目的编号	目的名称	目的省份	目的城市	运量(件)	距离(KM)	运输时间(天)	运输成本
东莞公共平台仓5号库	广东	东莞	需求	007	北京市	北京	北京	10142	2122	4	105226
东莞公共平台仓5号库	广东	东莞	需求	008	上海市	上海	上海	10783	1426	3	110527
东莞公共平台仓5号库	广东	东莞	需求	005	重庆市	重庆	重庆	9921	1319	4	101699
东莞公共平台仓5号库	广东	东莞	需求	004	太原市	山西	太原	8900	1862	4	91230
东莞公共平台仓5号库	广东	东莞	需求	002	舟山市	浙江	舟山	7324	1168	3	75076
东莞公共平台仓5号库	广东	东莞	需求	003	福州市	福建	福州	7538	864	3	65965
东莞公共平台仓5号库	广东	东莞	需求	011	武汉市	湖北	武汉	29778	986	3	305232
东莞公共平台仓5号库	广东	东莞	需求	009	长沙市	湖南	长沙	21495	669	3	188082.5
东莞公共平台仓5号库	广东	东莞	需求	015	广州市	广东	广州	41857	90	1	172668
东莞公共平台仓5号库	广东	东莞	需求	014	深圳市	广东	深圳	38075	137	2	161825
东莞公共平台仓5号库	广东	东莞	需求	013	佛山市	广东	佛山	35623	27	2	151399
东莞公共平台仓5号库	广东	东莞	需求	012	东莞市	广东	东莞	30972	90	2	131636
东莞公共平台仓5号库	广东	东莞	需求	010	南昌市	江西	南昌	22015	791	3	192632.5
东莞公共平台仓5号库	广东	东莞	需求	006	成都市	四川	成都	12923	1660	4	132467
东莞公共平台仓5号库	广东	东莞	需求	001	西安市	陕西	西安	6983	1628	4	71577

图 2-1-23　运输成本表

由图 2-1-22 可知，该企业目前仓网规划总成本为 3 442 417 元，其中仓储成本为 1 385 175 元，配送成本为 2 057 242 元，配送成本占总成本比例较大。这是由于该企业目前以东莞单一 RDC 满足全国性需求，所以现有仓网条件下运输配送成本较高。

此外，目前该企业最高次日达时效为 49.78%，隔日达时效为 83.40%，四日达时效为 100%。该企业为了满足当前业务发展需求，通过对标行业标准、企业成本预期、市场调研等，决定提高次日达服务水平，希望通过优化现有仓网模式，将次日达时效提升至 70% 以上。

2. 设计仓网规划优化方案

通过现状分析找出企业目前的痛点，并根据企业设置的预期值进行网络规划及优化，优化的重点就是通过客户及订单量分布来确定仓网层级及节点，进而提升服务水平。但是，并不是说履约服务水平越高越好，服务水平既要能满足当前客户需求，又要能和当前企业发展的水平相匹配，也就是说，既能满足大部分客户服务时效，又能在企业可承受的成本范围之内，寻找时效水平与成本的最优方案。

接下来，根据凌云公司的仓网现状和预期目标调整方案参数，差异化仓网规划方案，寻找满足服务水平目标的最佳成本方案。

预期目标：依然保持单级仓网，将次日达时效提升至 70%。在保证东莞 RDC 必选的基础上，尝试寻找最佳的 RDC 数量。

(1) 新增 1 个 RDC 仓库，创建"方案 2-2 仓"

首先，尝试在增加 1 个仓库的情况下进行分析。通过"新增方案"创建"方案 2-2 仓"，如图 2-1-24 所示。

图 2-1-24　新增"方案 2-2 仓"

1) 仓约束设置。调整仓约束数量为 2，同时启用同省内需求单一仓满足约束，避免同省内不同客户需求被多个仓分别满足的情况，如图 2-1-25 所示。

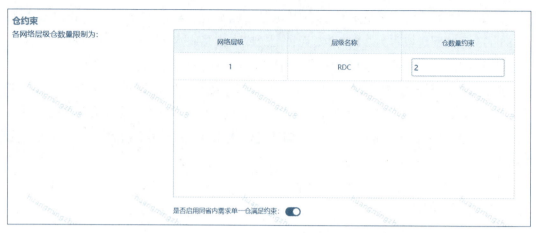

图 2-1-25　仓约束设置

2) 时效约束设置。根据企业制定的服务水平目标，将次日达履约时效约束调整为70%，如图 2-1-26 所示。

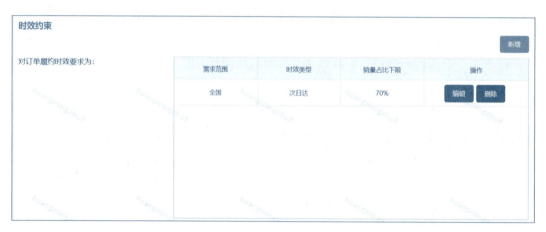

图 2-1-26　时效约束设置

3) 成本设置。成本设置保持不变，如图 2-1-27 所示。

方案参数设置完毕后，回到主页面，单击方案运行按钮▶，发现方案左侧出现红色感叹号警示，说明约束条件或基础数据设置存在问题。鉴于同一基础数据条件下，方案1可运行，说明方案2出现警示状态很可能是由于该方案的时效约束条件设置过高，暂时无法满足，需要进行调整。单击 ✿ 按钮可返回约束条件设置界面，调整时效约束水平参数，如图 2-1-28 所示。

经测试，发现方案2的条件下，次日达最高时效只可达 67.2%，如图 2-1-29 所示，说明该方案无法满足企业 70% 次日达的服务水平预期。该方案成功运行后，可以获得可视化报告，如图 2-1-30 和图 2-1-31 所示。（网络布局图可在教辅资源中查阅）。

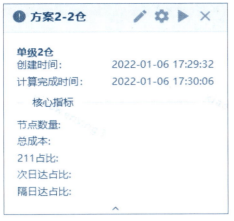

图 2-1-27　出现红色感叹号警示

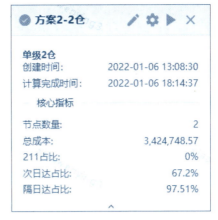

图 2-1-28　调整时效约束水平参数

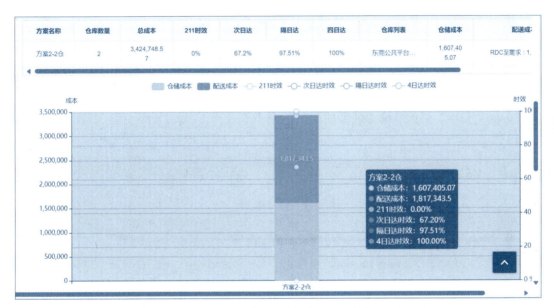

图 2-1-29　无法满足企业 70% 次日达的服务水平预期

方案2-2仓

仓库状态

方案名称	网络层级	层级名称	仓库编号	仓库名称	初始状态	新状态	使用库… 米)
方案2-2仓	1	RDC	3	东莞公共平台仓5...	已使用	已使用	242
方案2-2仓	1	RDC	4	武汉公共平台仓9...	未使用	已使用	173

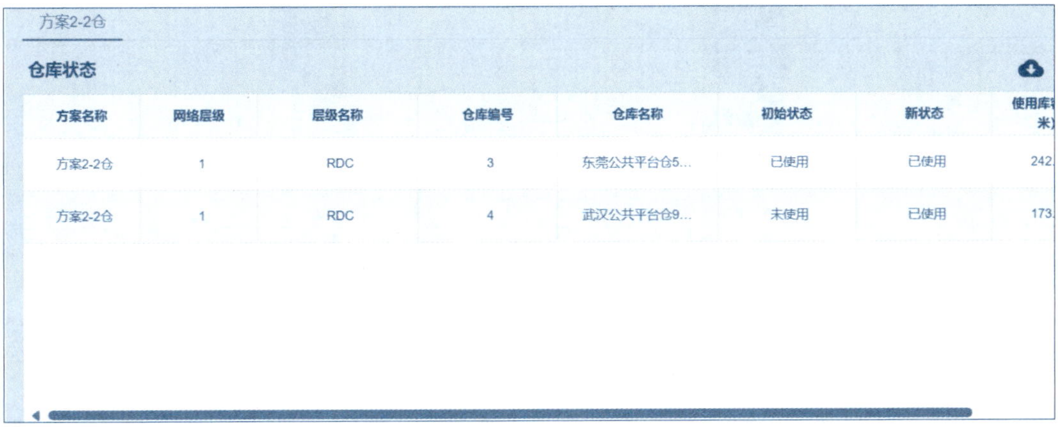

图 2-1-30　方案成功运行后的可视化报告（一）

始发名称	始发省份	始发城市	目的网络层级	目的编号	目的名称	目的省份	目的城市	运量(件)	距离(KM)	运输时间(天)	运输成本
东莞公共平台仓5号库	广东	东莞	需求	015	广州市	广东	广州	41857	90	2	172668
东莞公共平台仓5号库	广东	东莞	需求	014	深圳市	广东	深圳	38075	137	2	161825
东莞公共平台仓5号库	广东	东莞	需求	013	佛山市	广东	佛山	35623	27	2	151399
东莞公共平台仓5号库	广东	东莞	需求	012	东莞市	广东	东莞	30972	90	2	131636
武汉公共平台仓9号库	湖北	武汉	需求	007	北京市	北京	北京	10142	1172	3	103958
武汉公共平台仓9号库	湖北	武汉	需求	008	上海市	上海	上海	10783	834	3	94352.5
武汉公共平台仓9号库	湖北	武汉	需求	005	重庆市	重庆	重庆	9921	867	3	86817.5
武汉公共平台仓9号库	湖北	武汉	需求	004	太原市	山西	太原	8900	940	3	91230
武汉公共平台仓9号库	湖北	武汉	需求	002	舟山市	浙江	舟山	7324	977	4	64090
武汉公共平台仓9号库	湖北	武汉	需求	003	福州市	福建	福州	7538	917	3	65965
武汉公共平台仓9号库	湖北	武汉	需求	011	武汉市	湖北	武汉	29778	90	2	119118
武汉公共平台仓9号库	湖北	武汉	需求	009	长沙市	湖南	长沙	21495	344	2	188082.5
武汉公共平台仓9号库	湖北	武汉	需求	010	南昌市	江西	南昌	22015	355	2	192632.5
武汉公共平台仓9号库	湖北	武汉	需求	006	成都市	四川	成都	12923	1191	3	132467
武汉公共平台仓9号库	湖北	武汉	需求	001	西安市	陕西	西安	6983	740	3	61102.5

图2-1-31 方案成功运行后的可视化报告(二)

可以看出,"方案2-2仓"的条件下,增加了武汉备选仓。该方案的总成本为3 424 748.57元,其中仓储成本为1 607 405.07元,RDC至客户的配送成本为1 817 343.5元。增加武汉备选仓后,广东省外的需求开始由武汉仓库进行履约。此时,该方案的最高次日达时效为67.20%,隔日达时效为97.51%,四日达时效为100%。

选择"方案1-现状分析"和"方案2-2仓",可以获得两个方案的对比图,如图2-1-32所示。与方案1相比,方案2总成本降低了,由于仓数量增加,仓储成本较方案1增加了,但增加武汉仓后,RDC与客户间的配送距离缩短了,因此配送成本有所降低。方案2的情况下订单时效也提高了,但67.20%的次日达时效尚未满足企业所制定的70%的优化目标,因此继续尝试增加至3仓的情况。

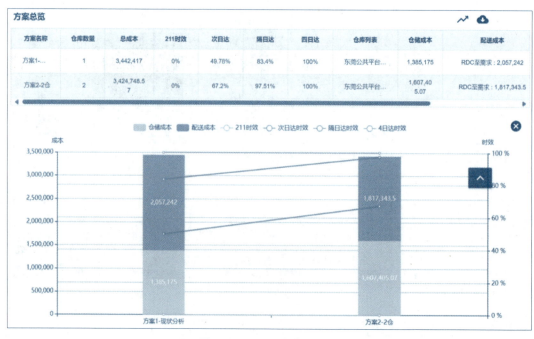

图2-1-32 两方案对比图

(2) 新增2个RDC仓库,创建"方案3-3仓"

在方案2的基础上,继续尝试增设仓库,创建"方案3-3仓"进一步满足时效约束的优化目标。通过"新增方案"创建"方案3-3仓",如图2-1-33所示。

图 2-1-33　新增"方案 3-3 仓"

1) 仓约束。再新增 1 个仓，调整仓约束数量为 3，同时启用同省内需求单一仓满足约束，避免同省内不同客户需求被多个仓分别满足的情况，如图 2-1-34 所示。

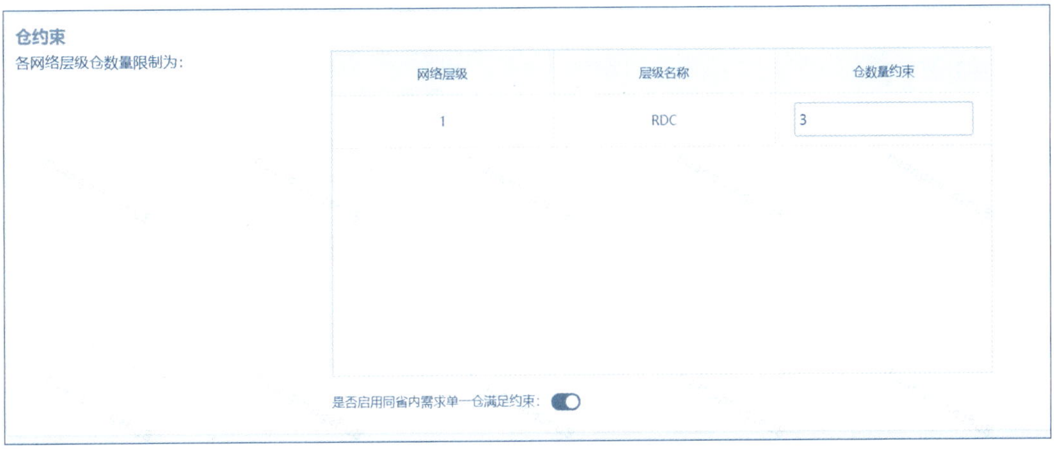

图 2-1-34　仓约束设置

2) 时效约束。尝试调整"次日达"履约时效约束为优化目标所设定的 70%，如图 2-1-35 所示。

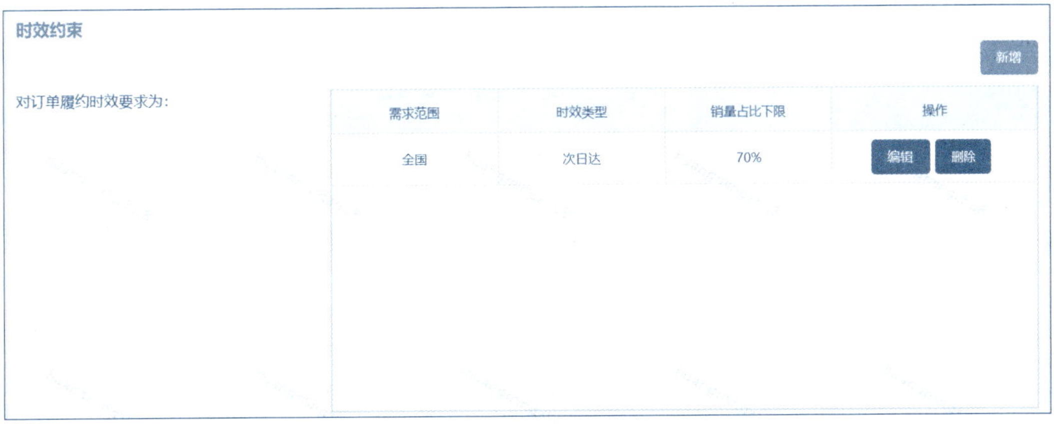

图 2-1-35　时效约束设置

3) 成本设置。成本设置保持不变，方案参数设置完毕后，回到主页面，单击方案即可运行，方案运行成功，如图 2-1-36 所示。

方案 3 的次日达时效达到 73.36%，在苏州新增 1 仓。由于不确定该方案是否已经达到最高次日达时效，因此可再次尝试调整时效约束，寻找该方案资源条件下的最高次日达时效。经测试，发现该方案的最高次日达时效可达 73.67%，但新增的第三个仓由苏州调整到了北京，且成本也随之提高了 14 万元，如图 2-1-37 所示。

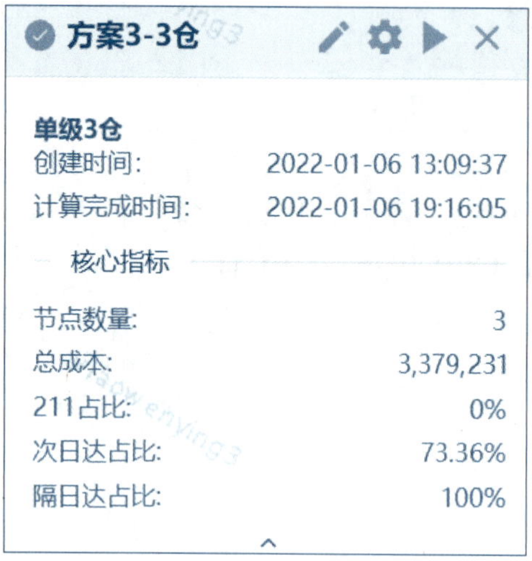

图 2-1-36　方案 3 运行结果

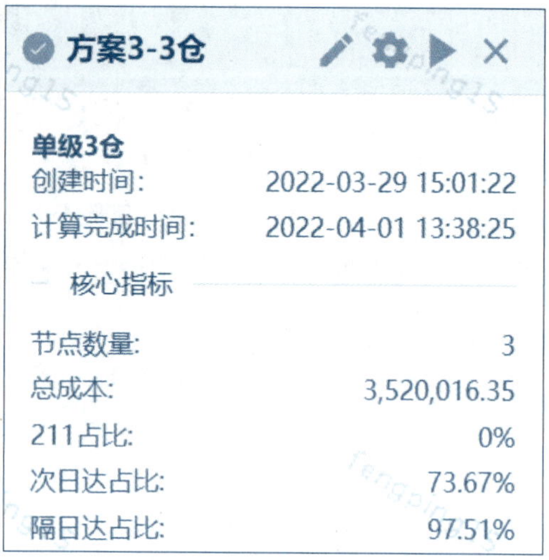

图 2-1-37　调整方案 3 的时效约束后的运行结果

方案成功运行后，单击方案名称“方案 3-3 仓”可显示该方案的内容，获得可视化报告和详细内容，如图 2-1-38 ～图 2-1-40 所示。(网络布局图可在教辅资源中查阅。)

报告明细

方案总览

方案名称	仓库数量	总成本	211时效	次日达	隔日达	四日达	仓库列表	仓储成本	配送成本	加权运输距离(KM)
方案3-3仓	3	3,379,231	0%	73.36%	100%	100%	东莞公共平台仓5号..	1,644,717	RDC至需求：1,734,514	RDC至需求：306.58

方案3-3仓

仓库状态

方案名称	网络层级	层级名称	仓库编号	仓库名称	初始状态	新状态	使用库容（平米）	仓储成本
方案3-3仓	1	RDC	2	苏州公共平台仓8号库	未使用	已使用	42.5	170,653.56
方案3-3仓	1	RDC	3	东莞公共平台仓5号库	已使用	已使用	171.74	689,540.11
方案3-3仓	1	RDC	4	武汉公共平台仓9号库	未使用	已使用	214.94	784,523.33

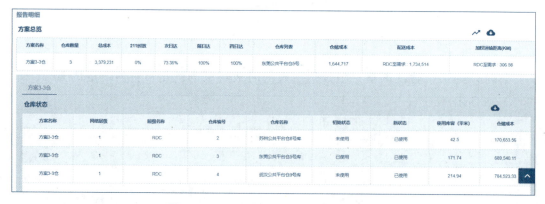

图 2-1-38　方案 3 新增苏州仓方案成本

由图 2-1-40 可以看出，方案 3-3 仓的条件下，在东莞、武汉备选仓的基础上又新增了苏州备选仓(次日达时效 73.36%) 或者北京备选仓(次日达时效 73.67%)。苏州仓与北京仓对比可以看出，北京仓成本高 14 万元左右，且履约的客户覆盖量较少，因此应该选择苏州仓的 3 仓方案。增加苏州备选仓后，华东地区的部分需求开始由苏州仓库进行履约。此时，该方案的最高次日达时效为 73.36%，隔日达时效为 100%。

方案名称	仓库数量	总成本	211时效	次日达	隔日达	四日达	仓库列表	仓储成本	配送成本
方案3-3仓	3	3,520,016.35	0%	73.67%	97.51%	100%	北京公共平台…	1,778,142.85	RDC至需求：1,741,873.5

图 2-1-39　方案 3 新增北京仓成本柱状图

始发名称	始发省份	始发城市	目的网络层级	目的编号	目的名称	目的省份	目的城市	运量(件)	距离(KM)	运输时间(天)	运输成本
北京公共平台仓3号库	北京	北京	需求	007	北京市	北京	北京	10142	90	2	41838
北京公共平台仓3号库	北京	北京	需求	004	太原市	山西	太原	8900	490	2	77880
东莞公共平台仓5号库	广东	东莞	需求	015	广州市	广东	广州	41857	90	2	172668
东莞公共平台仓5号库	广东	东莞	需求	014	深圳市	广东	深圳	38075	137	2	161825
东莞公共平台仓5号库	广东	东莞	需求	013	佛山市	广东	佛山	35623	27	2	151399
东莞公共平台仓5号库	广东	东莞	需求	012	东莞市	广东	东莞	30972	90	2	131636
武汉公共平台仓9号库	湖北	武汉	需求	008	上海市	上海	上海	10783	834	3	94352.5
武汉公共平台仓9号库	湖北	武汉	需求	005	重庆市	重庆	重庆	9921	867	3	86817.5
武汉公共平台仓9号库	湖北	武汉	需求	002	舟山市	浙江	舟山	7324	977	4	64090
武汉公共平台仓9号库	湖北	武汉	需求	003	福州市	福建	福州	7538	917	3	65965
武汉公共平台仓9号库	湖北	武汉	需求	011	武汉市	湖北	武汉	29778	90	2	119118
武汉公共平台仓9号库	湖北	武汉	需求	009	长沙市	湖南	长沙	21495	344	2	188083
武汉公共平台仓9号库	湖北	武汉	需求	010	南昌市	江西	南昌	22015	355	3	192633
武汉公共平台仓9号库	湖北	武汉	需求	006	成都市	四川	成都	12923	1191	3	132467
武汉公共平台仓9号库	湖北	武汉	需求	001	西安市	陕西	西安	6983	740	3	61102.5

图 2-1-40　方案 3 新增北京仓商品流量表

选择"方案 1- 现状分析""方案 2-2 仓"和"方案 3-3 仓"，可以获得三个方案的对比图，如图 2-1-41 所示。与方案 2 相比，方案 3 总成本增加了，由于仓数量增加，仓储成本同样比方案 2 增加了，但增加苏州仓后，RDC 与客户间的配送距离进一步缩短了，因此配送成本有所降低。方案 3 的情况下，次日达订单时效也进一步提升至 73.67%，能够达到设定的优化目标值 (70%)，但尚不确定是否到达成本拐点，因此可进一步尝试增加至 4 仓继续进行分析，以便选择更优的方案。

(3) 新增 3 个 RDC 仓库，创建"方案 4-4 仓"

在方案 3 的基础上，继续尝试增设 1 个仓库，了解是否存在更优的方案。通过"新增方案"创建"方案 4-4 仓"，如图 2-1-42 所示。

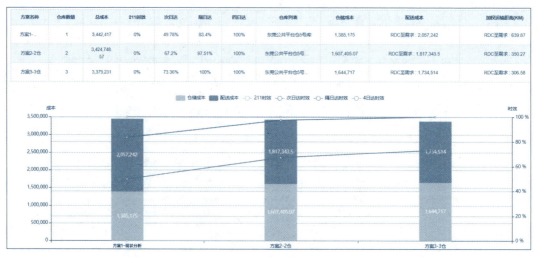

图 2-1-41　3 仓成本对比分析图

图 2-1-42　新增"方案 4-4 仓"

1) 仓约束设置。调整仓约束数量为 4，同时启用同省内需求单一仓满足约束，避免同省内不同客户需求被多个仓分别满足的情况，如图 2-1-43 所示。

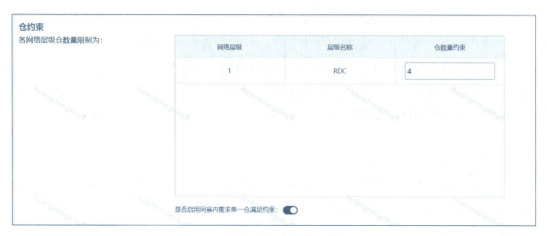

图 2-1-43　仓约束设置

2) 时效约束设置。设置"次日达"履约时效约束为 70%，如图 2-1-44 所示。

图 2-1-44 时效约束设置

3) 成本设置。成本设置保持不变。方案参数设置完毕后,回到主页面,单击方案运行,方案运行成功,如图 2-1-45 所示。经测试,79.83% 即为该方案资源条件下的次日达时效上限。

图 2-1-45 4 仓方案运行结果

方案成功运行后,单击方案名称"方案 4-4 仓"可显示该方案的内容,获得可视化报告和详细内容,如图 2-1-46～图 2-1-48 所示。

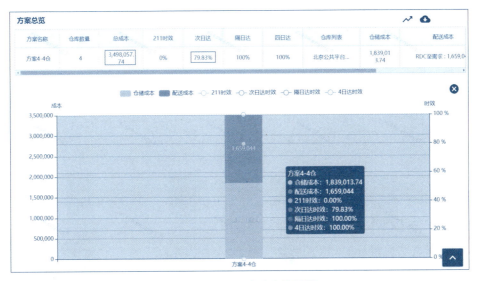

图 2-1-46 4 仓成本柱状图

方案4-4仓

仓库状态

方案名称	网络层级	层级名称	仓库编号	仓库名称	初始状态	新状态	使用库容 米)
方案4-4仓	1	RDC	1	北京公共平台仓3...	未使用	已使用	44.
方案4-4仓	1	RDC	2	苏州公共平台仓8...	未使用	已使用	42.
方案4-4仓	1	RDC	3	东莞公共平台仓5...	已使用	已使用	171.
方案4-4仓	1	RDC	4	武汉公共平台仓9...	未使用	已使用	183.

图 2-1-47　仓库地点

始发名称	始发省份	始发城市	目的网络层级	目的编号	目的名称	目的省份	目的城市	运量(件)	距离(KM)	运输时间(天)	运输成本
北京公共平台仓3号库	北京	北京	需求	007	北京市	北京	北京	10142	90	2	41838
北京公共平台仓3号库	北京	北京	需求	004	太原市	山西	太原	8900	490	2	77880
苏州公共平台仓8号库	江苏	苏州	需求	008	上海市	上海	上海	10783	110	2	44481
苏州公共平台仓8号库	江苏	苏州	需求	002	舟山市	浙江	舟山	7324	287	2	31132
东莞公共平台仓5号库	广东	东莞	需求	015	广州市	广东	广州	41857	90	2	172668
东莞公共平台仓5号库	广东	东莞	需求	014	深圳市	广东	深圳	38075	137	2	161825
东莞公共平台仓5号库	广东	东莞	需求	013	佛山市	广东	佛山	35623	27	2	151399
东莞公共平台仓5号库	广东	东莞	需求	012	东莞市	广东	东莞	30972	90	2	131636
武汉公共平台仓9号库	湖北	武汉	需求	005	重庆市	重庆	重庆	9921	867	3	86817.5
武汉公共平台仓9号库	湖北	武汉	需求	003	福州市	福建	福州	7538	917	3	65965
武汉公共平台仓9号库	湖北	武汉	需求	011	武汉市	湖北	武汉	29778	90	2	119118
武汉公共平台仓9号库	湖北	武汉	需求	009	长沙市	湖南	长沙	21495	344	2	188082.5
武汉公共平台仓9号库	湖北	武汉	需求	010	南昌市	江西	南昌	22015	355	3	192632.5
武汉公共平台仓9号库	湖北	武汉	需求	006	成都市	四川	成都	12923	1191	3	132467
武汉公共平台仓9号库	湖北	武汉	需求	001	西安市	陕西	西安	6983	740	3	61102.5

图 2-1-48　仓库履约情况

由图 2-1-48 可以看出，“方案 4-4 仓”的条件下，在东莞、武汉、苏州备选仓的基础上又新增了北京备选仓。该方案的总成本为 3 498 057.74 元，其中仓储成本为 1 839 013.74 元，RDC 至客户端的配送成本为 1 659 044 元。增加北京备选仓后，华北地区的部分需求开始由北京仓库进行履约(网络布局图可在教辅资源中查阅)。此时，该方案的最高次日达时效为 79.83%，隔日达时效为 100%，四日达时效为 100%。

选择“方案 1- 现状分析”“方案 2-2 仓”“方案 3-3 仓”和“方案 4-4 仓”，可以获得 4 个方案的对比图，如图 2-1-49 所示。与方案 3 相比，其次日达时效得到了进一步提升，同时该方案下总成本也下降至 3 498 057.74 元。

方案名称	仓库数量	总成本	211时效	次日达	隔日达	四日达	仓库列表	仓储成本	配送成本	加权运输距离(KM)
方案1-现...	1	3,442,417	0%	49.78%	83.4%	100%	东莞公共平台仓5号库	1,385,175	RDC至需求：2,057,242	RDC至需求：639.87
方案2-2仓	2	3,424,748.57	0%	67.2%	97.51%	100%	东莞公共平台仓5号库, ...	1,607,405.07	RDC至需求：1,817,343.5	RDC至需求：350.27
方案3-3仓	3	3,520,016.35	0%	73.67%	97.51%	100%	北京公共平台仓3号库, ...	1,778,142.85	RDC至需求：1,741,873.5	RDC至需求：299.38
方案4-4仓	4	3,498,057.74	0%	79.83%	100%	100%	北京公共平台仓3号库, ...	1,839,013.74	RDC至需求：1,659,044	RDC至需求：255.69

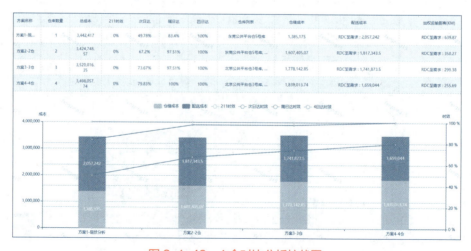

图 2-1-49　4 仓对比分析柱状图

五、选择最佳仓网规划方案建议

以上分析可总结至表2-1-5，由此可知，在同一目标下，方案3、4均可以满足企业70%时效约束的服务水平需求，而方案4在设立4仓的情况下，次日达时效进一步提升至79.83%，成本与方案3相差几万元。在这种情况下，是采取方案3还是采取方案4，主要根据客户对成本的敏感程度，以及对未来业务发展规划的判断。如果客户对几万元的成本并不敏感，且未来华北地区的业务有较好的预期增长，那么可以建议客户选择方案4，即在北京新增一仓，一共建设4个仓。如果客户预期未来在华北市场的预期增长并没有很多，则可以选择方案3。在实际为客户进行项目咨询的过程中，作为咨询顾问，应该将最佳的方案选择项给予客户，结合客户实际需求来给出建议，最终还是要由客户结合自身情况来进行决策。

表2-1-5　4仓分析结果表

方案	仓库	总成本/元	仓储成本/元	配送成本/元	次日达时效
方案1	东莞	3 442 417	1 385 175	2 057 242	49.78%
方案2	东莞+武汉	3 424 748.57	1 607 405.07	1 817 343.5	67.20%
方案3	东莞+武汉+苏州	3 520 016.35	1 778 142.85	1 741 873.5	73.67%
方案4	东莞+武汉+苏州+北京	3 498 057.74	1 839 013.74	1 659 044	79.83%

● 总结

通过整个实践仿真过程来看，应依据仓网优化的实践路径，基于现状分析，结合企业的预期服务水平和成本控制目标，选择最优的仓网规划解决方案。在仓网规划软件的辅助决策下，可以通过约束条件的设置判断哪一套方案是最优的方案。在整个过程中，需要掌握如何进行数据整理与分析，如何设置满足企业预期的约束条件，如何通过成本和服务水平现状选择最适合企业的优化方案。

任务2　雅丽公司单级网络规划

● 能力目标

1. 能够运用软件解决实际案例问题。
2. 能够依据企业现状和业务特点进行企业仓网现状分析。
3. 能够为企业输出仓网规划方案建议。

● **实践仿真**

任务 1 中学习了单级仓网规划的基本实践路径和如何利用仓网规划软件进行仿真实践，本任务继续通过企业案例，结合企业实践情况，帮助读者进一步加深对仓网规划的理解，提升仓网规划能力。

一、企业背景信息

雅丽公司[①]聚焦健康皮肤管理领域，是一家集研发、生产、营销和服务于一体的高新企业，在上海设置了一座集研发、质量、生产、设备、采购、仓储等六大功能于一体的工厂。目前，公司通过各大电商平台进行产品的销售，客服订单由上海仓库进行全国履约。

目前，雅丽公司的客户履约次日达时效为 66% 左右。随着业务的发展，企业销售范围不断扩大，商品在全国各地的销量不断增长，沿用上海一地发货的方式面临时效和成本的双重挑战。雅丽公司希望引入外部的物流能力，在全国各地增设区域仓，进行当地订单的履约，能够将时效服务提升至 80% 以上。

二、收集企业基本数据

企业相关数据可在仓网规划系统"数据管理"模块中下载。

1. 网络层级信息

网络层级信息主要包括现有网络层级数、每层级的仓库详细经纬度地址、现有库容和仓库租金等。雅丽公司的具体网络层级信息如表 2-2-1 所示。

表 2-2-1　雅丽公司的具体网络层级信息

网络层级	层级名称(CDC/RDC/FDC)	仓库所在省份	仓库所在城市	经度	纬度	现有库容/m²	仓库租金(元/m²·年)
1	CDC	上海市	上海市	121.107 3	31.307 66	651.8	5 840

由表 2-2-1 可知，该公司目前只在上海设立了一座 CDC 工厂，现有仓网属于一级网络模式，所有产品由 CDC 一仓发全国，直接服务于客户。仓库现有库容为 651.8m²，租金为 5 840 元/m²·年。

[①] 雅丽公司为虚构名称，案例内容来源于京东物流真实项目，数据已做脱敏处理。

2. 商品信息

商品信息包括商品类型、商品重量、商品体积等。雅丽公司的具体商品信息如表 2-2-2 所示。

表 2-2-2　雅丽公司的具体商品信息

商品类型	商品平均重量/kg	商品平均体积/m^3
个人护理	0.21	0.000 5

由表 2-2-2 可知，该公司销售的商品是个人护理产品，商品平均重量为 0.21kg，平均体积为 0.000 5m^3，产品重量和体积均较小。

3. 需求信息

需求信息包括需求所在地、客户类型、商品需求量等。雅丽公司的部分需求信息如表 2-2-3 所示。

表 2-2-3　雅丽公司的部分需求信息

客户编号	需求所在地	客户类型(B/C端)	商品需求量/件
1	上海	C端客户	539 622
2	苏州	C端客户	217 214
3	南京	C端客户	117 955
4	杭州	C端客户	115 382
5	北京	C端客户	94 742
6	合肥	C端客户	75 888
7	无锡	C端客户	75 783
8	宁波	C端客户	55 932
9	南通	C端客户	48 474
10	常州	C端客户	43 695
11	广州	C端客户	41 857
12	徐州	C端客户	41 174
13	深圳	C端客户	38 075
14	嘉兴	C端客户	36 132
15	温州	C端客户	32 981
16	成都	C端客户	32 404
…	…	…	…

由表 2-2-3 可以看出，该公司需求主要集中在以上海为中心的华东地区，上海地区需求量最大，所有客户都是面向 C 端的客户。

4. 运输信息

运输信息包括始发地、目的地、运输距离、运输时效、运费等。雅丽公司的部分运输信息如表 2-2-4 所示。

表 2-2-4 雅丽公司的部分运输信息

始发地	目的地	运输距离/km	运输时效/天	首重价格/元·kg^{-1}	续重价格/元·kg^{-1}
西安	株洲	1 032	3	16	6
武汉	拉萨	3 491	9	24	12
广州	中山	100	2	12	2
上海	定西	1 909	5	17	6
…	…	…	…	…	…

运输信息由物流公司提供，不同始发地和目的地间的运输距离，以及运输量的差异都会导致不同线路的运输成本出现差异。一般来说，同一运输方式下，距离越近，运输成本越低，运输时效越高。

三、利用仓网规划系统进行仿真实践

下面将结合仓网规划软件进一步整理、维护收集的数据。单击仓网规划系统，首先进入"项目管理"界面，单击"新增项目"，新建一个项目以保存后续仓网规划合集，如图 2-2-1 所示。

图 2-2-1 新增项目

单击"任务 2- 单级网络规划"项目，可以查看详细信息，在界面上方进行基础数据维护。支撑仓网规划方案运行所需要的基础数据包括层级、各层级选址范围、商品、需求、支援关系和线路。

1. 层级

目前，该企业拥有上海仓发全国的一级网络，规划时可暂不考虑工厂发货至区域仓的成本，将上海仓设置为必选的 RDC，保留一级网络，整理并维护雅丽公司仓网规划的层级信息，如图 2-2-2 所示。

网络层级 *必填 请填写1以上正整数	层级名称 *必填
1	RDC

(a)

项目管理 / 任务2-单级网络规划 / 层级

层级名称 请填写 查询

下载模版 下载数据 上传数据 删除数据 清空数据

网络层级	层级名称
1	RDC

(b)

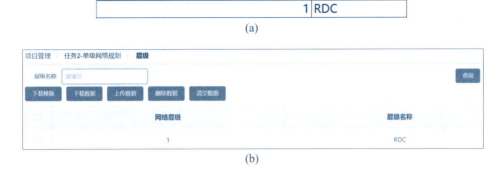

图 2-2-2　现状仓数据

2. 各层级选址范围

经调研，市场上成熟的物流服务商建议在北京、广州、成都、武汉、沈阳、西安 6 个城市设立备选仓。由于上海已经设有一座 CDC，在做规划时暂时只考虑一级网络规划，因此可将其设置为“已使用”的“必选”RDC 仓库，而北京、广州、成都、武汉、沈阳、西安 6 个城市的仓库则为“未使用“的“参与”状态。此外，由于各地的土地价格、房价等存在差异，各备选仓库租金也存在差异，如图 2-2-3 所示。

层级名称	编号 *必填	名称 *必填	所在省份 *必填	所在城市 *必填	经度 *必填	维度 *必填	仓库租金（每天每平米）	初始状态 *必填 为完成与现有仓网规划的时效和成本对比，请维护选址现状	现使用库容 *必填 为完成与现有仓网规划的时效和成本对比，请维护选址现状	包含类型 *必填
RDC	001	北京公共平台仓6号库	北京	北京	116.25067	39.465199	13	未使用	0	参与
RDC	002	上海公共平台仓2号库	上海	上海	121.10725	31.30766	13	已使用	651.8	必选
RDC	003	成都公共平台仓2号库	四川	成都	104.19176	30.5245	12	未使用	0	参与
RDC	004	广州公共平台仓10号库	广东	广州	113.00855	23.202881	13	未使用	0	参与
RDC	005	沈阳公共平台仓1号库	辽宁	沈阳	123.40838	42.50403	12	未使用	0	参与
RDC	006	西安公共平台仓2号库	陕西	西安	109.05051	34.490669	11	未使用	0	参与
RDC	007	武汉公共平台仓5号库	湖北	武汉	114.58159	30.65859	11	未使用	0	参与

(a)

项目管理 / 任务2-单级网络规划 / 选址范围

网络层级 1-RDC 名称 请填写 查询 关闭

下载模版 下载数据 上传数据 删除数据 清空数据

层级名称	编号	名称	所在省份	所在城市	经度	纬度	仓库租金(每天每平...	初始状态
RDC	001	北京公共...	北京	北京	116.250671	39.465199	13	未使用
RDC	002	上海公共...	上海	上海	121.10725	31.30766	13	已使用
RDC	003	成都公共...	四川	成都	104.191757	30.5245	12	未使用
RDC	004	广州公共...	广东	广州	113.008553	23.202881	13	未使用
RDC	005	沈阳公共...	辽宁	沈阳	123.40838	42.50403	12	未使用
RDC	006	西安公共...	陕西	西安	109.050514	34.490669	11	未使用
RDC	007	武汉公共...	湖北	武汉	114.581589	30.65859	11	未使用

(b)

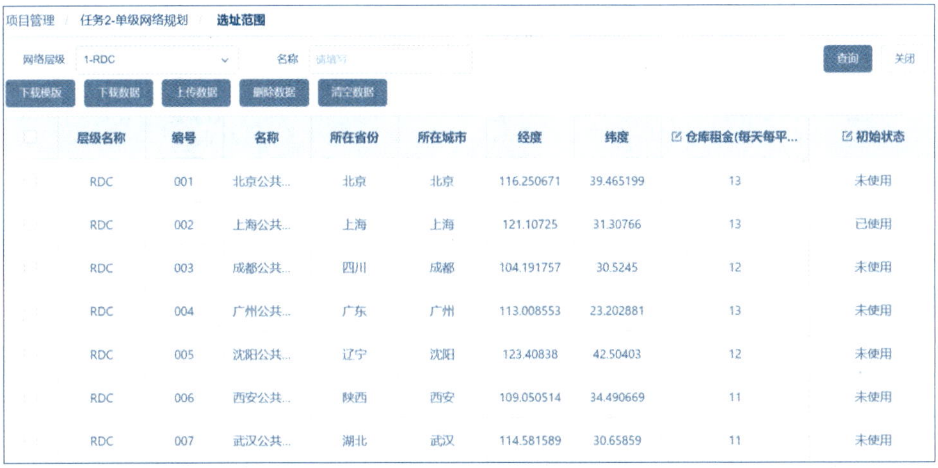

图 2-2-3　选址范围

3. 商品

考虑到雅丽公司经营的商品规格差异性较小，可根据历史数据将商品聚合为一个虚拟的个人护理商品，加权件平均重量为0.21kg，加权件平均体积为0.000 5m^3，商品信息如图2-2-4所示。

图2-2-4 商品信息

4. 需求

以城市作为最小收集颗粒度，以年销量为需求量统计时长，收集该企业过去一年在全国各地的销量信息，如图2-2-5所示。将需求信息导入系统作为基础数据后，可以看到该产品的需求分布，如图2-2-6所示。以上海为中心辐射的华东地区需求占比最高，北京地区次之，广州、武汉、成都等地区也有一定数量的分布。

客户编号 *必填	客户名称 *必填	所在省份 *必填	所在城市 *必填	客户类型 *必填 用于区分使用的线路类型	商品编号 *必填	商品名称 *必填	需求量 *必填 通常使用一年内销量汇总
001	上海	上海	上海	C端客户	001	个人护理	539622
002	苏州市	江苏	苏州	C端客户	001	个人护理	217214
003	南京市	江苏	南京	C端客户	001	个人护理	117955
004	杭州市	浙江	杭州	C端客户	001	个人护理	115382
005	北京	北京	北京	C端客户	001	个人护理	94742
006	合肥市	安徽	合肥	C端客户	001	个人护理	75888
007	无锡市	江苏	无锡	C端客户	001	个人护理	75783
008	宁波市	浙江	宁波	C端客户	001	个人护理	55932
009	南通市	江苏	南通	C端客户	001	个人护理	48474
010	常州市	江苏	常州	C端客户	001	个人护理	43695
011	广州市	广东	广州	C端客户	001	个人护理	41857
012	徐州市	江苏	徐州	C端客户	001	个人护理	41174
013	深圳市	广东	深圳	C端客户	001	个人护理	38075
014	嘉兴市	浙江	嘉兴	C端客户	001	个人护理	36132
015	温州市	浙江	温州	C端客户	001	个人护理	32981
016	成都市	四川	成都	C端客户	001	个人护理	32404
017	宿迁市	江苏	宿迁	C端客户	001	个人护理	29883
018	武汉市	湖北	武汉	C端客户	001	个人护理	29778
...	...	...	...	...	...	...	...

图2-2-5 销量信息

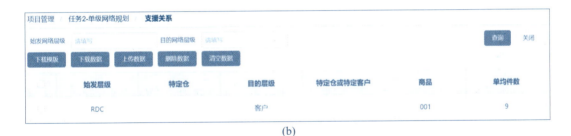

图 2-2-6 需求分布

5. 支援关系

通过设置支援关系，可以绘制不同网络层级间的链接关系。该企业的产品直接从 RDC 发往客户，始发网络层级和目的网络层级分别为 RDC 和客户，暂不指定发送的特定始发和目的网络层级，仓到客户每个订单的平均件数为 9 件，如图 2-2-7 所示。

FROM *必填 始发网络层级	指定内容(FROM)	TO *必填 目的网络层级	指定内容(TO)	商品	单均件数 *必填
RDC		客户		001	9

(a)

始发层级	特定仓	目的层级	特定仓或特定客户	商品	单均件数
RDC		客户		001	9

(b)

图 2-2-7 支援关系

6. 线路

物流服务商提供了各仓的线路报价和时效承诺，部分数据如图 2-2-8 所示。所有 B2C 线路报价均采用"首重价格+续重价格"的形式。"单均运量区间"用于阶梯报价，不同的重量区间可以有不同的价格。"最低一票"指不论重量是多少，最低的运费要求。"单均运量区间""最低一票""重量价格""体积价格"为 B2B 业务模式的报价形式，此处可暂不考虑。

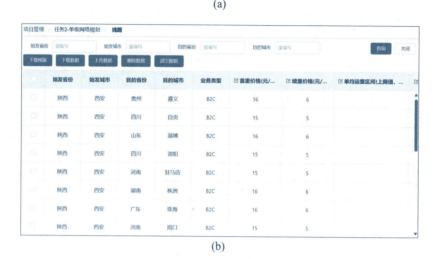

(a)

(b)

图 2-2-8 线路信息

所有数据正确维护完毕，"基础数据"处会显示正确的完成状态。

四、方案设计

1. 分析企业仓网现状

收集、整理完基础数据之后，需要进一步分析企业仓网现状，包括现有网络下的服务水平、服务成本等。在系统的"方案清单"界面可以进行方案管理。单击"新增方案"，首先需要创建"方案 1- 现状分析"，以了解雅丽公司目前仅有一个上海 RDC 仓库时的网络成本、服务水平等，如图 2-2-9 所示。

(a)

(b)

图 2-2-9 新增方案

单击方案 1 右上角的 ✿ 按钮可以设置方案约束条件，将仓网规划数学模型转换为计算机仿真模型，在计算机系统上模拟仓网规划建模。系统提供了仓约束、时效约束、成本设置三种不同的约束条件参数类型，通过进行不同的参数设置，可以达到差异化规划的目的。

(1) 仓约束

"仓数量约束"，即通过设置仓数量，在满足仓数量约束的前提下，找到最合适的仓库。"是否启用同省内需求单一仓满足约束"，即某一省内的需求是否考虑只用某一个仓库来满足，启用后可避免同省内不同客户的需求被多个仓分别满足导致成本上升的情况。

雅丽公司目前采用一级 RDC 网络模式，仅存在一个上海 RDC，因此仓数量约束为 1，也不会出现多个仓满足省内需求的情况，如图 2-2-10 所示。

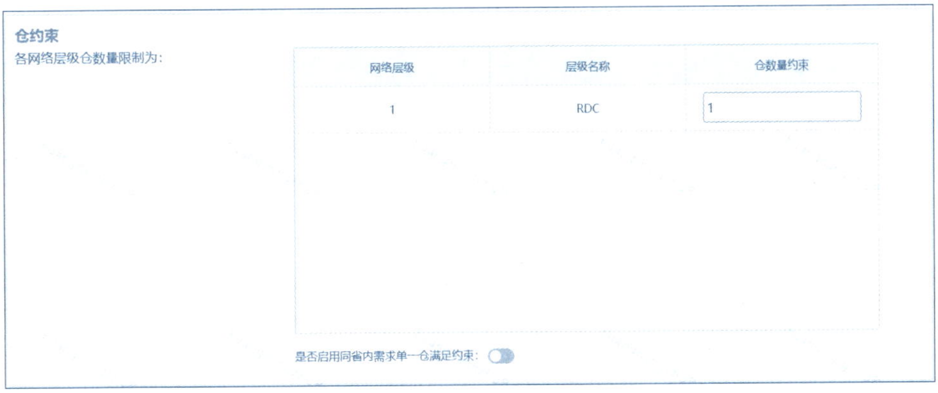

图 2-2-10　仓约束设置

(2) 时效约束

针对需求范围，单击右上角的 新增 按钮可以设置多种不同的订单履约时效要求。目前系统支持在全国范围内基于销量占比的时效达成约束，可配置的时效类型包括 211（时效为 1 天）、次日达（时效为 2 天以内）、隔日达（时效为 3 天以）和隔日达以上（时效为 3 天以上）。雅丽公司目前的客户履约次日达时效为 66% 左右，如图 2-2-11 所示。

图 2-2-11　时效约束设置

(3) 成本设置

仓网规划成本主要包括运输成本和仓储成本两部分，一般来说两者均需要统计。规划方案生成后，系统将自动计算各类成本的总额。其中，运输成本可以设置不同层级支援关系的运费折扣、运费计算方式等。雅丽公司目前在 RDC 至客户的支援关系上没有任何运费折扣，如图 2-2-12 所示。

图 2-2-12　成本设置

方案参数设置完毕后，回到主页面，单击方案运行按钮，系统将开始运算符合方案参数的布局。方案成功运行后，单击方案名称"方案 1-现状分析"可显示该方案的内容，获得可视化报告和详细内容，如图 2-2-13 所示。(网络布局图可在教辅资源中查阅。)

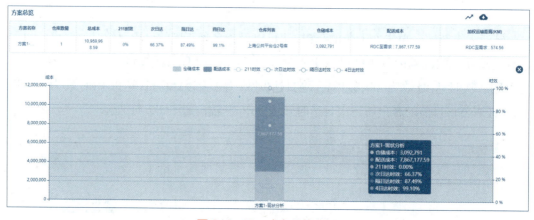

图 2-2-13　成本现状分析

由图 2-2-13 可知，雅丽公司目前仓网规划总成本为 10 959 968.59 元，其中仓储成本为 3 092 791 元，配送成本为 7 867 177.59 元，配送成本占总成本比例较大。这是由于该企业目前以上海单一 RDC 满足全国性需求，现有仓网条件下配送成本较高。

此外，目前该企业最高次日达时效为66.37%，隔日达时效为87.49%，四日达时效为99.10%。通过对标行业标准、企业成本预期、市场调研等，该企业决定将服务水平目标设定为次日达，希望通过优化现有仓网模式，将次日达时效提升至85%以上，以满足业务发展需求。

2. 设计仓网规划优化方案

接下来，通过调整方案参数，可以差异化仓网规划方案，尝试寻找满足服务水平目标的最佳方案。在保证上海RDC必选的基础上，尝试寻找最佳的RDC数量。

(1) 新增1个RDC仓库，创建"方案2-2仓"

首先，尝试在增加1个仓库的情况下进行分析。通过"新增方案"创建"方案2-2仓"，如图2-2-14所示。目标是通过约束条件的设置判断是否能够满足企业设定的85%次日达时效的预期值。

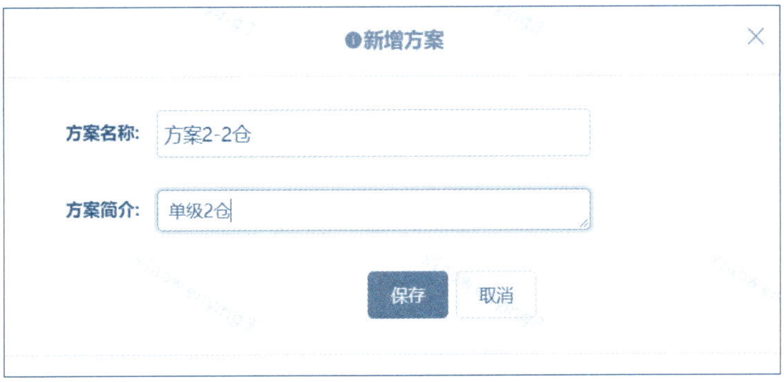

图2-2-14 新增方案

1) 仓约束设置。调整仓约束数量为2，同时启用同省内需求单一仓满足约束，避免同省内不同客户需求被多个仓分别满足的情况，如图2-2-15所示。

图2-2-15 仓约束设置

2) 时效约束设置。尝试设置次日达履约时效约束为85%，如图2-2-16所示。

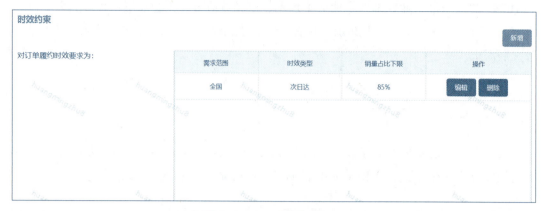

图2-2-16　时效约束设置

3) 成本设置。统计该企业的运输成本、仓储成本，如图2-2-17所示。

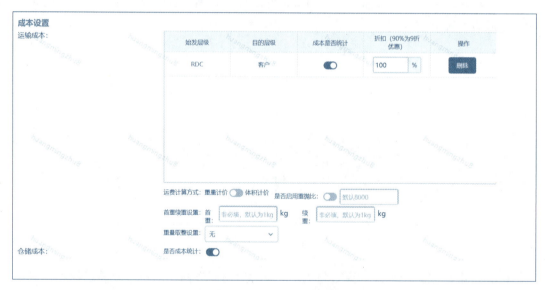

图2-2-17　成本设置

方案参数设置完毕后，回到主页面，单击方案运行按钮▶，发现方案左侧出现红色感叹号警示(见图2-2-18)，说明约束条件的设置或基础数据设置存在问题。鉴于同一基础数据条件下，方案1可运行，说明方案2出现警示状态很可能是由于该方案的时效约束条件设置过高，暂时无法满足，需要进行调整。可返回约束条件设置界面，调整时效约束水平参数。经测试，发现方案2的条件下，次日达最高时效只可达75.69%，如图2-2-19所示，并不能满足85%的时效优化目标。

图 2-2-18　方案左侧出现红色感叹号警示　　图 2-2-19　参数调整后的结果

单击方案名称"方案 2-2 仓"可显示方案 2 的内容，获得可视化报告和详细内容，如图 2-2-20 和图 2-2-21 所示。(网络布局图可在教辅资源中查阅。)

图 2-2-20　第二仓成本分析柱状图

图 2-2-21　方案 2 的仓库状态

由图 2-2-22 可以看出，"方案 2-2 仓"增加了北京仓，使得该企业上海仓和北京仓均处于使用状态。该方案的总成本为 10 896 162.62 元，其中仓储成本为 3 290 999.32 元，RDC 至需求端的配送成本为 7 605 163.3 元。增加北京仓后，部分需求开始由北京仓库进行次日达履约，特别是以北京为中心的华北地区。此时，该方案的最高次日达时效为 75.69%，隔日达时效为 91.53%，四日达时效为 99.35%。由图 2-2-22 可以看出，离仓库越近的地方，时效越高，以次日达居多；离仓库越远的地方，时效越低，以隔日达及其以上居多。

(a)

始发名称	始发省份	始发城市	目的网络层级	目的编号	目的名称	目的省份	目的城市	运量(件)	距离(KM)	运输时间(天)	运输成本
北京公共平台仓6号库	北京	北京	需求	005	北京	北京	北京	94742	0	2	134534.64
北京公共平台仓6号库	北京	北京	需求	260	北京	北京	北京	58226	0	2	82684.92
北京公共平台仓6号库	北京	北京	需求	023	天津	天津	天津	24053	139.393	2	36832.26
北京公共平台仓6号库	北京	北京	需求	278	天津	天津	天津	14783	139.393	2	22638.86
北京公共平台仓6号库	北京	北京	需求	058	石家庄市	河北	石家庄	7405	327.615	2	11340.1
北京公共平台仓6号库	北京	北京	需求	313	石家庄市	河北	石家庄	4551	327.615	2	6971.42
北京公共平台仓6号库	北京	北京	需求	130	邯郸市	河北	邯郸	2206	477.716	2	3378.62
北京公共平台仓6号库	北京	北京	需求	385	邯郸市	河北	邯郸	1356	477.716	2	2079.52
北京公共平台仓6号库	北京	北京	需求	120	邢台市	河北	邢台	2573	433.294	2	3940.66
北京公共平台仓6号库	北京	北京	需求	375	邢台市	河北	邢台	1582	433.294	2	2424.44
北京公共平台仓6号库	北京	北京	需求	053	保定市	河北	保定	8088	189.719	2	12386.96
北京公共平台仓6号库	北京	北京	需求	308	保定市	河北	保定	4971	189.719	2	7614.12
北京公共平台仓6号库	北京	北京	需求	123	张家口	河北	张家口	2468	196.36	2	3780.76
北京公共平台仓6号库	北京	北京	需求	378	张家口	河北	张家口	1517	196.36	2	2327.14
北京公共平台仓6号库	北京	北京	需求	125	承德市	河北	承德	2363	209.909	2	3622.46
北京公共平台仓6号库	北京	北京	需求	380	承德市	河北	承德	1452	209.909	2	2226.14
北京公共平台仓6号库	北京	北京	需求	128	秦皇岛市	河北	秦皇岛	2573	333.525	2	3940.66
北京公共平台仓6号库	北京	北京	需求	374	秦皇岛市	河北	秦皇岛	1582	333.525	2	2424.44
北京公共平台仓6号库	北京	北京	需求	088	唐山市	河北	唐山	3571	287.827	2	5469.82
北京公共平台仓6号库	北京	北京	需求	343	唐山市	河北	唐山	2195	287.827	2	3361.9
北京公共平台仓6号库	北京	北京	需求	085	沧州市	河北	沧州	3781	249.885	2	5790.12
北京公共平台仓6号库	北京	北京	需求	340	沧州市	河北	沧州	2324	249.885	2	3560.28
北京公共平台仓6号库	北京	北京	需求	055	廊坊市	河北	廊坊	7930	101.342	2	12142.7

(a)

(b)

始发名称	始发省份	始发城市	目的网络层级	目的编号	目的名称	目的省份	目的城市	运量(件)	距离(KM)	运输时间(天)	运输成本
上海公共平台仓2号库	上海	上海	需求	295	滁州市	安徽	滁州	7746	365.631	2	16743.3
上海公共平台仓2号库	上海	上海	需求	030	阜阳市	安徽	阜阳	18486	624.464	2	39950.3
上海公共平台仓2号库	上海	上海	需求	285	阜阳市	安徽	阜阳	11361	624.464	2	24555.35
上海公共平台仓2号库	上海	上海	需求	050	亳州市	安徽	亳州	9296	698.963	3	20090.8
上海公共平台仓2号库	上海	上海	需求	305	亳州市	安徽	亳州	5713	698.963	3	12348.65
上海公共平台仓2号库	上海	上海	需求	038	宿州市	安徽	宿州	13760	568.231	2	29738
上海公共平台仓2号库	上海	上海	需求	293	宿州市	安徽	宿州	8456	568.231	2	18278.8
上海公共平台仓2号库	上海	上海	需求	077	池州市	安徽	池州	4464	443.999	2	9647.2
上海公共平台仓2号库	上海	上海	需求	332	池州市	安徽	池州	2743	443.999	2	5930.15
上海公共平台仓2号库	上海	上海	需求	037	六安市	安徽	六安	14127	545.636	2	30533.35
上海公共平台仓2号库	上海	上海	需求	292	六安市	安徽	六安	8682	545.636	2	18766.1
上海公共平台仓2号库	上海	上海	需求	057	宣城市	安徽	宣城	7668	304.193	2	16571.4
上海公共平台仓2号库	上海	上海	需求	312	宣城市	安徽	宣城	4712	304.193	2	10187.6
上海公共平台仓2号库	上海	上海	需求	008	宁波市	浙江	宁波	55932	271.884	2	85641.44
上海公共平台仓2号库	上海	上海	需求	263	宁波市	浙江	宁波	34374	271.884	2	52633.38
上海公共平台仓2号库	上海	上海	需求	004	杭州市	浙江	杭州	115382	212.234	2	176664.64
上海公共平台仓2号库	上海	上海	需求	259	杭州市	浙江	杭州	70911	212.234	2	108572.62
上海公共平台仓2号库	上海	上海	需求	015	温州市	浙江	温州	32981	539.108	2	50502.0
上海公共平台仓2号库	上海	上海	需求	270	温州市	浙江	温州	20270	539.108	2	31037.6
上海公共平台仓2号库	上海	上海	需求	014	嘉兴市	浙江	嘉兴	36132	124.356	2	55325.44
上海公共平台仓2号库	上海	上海	需求	269	嘉兴市	浙江	嘉兴	22206	124.356	2	34002.82
上海公共平台仓2号库	上海	上海	需求	032	湖州市	浙江	湖州	16596	143.935	2	25410.32
上海公共平台仓2号库	上海	上海	需求	287	湖州市	浙江	湖州	10199	143.935	2	15617.78

(b)

图 2-2-22　2仓条件下履约情况列表

　　选择"方案1-现状分析"和"方案2-2仓",可以获得两个方案的对比图,如图2-2-23所示。与方案1相比,方案2服务水平提高了,总成本也小幅降低了。由于仓数量的增加,仓储成本从方案1的3 092 791元增加到了方案2的3 290 999.32元。但增加北京仓后,RDC与客户间的配送距离缩短了,因此配送成本从方案1的7 867 177.59元下降至方案2的7 605 163.3元。但由于配送成本降低的幅度大于仓储成本增加的幅度,方案2总成本有所下降。方案2的情况下订单时效也有所提升,但75.69%的次日达时效依旧未满足企业预期的85%的次日达优化目标,因此继续尝试增加至3个RDC仓。

图 2-2-23　2仓成本对比

(2) 新增 2 个 RDC 仓库，创建"方案 3-3 仓"

在方案 2 的基础上，继续尝试增设仓库，进一步满足时效约束的优化目标。通过"新增方案"创建"方案 3-3 仓"。

1) 仓约束设置。调整仓约束数量为 3，同时启用同省内需求单一仓满足约束，避免同省内不同客户需求被多个仓分别满足的情况，如图 2-2-24 所示。

图 2-2-24　仓约束设置

2) 时效约束设置。设置次日达履约时效约束为 85%，如图 2-2-25 所示。

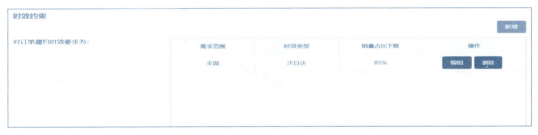

图 2-2-25　时效约束设置

3) 成本设置。成本设置保持不变，方案参数设置完毕后，回到主页面，运行方案，发现方案左侧出现红色感叹号警示(见图 2-2-26)，说明约束条件的设置或基础数据设置存在问题。鉴于同一基础数据条件下，方案 1 可运行，说明方案 3 的警示状态很可能是由于该方案的时效约束条件设置过高，暂时无法满足，需要进行调整。可返回约束条件设置界面，调整时效约束水平参数。经测试，发现方案 3 的条件下，次日达最高时效只可达 83.09%，如图 2-2-27 所示，还无法满足 85% 的时效优化目标。

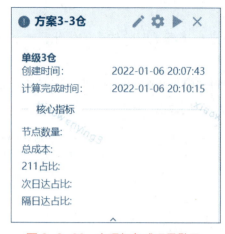

图 2-2-26　出现红色感叹号警示

图 2-2-27　调整后的运行结果

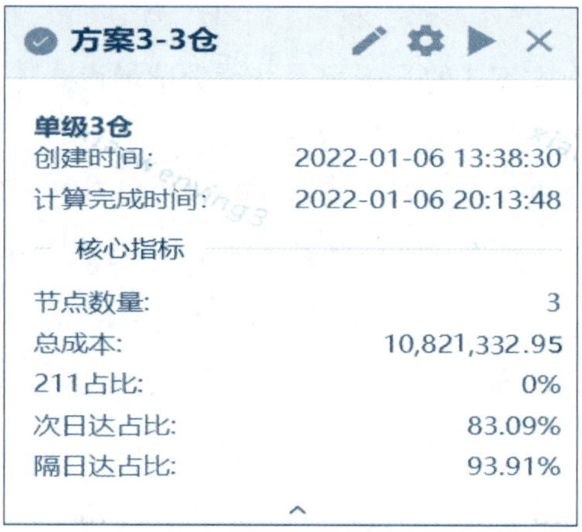

单击方案名称“方案 3-3 仓”可显示该方案的内容，获得可视化报告和详细内容，如图 2-2-28 ～图 2-2-30 所示。(网络布局图可在教辅资源中查阅。)

方案总览

方案名称	仓库数量	总成本	211时效	次日达	隔日达	四日达	仓库列表	仓储成本	配送成本
方案3-3仓	3	10,821,332.95	0%	83.09%	93.91%	99.16%	北京公共平台...	3,472,946.35	RDC至需求：7,348,386.6

图 2-2-28　第 3 个仓成本柱状可视化报告

方案3-3仓

仓库状态

方案名称	网络层级	层级名称	仓库编号	仓库名称	初始状态	新状态	使用库容（平米）
方案3-3仓	1	RDC	001	北京公共平台仓6...	未使用	已使用	142.67
方案3-3仓	1	RDC	002	上海公共平台仓2...	已使用	已使用	458.28
方案3-3仓	1	RDC	004	广州公共平台仓1...	未使用	已使用	130.97

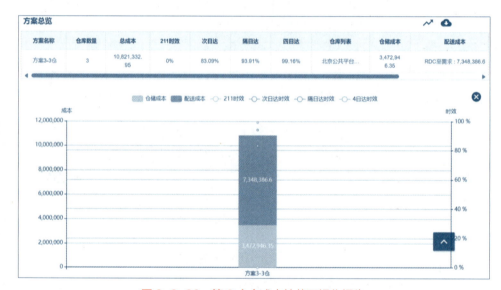

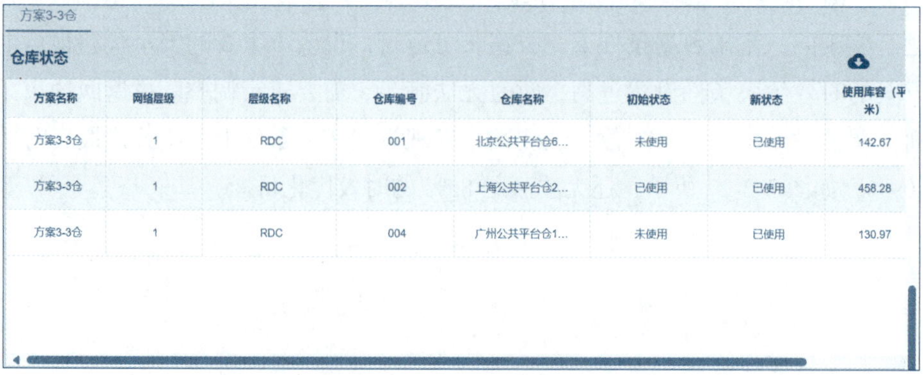

图 2-2-29　3 仓使用状态

(a)

始发编号	始发名称	始发省份	始发城市	目的网络层级	目的编号	目的名称	目的省份	目的城市	运量(件)	距离(KM)	运输时间(天)	运输成本
004	广州公共平台	广东	广州	需求	173	阳江市	广东	阳江	1418	226.299	2	2175.56
004	广州公共平台	广东	广州	需求	428	阳江市	广东	阳江	871	226.299	2	1335.82
004	广州公共平台	广东	广州	需求	098	湛江市	广东	湛江	3151	429.908	2	4825.52
004	广州公共平台	广东	广州	需求	353	湛江市	广东	湛江	1937	429.908	2	2967.74
004	广州公共平台	广东	广州	需求	093	茂名市	广东	茂名	3256	339.521	2	4987.52
004	广州公共平台	广东	广州	需求	348	茂名市	广东	茂名	2001	339.521	2	3066.72
004	广州公共平台	广东	广州	需求	101	肇庆市	广东	肇庆	3046	94.666	2	4667.72
004	广州公共平台	广东	广州	需求	356	肇庆市	广东	肇庆	1872	94.666	2	2866.24
004	广州公共平台	广东	广州	需求	171	云浮市	广东	云浮	1471	158.423	2	2256.22
004	广州公共平台	广东	广州	需求	426	云浮市	广东	云浮	904	158.423	2	1388.08
004	广州公共平台	广东	广州	需求	122	清远市	广东	清远	2468	79.985	2	3780.76
004	广州公共平台	广东	广州	需求	377	清远市	广东	清远	1517	79.985	2	2327.14
004	广州公共平台	广东	广州	需求	242	潮州市	广东	潮州	735	426.43	2	1128.7
004	广州公共平台	广东	广州	需求	497	潮州市	广东	潮州	452	426.43	2	694.04
004	广州公共平台	广东	广州	需求	169	揭阳市	广东	揭阳	1471	389.62	2	2256.22
004	广州公共平台	广东	广州	需求	424	揭阳市	广东	揭阳	904	389.62	2	1388.08
004	广州公共平台	广东	广州	需求	031	东莞市	广东	东莞	17173	67.442	2	26294.76
004	广州公共平台	广东	广州	需求	286	东莞市	广东	东莞	10554	67.442	2	16162.68
004	广州公共平台	广东	广州	需求	059	中山市	广东	中山	7037	100.285	2	10775.54
004	广州公共平台	广东	广州	需求	314	中山市	广东	中山	4325	100.285	2	6626.5
004	广州公共平台	广东	广州	需求	065	南宁市	广西	南宁	5724	608.479	2	12370.2
004	广州公共平台	广东	广州	需求	320	南宁市	广西	南宁	3518	608.479	2	7603.9
004	广州公共平台	广东	广州	需求	136	柳州市	广西	柳州	1943	497.354	2	4200.15

(b)

始发编号	始发名称	始发省份	始发城市	目的网络层级	目的编号	目的名称	目的省份	目的城市	运量(件)	距离(KM)	运输时间(天)	运输成本
002	上海公共平台	上海	上海	需求	285	阜阳市	安徽	阜阳	11361	624.464	2	24555.35
002	上海公共平台	上海	上海	需求	050	亳州市	安徽	亳州	9296	698.963	2	20090.8
002	上海公共平台	上海	上海	需求	305	亳州市	安徽	亳州	5713	698.963	2	12348.65
002	上海公共平台	上海	上海	需求	038	宿州市	安徽	宿州	13760	568.231	2	29738
002	上海公共平台	上海	上海	需求	293	宿州市	安徽	宿州	8456	568.231	2	18278.8
002	上海公共平台	上海	上海	需求	077	池州市	安徽	池州	4464	443.999	2	9647.2
002	上海公共平台	上海	上海	需求	332	池州市	安徽	池州	2743	443.999	2	5930.15
002	上海公共平台	上海	上海	需求	037	六安市	安徽	六安	14127	545.636	2	30533.35
002	上海公共平台	上海	上海	需求	292	六安市	安徽	六安	8682	545.636	2	18766.1
002	上海公共平台	上海	上海	需求	057	宣城市	安徽	宣城	7668	304.193	2	16571.4
002	上海公共平台	上海	上海	需求	312	宣城市	安徽	宣城	4712	304.193	2	10187.6
002	上海公共平台	上海	上海	需求	008	宁波市	浙江	宁波	55932	271.884	2	85641.44
002	上海公共平台	上海	上海	需求	263	宁波市	浙江	宁波	34374	271.884	2	52633.38
002	上海公共平台	上海	上海	需求	004	杭州市	浙江	杭州	115382	212.234	3	176664.64
002	上海公共平台	上海	上海	需求	259	杭州市	浙江	杭州	70911	212.234	3	108572.62
002	上海公共平台	上海	上海	需求	015	温州市	浙江	温州	32981	539.108	2	50502.02
002	上海公共平台	上海	上海	需求	270	温州市	浙江	温州	20270	539.108	2	31037.6
002	上海公共平台	上海	上海	需求	014	嘉兴市	浙江	嘉兴	36132	124.356	2	55325.44
002	上海公共平台	上海	上海	需求	269	嘉兴市	浙江	嘉兴	22206	124.356	2	34002.82
002	上海公共平台	上海	上海	需求	032	湖州市	浙江	湖州	16596	143.935	2	25410.32
002	上海公共平台	上海	上海	需求	287	湖州市	浙江	湖州	10199	143.935	2	15617.78
002	上海公共平台	上海	上海	需求	024	绍兴市	浙江	绍兴	23318	222.546	2	35703.56
002	上海公共平台	上海	上海	需求	279	绍兴市	浙江	绍兴	14331	222.546	2	21945.32

(c)

始发编号	始发名称	始发省份	始发城市	目的网络层级	目的编号	目的名称	目的省份	目的城市	运量(件)	距离(KM)	运输时间(天)	运输成本
001	北京公共平台	北京	北京	需求	005	北京	北京	北京	94742	0	2	134534.64
001	北京公共平台	北京	北京	需求	260	北京	北京	北京	58226	0	2	82684.92
001	北京公共平台	北京	北京	需求	023	天津	天津	天津	24053	139.393	2	36832.26
001	北京公共平台	北京	北京	需求	278	天津	天津	天津	14783	139.393	2	22638.86
001	北京公共平台	北京	北京	需求	058	石家庄市	河北	石家庄	7405	327.615	2	11340.1
001	北京公共平台	北京	北京	需求	313	石家庄市	河北	石家庄	4551	327.615	2	6971.42
001	北京公共平台	北京	北京	需求	130	邯郸市	河北	邯郸	2206	477.716	2	3378.62
001	北京公共平台	北京	北京	需求	385	邯郸市	河北	邯郸	1356	477.716	2	2079.52
001	北京公共平台	北京	北京	需求	120	邢台市	河北	邢台	2573	433.294	2	3940.66
001	北京公共平台	北京	北京	需求	375	邢台市	河北	邢台	1582	433.294	2	2424.44
001	北京公共平台	北京	北京	需求	053	保定市	河北	保定	8088	189.719	2	12386.96
001	北京公共平台	北京	北京	需求	308	保定市	河北	保定	4971	189.719	2	7614.12
001	北京公共平台	北京	北京	需求	073	张家口市	河北	张家口	2468	196.36	2	3780.76
001	北京公共平台	北京	北京	需求	378	张家口市	河北	张家口	1517	196.36	2	2327.14
001	北京公共平台	北京	北京	需求	125	承德市	河北	承德	2363	209.909	2	3622.46
001	北京公共平台	北京	北京	需求	380	承德市	河北	承德	1452	209.909	2	2226.14
001	北京公共平台	北京	北京	需求	119	秦皇岛市	河北	秦皇岛	2573	333.525	2	3940.66
001	北京公共平台	北京	北京	需求	374	秦皇岛市	河北	秦皇岛	1582	333.525	2	2424.44
001	北京公共平台	北京	北京	需求	088	唐山市	河北	唐山	3571	287.827	2	5469.82
001	北京公共平台	北京	北京	需求	343	唐山市	河北	唐山	2195	287.827	2	3361.9
001	北京公共平台	北京	北京	需求	085	沧州市	河北	沧州	3781	249.685	2	5790.12
001	北京公共平台	北京	北京	需求	340	沧州市	河北	沧州	2324	249.685	2	3560.28
001	北京公共平台	北京	北京	需求	055	廊坊市	河北	廊坊	7930	101.342	2	12142.7

图 2-2-30 客户需求分布

由图 2-2-30 可以看出,"方案 3-3 仓"在上海、北京备选仓的基础上又新增了广州仓。目前该方案的总成本为 10 821 332.95 元,其中仓储成本为 3 472 946.35 元,RDC 至需求端的配送成本为 7 348 386.6 元。增加广州备选仓后,华南地区的部分需求开始由广州仓库进行履约,时效从原来的隔日达逐渐变为次日达。此时,该方案的最高次日达时效为 83.09%,隔日达时效为 93.91%,四日达时效为 99.16%。

选择"方案 1- 现状分析""方案 2-2 仓"和"方案 3-3 仓",可以获得三个方案的对比图,如图 2-2-31 所示。与方案 2 相比,方案 3 总成本进一步降低了。由于仓数量的增加,仓储成本同样比方案 2 增加了,但增加广州仓后,RDC 与客户间的配送距离进一步缩短了,因此配送成本有所降低。且配送成本降低的幅度远大于仓储成本增加的幅度，因此方案 3 总成本比方案 2 低。方案 3 的情况下次日达订单时效也进一步提升至 83.09%，逐渐接近优化目标值 (85%)，但尚未完全满足，可进一步尝试增加至 4 仓。

方案总览

方案名称	仓库数量	总成本	211时效	次日达	隔日达	四日达	仓库列表	仓储成本	配送成本	加权运输距离(KM)
方案1-...	1	10,959,968.59	0%	66.37%	87.49%	99.1%	上海公共平台仓2号库	3,092,791	RDC至需求：7,867,177.59	RDC至需求：574.56
方案2-2仓	2	10,896,162.62	0%	75.69%	91.53%	99.35%	北京公共平台仓6号库, ...	3,290,999.32	RDC至需求：7,605,163.3	RDC至需求：462.59
方案3-3仓	3	10,821,332.95	0%	83.09%	93.91%	99.16%	北京公共平台仓6号库, ...	3,472,946.35	RDC至需求：7,348,386.6	RDC至需求：339.34

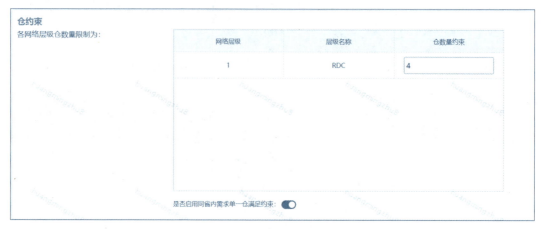

图 2-2-31　3 仓可视化报告

(3) 新增 3 个 RDC 仓库，创建“方案 4-4 仓”

在方案 3 的基础上，继续尝试增设仓库，以满足服务水平目标。通过“新增方案”创建“方案 4-4 仓”。

1) 仓约束设置。调整仓约束数量为 4，同时启用同省内需求单一仓满足约束，避免同省内不同客户需求被多个仓分别满足的情况，如图 2-2-32 所示。

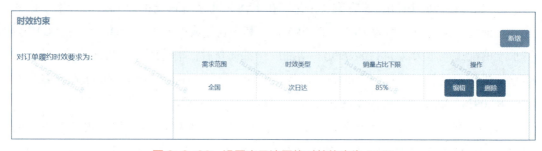

图 2-2-32　调整仓约束数量为 4

2) 时效约束设置。设置次日达履约时效约束为 85%，如图 2-2-33 所示。

图 2-2-33　设置次日达履约时效约束为 85%

3) 成本设置。成本设置保持不变。方案参数设置完毕后，回到主页面，运行方案，方案 4 成功运行，如图 2-2-34 所示。由图可知，该方案可以实现企业所制定的 85% 次日达预期目标。

图 2-2-34 该方案可以实现企业所制定的 85% 次日达预期目标

但此时不确定方案 4 是否可以实现更高的次日达时效，因此可以继续调整该方案的时效约束条件进行测试。通过测试可以发现该方案次日达时效最高可达 88.85%，如图 2-3-35 所示。

图 2-2-35 该方案次日达时效最高可达 88.85%

方案成功运行后，单击方案名称"方案 4-4 仓"可显示该方案的内容，获得可视化报告和详细内容，如图 2-2-36～图 2-2-38 所示。(网络布局图可在教辅资源中查阅。)

方案名称	仓库数量	总成本	211时效	次日达	隔日达	四日达	仓库列表	仓储成本	配送成本	加权运输距离(KM)
方案4-4仓	4	10,823,947.11	0%	88.85%	98.53%	99.8%	武汉公共平台仓5号库…	3,573,208.02	RDC至需求 7,250,739.09	RDC至需求 291.98

图 2-2-36 武汉仓成本结构柱状示意图

仓库状态

方案名称	网络层级	层级名称	仓库编号	仓库名称	初始状态	新状态	使用库容（米）
方案4-4仓	1	RDC	001	北京公共平台仓6...	未使用	已使用	109.77
方案4-4仓	1	RDC	002	上海公共平台仓2...	已使用	已使用	443.94
方案4-4仓	1	RDC	004	广州公共平台仓10...	未使用	已使用	108.33
方案4-4仓	1	RDC	007	武汉公共平台仓5...	未使用	已使用	107.56

图 2-2-37　4 仓使用情况列表

始发名称	始发省份	始发城市	目的网络层级	目的编号	目的名称	目的省份	目的城市	运量（件）	距离（KM）	运输时间（天）	运输成本
北京公共平台仓6号库	北京	北京	需求	005	北京	北京	北京	94742	0	2	134534.64
北京公共平台仓6号库	北京	北京	需求	260	北京	北京	北京	58226	0	2	82684.92
北京公共平台仓6号库	北京	北京	需求	023	天津	天津	天津	24053	139.393	2	36832.26
北京公共平台仓6号库	北京	北京	需求	278	天津	天津	天津	14783	139.393	2	22638.86
北京公共平台仓6号库	北京	北京	需求	058	石家庄市	河北	石家庄	7405	327.615	2	11340.1
北京公共平台仓6号库	北京	北京	需求	313	石家庄市	河北	石家庄	4551	327.615	2	6971.42
北京公共平台仓6号库	北京	北京	需求	130	邯郸市	河北	邯郸	2206	477.716	2	3378.62
北京公共平台仓6号库	北京	北京	需求	385	邯郸市	河北	邯郸	1356	477.716	2	2079.52
北京公共平台仓6号库	北京	北京	需求	120	邢台市	河北	邢台	2573	433.294	2	3940.66
北京公共平台仓6号库	北京	北京	需求	375	邢台市	河北	邢台	1582	433.294	2	2424.44
北京公共平台仓6号库	北京	北京	需求	053	保定市	河北	保定	8088	189.719	2	12386.96
北京公共平台仓6号库	北京	北京	需求	308	保定市	河北	保定	4971	189.719	2	7614.12
北京公共平台仓6号库	北京	北京	需求	123	张家口市	河北	张家口	2468	196.36	2	3780.76
北京公共平台仓6号库	北京	北京	需求	378	张家口市	河北	张家口	1517	196.36	2	2327.14
北京公共平台仓6号库	北京	北京	需求	125	承德市	河北	承德	2363	209.909	2	3622.46
北京公共平台仓6号库	北京	北京	需求	380	承德市	河北	承德	1452	209.909	2	2226.14
北京公共平台仓6号库	北京	北京	需求	119	秦皇岛市	河北	秦皇岛	2573	333.525	2	3940.66
北京公共平台仓6号库	北京	北京	需求	374	秦皇岛市	河北	秦皇岛	1582	333.525	2	2424.44
北京公共平台仓6号库	北京	北京	需求	088	唐山市	河北	唐山	3571	287.827	2	5469.82
北京公共平台仓6号库	北京	北京	需求	343	唐山市	河北	唐山	2195	287.827	2	3361.9
北京公共平台仓6号库	北京	北京	需求	085	沧州市	河北	沧州	3781	249.885	2	5790.12
北京公共平台仓6号库	北京	北京	需求	340	沧州市	河北	沧州	2324	249.885	2	3560.28
北京公共平台仓6号库	北京	北京	需求	055	廊坊市	河北	廊坊	7930	101.342	2	12142.7
北京公共平台仓6号库	北京	北京	需求	310	廊坊市	河北	廊坊	4874	101.342	2	7467.08
北京公共平台仓6号库	北京	北京	需求	132	衡水市	河北	衡水	2101	365.899	2	3220.82
北京公共平台仓6号库	北京	北京	需求	387	衡水市	河北	衡水	1291	365.899	2	1980.62
北京公共平台仓6号库	北京	北京	需求	063	太原市	山西	太原	5777	519.037	2	12485.85
北京公共平台仓6号库	北京	北京	需求	318	太原市	山西	太原	3550	519.037	2	7675.9
北京公共平台仓6号库	北京	北京	需求	172	大同市	山西	大同	1418	340.042	2	3068.9
北京公共平台仓6号库	北京	北京	需求	427	大同市	山西	大同	871	340.042	2	1884.55
北京公共平台仓6号库	北京	北京	需求	196	晋城市	山西	晋城	1103	721.859	3	2388.15
北京公共平台仓6号库	北京	北京	需求	451	晋城市	山西	晋城	678	721.859	3	1468.2
北京公共平台仓6号库	北京	北京	需求	180	晋中市	山西	晋中	1313	523.89	2	2838.65
北京公共平台仓6号库	北京	北京	需求	435	晋中市	山西	晋中	807	523.89	2	1747.35
北京公共平台仓6号库	北京	北京	需求	244	忻州市	山西	忻州	683	466.952	2	1477.15
北京公共平台仓6号库	北京	北京	需求	499	忻州市	山西	忻州	420	466.952	2	911
北京公共平台仓6号库	北京	北京	需求	235	临汾市	山西	临汾	735	761.002	3	1591.75
北京公共平台仓6号库	北京	北京	需求	490	临汾市	山西	临汾	452	761.002	3	978.8

(a)

始发名称	始发省份	始发城市	目的网络层级	目的编号	目的名称	目的省份	目的城市	运量（件）	距离（KM）	运输时间（天）	运输成本
上海公共平台仓2号库	上海	上海	需求	267	徐州市	江苏	徐州	25305	611.441	2	38748.1
上海公共平台仓2号库	上海	上海	需求	036	连云港市	江苏	连云港	14863	501.178	2	22760.86
上海公共平台仓2号库	上海	上海	需求	291	连云港市	江苏	连云港	9134	501.178	2	13986.28
上海公共平台仓2号库	上海	上海	需求	029	淮安市	江苏	淮安	18906	395.472	2	28950.52
上海公共平台仓2号库	上海	上海	需求	284	淮安市	江苏	淮安	11619	395.472	2	17789.98
上海公共平台仓2号库	上海	上海	需求	017	宿迁市	江苏	宿迁	29883	503.427	2	45757.16
上海公共平台仓2号库	上海	上海	需求	272	宿迁市	江苏	宿迁	18365	503.427	2	28123.3
上海公共平台仓2号库	上海	上海	需求	020	盐城市	江苏	盐城	25576	275.644	2	39161.92
上海公共平台仓2号库	上海	上海	需求	275	盐城市	江苏	盐城	15719	275.644	2	24071.98
上海公共平台仓2号库	上海	上海	需求	022	扬州市	江苏	扬州	24211	264.978	2	37070.72
上海公共平台仓2号库	上海	上海	需求	277	扬州市	江苏	扬州	14879	264.978	2	22783.38
上海公共平台仓2号库	上海	上海	需求	025	泰州市	江苏	泰州	21112	216.572	2	32327.04
上海公共平台仓2号库	上海	上海	需求	280	泰州市	江苏	泰州	12975	216.572	2	19869.5
上海公共平台仓2号库	上海	上海	需求	009	南通市	江苏	南通	48474	124.534	2	74219.08
上海公共平台仓2号库	上海	上海	需求	264	南通市	江苏	南通	29791	124.534	2	45614.32
上海公共平台仓2号库	上海	上海	需求	027	镇江市	江苏	镇江	20272	242.962	2	31042.64
上海公共平台仓2号库	上海	上海	需求	282	镇江市	江苏	镇江	12459	242.962	2	19079.08
上海公共平台仓2号库	上海	上海	需求	010	常州市	江苏	常州	43695	216.282	2	66901.9
上海公共平台仓2号库	上海	上海	需求	265	常州市	江苏	常州	26854	216.282	2	41118.68
上海公共平台仓2号库	上海	上海	需求	007	无锡市	江苏	无锡	75783	144.425	2	116035.16
上海公共平台仓2号库	上海	上海	需求	262	无锡市	江苏	无锡	46575	144.425	2	71311.5
上海公共平台仓2号库	上海	上海	需求	002	苏州市	江苏	苏州	217214	108.427	2	332579.88
上海公共平台仓2号库	上海	上海	需求	257	苏州市	江苏	苏州	133495	108.427	2	204397.9
上海公共平台仓2号库	上海	上海	需求	076	铜陵市	安徽	铜陵	4622	405.445	2	9993.1
上海公共平台仓2号库	上海	上海	需求	331	铜陵市	安徽	铜陵	2840	405.445	2	6142
上海公共平台仓2号库	上海	上海	需求	006	合肥市	安徽	合肥	75888	464.572	2	164002.4
上海公共平台仓2号库	上海	上海	需求	261	合肥市	安徽	合肥	46639	464.572	2	100793.05
上海公共平台仓2号库	上海	上海	需求	047	淮南市	安徽	淮南	10714	525.427	2	23158.1
上海公共平台仓2号库	上海	上海	需求	302	淮南市	安徽	淮南	6584	525.427	2	14233.2
上海公共平台仓2号库	上海	上海	需求	068	淮北市	安徽	淮北	5462	612.332	3	11805.1
上海公共平台仓2号库	上海	上海	需求	323	淮北市	安徽	淮北	3357	612.332	3	7254.85
上海公共平台仓2号库	上海	上海	需求	034	芜湖市	安徽	芜湖	15339	358.83	2	33141.75
上海公共平台仓2号库	上海	上海	需求	289	芜湖市	安徽	芜湖	9425	358.83	2	20370.45
上海公共平台仓2号库	上海	上海	需求	045	蚌埠市	安徽	蚌埠	11081	481.385	2	23949.25
上海公共平台仓2号库	上海	上海	需求	300	蚌埠市	安徽	蚌埠	6810	481.385	2	14720.5
上海公共平台仓2号库	上海	上海	需求	049	马鞍山市	安徽	马鞍山	9506	298.654	2	20545.5
上海公共平台仓2号库	上海	上海	需求	304	马鞍山市	安徽	马鞍山	5842	298.654	2	12626.2
上海公共平台仓2号库	上海	上海	需求	043	安庆市	安徽	安庆	11554	501.884	2	24971.7

(b)

图 2-2-38　4 仓客户需求列表

始发名称	始发省份	始发城市	目的网络层级	目的编号	目的名称	目的省份	目的城市	运量(件)	距离(KM)	运输时间(天)	运输成本
北京公共平台仓	北京	北京	需求	005	北京	北京	北京	94742	0	2	134534.64
北京公共平台仓	北京	北京	需求	260	北京	北京	北京	58226	0	2	82684.92
北京公共平台仓	北京	北京	需求	023	天津	天津	天津	24053	139.393	2	36832.26
北京公共平台仓	北京	北京	需求	278	天津	天津	天津	14783	139.393	2	22638.86
北京公共平台仓	北京	北京	需求	058	石家庄市	河北	石家庄	7405	327.615	2	11340.1
北京公共平台仓	北京	北京	需求	313	石家庄市	河北	石家庄	4551	327.615	2	6971.42
北京公共平台仓	北京	北京	需求	130	邯郸市	河北	邯郸	2206	477.716	2	3378.62
北京公共平台仓	北京	北京	需求	385	邯郸市	河北	邯郸	1356	477.716	2	2079.52
北京公共平台仓	北京	北京	需求	120	邢台市	河北	邢台	2573	433.294	2	3940.66
北京公共平台仓	北京	北京	需求	375	邢台市	河北	邢台	1582	433.294	2	2424.44
北京公共平台仓	北京	北京	需求	053	保定市	河北	保定	8088	189.719	2	12386.96
北京公共平台仓	北京	北京	需求	308	保定市	河北	保定	4971	189.719	2	7614.12
北京公共平台仓	北京	北京	需求	123	张家口市	河北	张家口	2468	196.36	2	3780.76
北京公共平台仓	北京	北京	需求	378	张家口市	河北	张家口	1517	196.36	2	2327.14
北京公共平台仓	北京	北京	需求	125	承德市	河北	承德	2363	209.909	2	3622.46
北京公共平台仓	北京	北京	需求	380	承德市	河北	承德	1452	209.909	2	2226.14
北京公共平台仓	北京	北京	需求	119	秦皇岛市	河北	秦皇岛	2573	333.525	2	3940.66
北京公共平台仓	北京	北京	需求	374	秦皇岛市	河北	秦皇岛	1582	333.525	2	2424.44
北京公共平台仓	北京	北京	需求	088	唐山市	河北	唐山	3571	287.827	2	5469.82
北京公共平台仓	北京	北京	需求	343	唐山市	河北	唐山	2195	287.827	2	3361.9
北京公共平台仓	北京	北京	需求	085	沧州市	河北	沧州	3781	249.885	2	5790.12
北京公共平台仓	北京	北京	需求	340	沧州市	河北	沧州	2324	249.885	2	3560.28
北京公共平台仓	北京	北京	需求	055	廊坊市	河北	廊坊	7930	101.342	2	12142.7

(c)

始发名称	始发省份	始发城市	目的网络层级	目的编号	目的名称	目的省份	目的城市	运量(件)	距离(KM)	运输时间(天)	运输成本
广州公共平台仓10号库	广东	广州	需求	425	三明市	福建	三明	904	776.08	3	1957.6
广州公共平台仓10号库	广东	广州	需求	165	莆田市	福建	莆田	1523	786.01	3	3293.35
广州公共平台仓10号库	广东	广州	需求	420	莆田市	福建	莆田	936	786.01	3	2022.8
广州公共平台仓10号库	广东	广州	需求	062	泉州市	福建	泉州	6040	708.575	2	13054.1
广州公共平台仓10号库	广东	广州	需求	317	泉州市	福建	泉州	3712	708.575	2	8026
广州公共平台仓10号库	广东	广州	需求	117	漳州市	福建	漳州	2678	601.752	2	5791.9
广州公共平台仓10号库	广东	广州	需求	372	漳州市	福建	漳州	1646	601.752	2	3558.3
广州公共平台仓10号库	广东	广州	需求	207	南平市	福建	南平	998	854.823	3	2157.9
广州公共平台仓10号库	广东	广州	需求	462	南平市	福建	南平	613	854.823	3	1325.75
广州公共平台仓10号库	广东	广州	需求	128	龙岩市	福建	龙岩	2258	567.41	2	4880.9
广州公共平台仓10号库	广东	广州	需求	383	龙岩市	福建	龙岩	1388	567.41	2	3001.6
广州公共平台仓10号库	广东	广州	需求	141	宁德市	福建	宁德	1838	968.988	3	3974.1
广州公共平台仓10号库	广东	广州	需求	396	宁德市	福建	宁德	1130	968.988	3	2446.5
广州公共平台仓10号库	广东	广州	需求	011	广州市	广东	广州	41857	0	2	59438.94
广州公共平台仓10号库	广东	广州	需求	266	广州市	广东	广州	25724	0	2	36529.86
广州公共平台仓10号库	广东	广州	需求	013	深圳市	广东	深圳	38075	109.882	2	58301.5
广州公共平台仓10号库	广东	广州	需求	268	深圳市	广东	深圳	23400	109.882	2	35828
广州公共平台仓10号库	广东	广州	需求	071	珠海市	广东	珠海	5304	134.589	2	8123.98
广州公共平台仓10号库	广东	广州	需求	326	珠海市	广东	珠海	3260	134.589	2	4993.4
广州公共平台仓10号库	广东	广州	需求	116	汕头市	广东	汕头	2678	395.755	2	4104.76
广州公共平台仓10号库	广东	广州	需求	371	汕头市	广东	汕头	1646	395.755	2	2521.32
广州公共平台仓10号库	广东	广州	需求	158	韶关市	广东	韶关	1576	257.894	2	2414.02
广州公共平台仓10号库	广东	广州	需求	413	韶关市	广东	韶关	968	257.894	2	1486.56
广州公共平台仓10号库	广东	广州	需求	140	河源市	广东	河源	1838	196.953	2	2816.16
广州公共平台仓10号库	广东	广州	需求	395	河源市	广东	河源	1130	196.953	2	1734.6
广州公共平台仓10号库	广东	广州	需求	115	梅州市	广东	梅州	2678	388.405	2	4104.76
广州公共平台仓10号库	广东	广州	需求	370	梅州市	广东	梅州	1646	388.405	2	2521.32
广州公共平台仓10号库	广东	广州	需求	051	惠州市	广东	惠州	8613	151.8	2	13187.46
广州公共平台仓10号库	广东	广州	需求	306	惠州市	广东	惠州	5293	151.8	2	8105.16
广州公共平台仓10号库	广东	广州	需求	176	汕尾市	广东	汕尾	1365	264.828	2	2093.3
广州公共平台仓10号库	广东	广州	需求	431	汕尾市	广东	汕尾	839	264.828	2	1286.58
广州公共平台仓10号库	广东	广州	需求	087	江门市	广东	江门	3571	79.853	2	5469.82
广州公共平台仓10号库	广东	广州	需求	342	江门市	广东	江门	2195	79.853	2	3361.9
广州公共平台仓10号库	广东	广州	需求	039	佛山市	广东	佛山	13707	67.823	2	20986.94
广州公共平台仓10号库	广东	广州	需求	294	佛山市	广东	佛山	8424	67.823	2	12898.08
广州公共平台仓10号库	广东	广州	需求	173	阳江市	广东	阳江	1418	226.299	2	2175.56
广州公共平台仓10号库	广东	广州	需求	428	阳江市	广东	阳江	871	226.299	2	1335.82
广州公共平台仓10号库	广东	广州	需求	098	湛江市	广东	湛江	3151	429.908	2	4825.52

(d)

始发名称	始发省份	始发城市	目的网络层级	目的编号	目的名称	目的省份	目的城市	运量(件)	距离(KM)	运输时间(天)	运输成本
武汉公共平台仓5号库	湖北	武汉	需求	399	许昌市	河南	许昌	1130	430.579	2	2446.5
武汉公共平台仓5号库	湖北	武汉	需求	214	漯河市	河南	漯河	945	380.203	2	2042.25
武汉公共平台仓5号库	湖北	武汉	需求	469	漯河市	河南	漯河	581	380.203	2	1260.05
武汉公共平台仓5号库	湖北	武汉	需求	238	三门峡市	河南	三门峡	735	686.755	2	1591.75
武汉公共平台仓5号库	湖北	武汉	需求	493	三门峡市	河南	三门峡	452	686.755	2	978.8
武汉公共平台仓5号库	湖北	武汉	需求	103	南阳市	河南	南阳	2994	405.159	2	6473.7
武汉公共平台仓5号库	湖北	武汉	需求	358	南阳市	河南	南阳	1840	405.159	2	3980.4
武汉公共平台仓5号库	湖北	武汉	需求	105	商丘市	河南	商丘	2888	532.317	2	6242.4
武汉公共平台仓5号库	湖北	武汉	需求	360	商丘市	河南	商丘	1775	532.317	2	3837.95
武汉公共平台仓5号库	湖北	武汉	需求	092	周口市	河南	周口	3309	397.826	2	7154.45
武汉公共平台仓5号库	湖北	武汉	需求	347	周口市	河南	周口	2033	397.826	2	4394.65
武汉公共平台仓5号库	湖北	武汉	需求	121	驻马店市	河南	驻马店	2573	300.52	2	5561.65
武汉公共平台仓5号库	湖北	武汉	需求	376	驻马店市	河南	驻马店	1582	300.52	2	3421.1
武汉公共平台仓5号库	湖北	武汉	需求	091	信阳市	河南	信阳	3361	207.299	2	7267.45
武汉公共平台仓5号库	湖北	武汉	需求	346	信阳市	河南	信阳	2066	207.299	2	4469.3
武汉公共平台仓5号库	湖北	武汉	需求	018	武汉市	湖北	武汉	29778	0	2	38978.76
武汉公共平台仓5号库	湖北	武汉	需求	273	武汉市	湖北	武汉	18301	0	2	23957.14
武汉公共平台仓5号库	湖北	武汉	需求	163	黄石市	湖北	黄石	1523	128.803	2	2333.86
武汉公共平台仓5号库	湖北	武汉	需求	418	黄石市	湖北	黄石	936	128.803	2	1433.12
武汉公共平台仓5号库	湖北	武汉	需求	090	襄阳市	湖北	襄阳	3414	301.318	2	5230.18
武汉公共平台仓5号库	湖北	武汉	需求	345	襄阳市	湖北	襄阳	2098	301.318	2	3213.26
武汉公共平台仓5号库	湖北	武汉	需求	155	十堰市	湖北	十堰	1628	433.404	2	2493.76
武汉公共平台仓5号库	湖北	武汉	需求	410	十堰市	湖北	十堰	1001	433.404	2	1534.62
武汉公共平台仓5号库	湖北	武汉	需求	089	荆州市	湖北	荆州	3414	202.034	2	5230.18
武汉公共平台仓5号库	湖北	武汉	需求	344	荆州市	湖北	荆州	2098	202.034	2	3213.26
武汉公共平台仓5号库	湖北	武汉	需求	100	宜昌市	湖北	宜昌	3046	304.822	2	4667.72
武汉公共平台仓5号库	湖北	武汉	需求	355	宜昌市	湖北	宜昌	1872	304.822	2	2866.24
武汉公共平台仓5号库	湖北	武汉	需求	107	孝感市	湖北	孝感	2836	61.251	2	4343.22
武汉公共平台仓5号库	湖北	武汉	需求	362	孝感市	湖北	孝感	1743	61.251	2	2672.06
武汉公共平台仓5号库	湖北	武汉	需求	079	黄冈市	湖北	黄冈	4359	126.044	2	6677.08
武汉公共平台仓5号库	湖北	武汉	需求	334	黄冈市	湖北	黄冈	2679	126.044	2	4105.18
武汉公共平台仓5号库	湖北	武汉	需求	143	咸宁市	湖北	咸宁	1838	96.87	2	2816.16
武汉公共平台仓5号库	湖北	武汉	需求	398	咸宁市	湖北	咸宁	1130	96.87	2	1734.6
武汉公共平台仓5号库	湖北	武汉	需求	133	恩施州	湖北	恩施州	1996	518.993	2	4315.8
武汉公共平台仓5号库	湖北	武汉	需求	388	恩施州	湖北	恩施州	1226	518.993	2	2651.5
武汉公共平台仓5号库	湖北	武汉	需求	233	鄂州市	湖北	鄂州	735	105.082	2	1128.7
武汉公共平台仓5号库	湖北	武汉	需求	488	鄂州市	湖北	鄂州	452	105.082	2	694.04
武汉公共平台仓5号库	湖北	武汉	需求	164	荆门市	湖北	荆门	1523	220.246	2	2333.86

(e)

图 2-2-38　4 仓客户需求列表（续）

由图 2-2-38 可以看出，"方案 4-4 仓"在北京仓、上海仓、广州仓的基础上又新增了武汉仓。目前该方案的总成本为 10 823 947.11 元，其中仓储成本为 3 573 208.02 元，RDC 至需求端的配送成本为 7 250 739.09 元。增加武汉仓后，华中地区的部分需求开始由武汉仓库进行履约。此时，该方案的最高次日达时效为 88.85%，隔日达时效为 98.53%，四日达时效为 99.6%。

选择"方案 1-现状分析""方案 2-2 仓""方案 3-3 仓"和"方案 4-4 仓"，可以获得 4 个方案的对比图，如图 2-2-39 所示。与方案 3 相比，方案 4 总成本微升至 10 823 947.11 元，但次日达时效得到了进一步提升，达到了 88.85%，能够满足设定的 85% 的优化目标。但尚不确定是否还有既满足服务水平目标，又能使成本更低的方案，因此可进一步尝试增加至 5 仓。

图 2-2-39　4 仓可视化报告

(4) 新增 4 个 RDC 仓库，创建"方案 5-5 仓"

在方案 4 的基础上，继续尝试增设仓库，通过"新增方案"创建"方案 5-5 仓"。

1) 仓约束设置。调整仓约束数量为 5，同时启用同省内需求单一仓满足约束，避免同省内不同客户需求被多个仓分别满足的情况，如图 2-2-40 所示。

图 2-2-40　仓约束设置

2) 时效约束设置。经尝试，发现可设置该方案次日达履约时效最高为 92%，如图 2-2-41 所示。

图 2-2-41　时效约束设置

3) 成本设置。成本设置保持不变，方案参数设置完毕后，回到主页面运行方案，方案 5 成功运行，如图 2-4-42 所示。

图 2-3-42　方案 5 运行结果

单击方案名称"方案 5-5 仓"可显示该方案的内容，获得可视化报告和详细内容，如图 2-2-43～图 2-2-45 所示。(网络布局图可在教辅资源中查阅。)

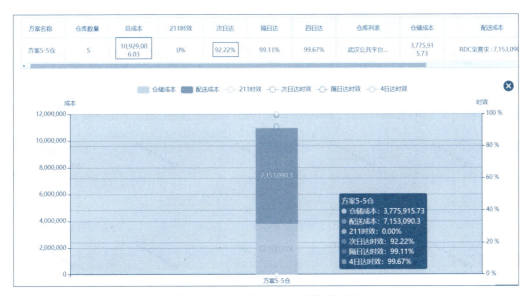

图 2-2-43　方案 5 成本结构柱状图

图 2-2-44 5仓使用情况表

方案名称	网络层级	层级名称	仓库编号	仓库名称	初始状态	新状态	使用库容（平米）
方案5-5仓	1	RDC	001	北京公共平台仓6...	未使用	已使用	107.83
方案5-5仓	1	RDC	002	上海公共平台仓2...	已使用	已使用	443.94
方案5-5仓	1	RDC	003	成都公共平台仓2...	未使用	已使用	60.1
方案5-5仓	1	RDC	004	广州公共平台仓10...	未使用	已使用	108.33
方案5-5仓	1	RDC	007	武汉公共平台仓5...	未使用	已使用	94.77

(a)

始发名称	始发省份	始发城市	目的网络层级	目的编号	目的名称	目的省份	目的城市	运量(件)	距离(KM)	运输时间(天)	运输成本
上海公共平台仓	上海	上海	需求	003	南京市	江苏	南京	117955	320.265	2	180603.2
上海公共平台仓	上海	上海	需求	258	南京市	江苏	南京	72493	320.265	2	110997.06
上海公共平台仓	上海	上海	需求	012	徐州市	江苏	徐州	41174	611.441	2	63043.08
上海公共平台仓	上海	上海	需求	267	徐州市	江苏	徐州	25305	611.441	2	38748.1
上海公共平台仓	上海	上海	需求	036	连云港市	江苏	连云港	14863	501.178	2	22760.86
上海公共平台仓	上海	上海	需求	291	连云港市	江苏	连云港	9134	501.178	2	13986.28
上海公共平台仓	上海	上海	需求	029	淮安市	江苏	淮安	18906	395.472	2	28950.52
上海公共平台仓	上海	上海	需求	284	淮安市	江苏	淮安	11619	395.472	2	17789.98
上海公共平台仓	上海	上海	需求	017	宿迁市	江苏	宿迁	29883	503.427	2	45757.16
上海公共平台仓	上海	上海	需求	272	宿迁市	江苏	宿迁	18365	503.427	2	28123.3
上海公共平台仓	上海	上海	需求	020	盐城市	江苏	盐城	25576	275.644	2	39161.92
上海公共平台仓	上海	上海	需求	275	盐城市	江苏	盐城	15719	275.644	2	24071.98
上海公共平台仓	上海	上海	需求	022	扬州市	江苏	扬州	24211	264.978	2	37070.72
上海公共平台仓	上海	上海	需求	277	扬州市	江苏	扬州	14879	264.978	2	22783.38
上海公共平台仓	上海	上海	需求	025	泰州市	江苏	泰州	21112	216.572	2	32327.04
上海公共平台仓	上海	上海	需求	280	泰州市	江苏	泰州	12975	216.572	2	19869.5
上海公共平台仓	上海	上海	需求	009	南通市	江苏	南通	48474	124.534	2	74219.08
上海公共平台仓	上海	上海	需求	264	南通市	江苏	南通	29791	124.534	2	45614.32
上海公共平台仓	上海	上海	需求	027	镇江市	江苏	镇江	20272	242.962	2	31042.64
上海公共平台仓	上海	上海	需求	282	镇江市	江苏	镇江	12459	242.962	2	19079.08
上海公共平台仓	上海	上海	需求	010	常州市	江苏	常州	43695	216.282	2	66901.9
上海公共平台仓	上海	上海	需求	265	常州市	江苏	常州	26854	216.282	2	41118.68
上海公共平台仓	上海	上海	需求	007	无锡市	江苏	无锡	75783	144.425	2	116035.16

(b)

始发名称	始发省份	始发城市	目的网络层级	目的编号	目的名称	目的省份	目的城市	运量(件)	距离(KM)	运输时间(天)	运输成本
北京公共平台仓	北京	北京	需求	005	北京	北京	北京	94742	0	2	134534.64
北京公共平台仓	北京	北京	需求	260	北京	北京	北京	58226	0	2	82684.92
北京公共平台仓	北京	北京	需求	023	天津	天津	天津	24053	139.393	2	36832.26
北京公共平台仓	北京	北京	需求	278	天津	天津	天津	14783	139.393	2	22638.86
北京公共平台仓	北京	北京	需求	058	石家庄市	河北	石家庄	7405	327.615	2	11340.1
北京公共平台仓	北京	北京	需求	313	石家庄市	河北	石家庄	4551	327.615	2	6971.42
北京公共平台仓	北京	北京	需求	130	邯郸市	河北	邯郸	2206	477.716	2	3378.62
北京公共平台仓	北京	北京	需求	385	邯郸市	河北	邯郸	1356	477.716	2	2079.52
北京公共平台仓	北京	北京	需求	120	邢台市	河北	邢台	2573	433.294	2	3940.66
北京公共平台仓	北京	北京	需求	375	邢台市	河北	邢台	1582	433.294	2	2424.44
北京公共平台仓	北京	北京	需求	053	保定市	河北	保定	8088	189.719	2	12386.96
北京公共平台仓	北京	北京	需求	308	保定市	河北	保定	4971	189.719	2	7614.12
北京公共平台仓	北京	北京	需求	123	张家口市	河北	张家口	2468	196.36	2	3780.76
北京公共平台仓	北京	北京	需求	378	张家口市	河北	张家口	1517	196.36	2	2327.14
北京公共平台仓	北京	北京	需求	125	承德市	河北	承德	2363	209.909	2	3622.46
北京公共平台仓	北京	北京	需求	380	承德市	河北	承德	1452	209.909	2	2226.14
北京公共平台仓	北京	北京	需求	119	秦皇岛市	河北	秦皇岛	2573	333.525	2	3940.66
北京公共平台仓	北京	北京	需求	374	秦皇岛市	河北	秦皇岛	1582	333.525	2	2424.44
北京公共平台仓	北京	北京	需求	088	唐山市	河北	唐山	3571	287.827	2	5469.82
北京公共平台仓	北京	北京	需求	343	唐山市	河北	唐山	2195	287.827	2	3361.9
北京公共平台仓	北京	北京	需求	085	沧州市	河北	沧州	3781	249.885	2	5790.12
北京公共平台仓	北京	北京	需求	340	沧州市	河北	沧州	2324	249.885	2	3560.28
北京公共平台仓	北京	北京	需求	055	廊坊市	河北	廊坊	7930	101.342	2	12142.7

(c)

始发名称	始发省份	始发城市	目的网络层级	目的编号	目的名称	目的省份	目的城市	运量(件)	距离(KM)	运输时间(天)	运输成本
广州公共平台仓	广东	广州	需求	054	福州市	福建	福州	8088	863.502	3	17482.4
广州公共平台仓	广东	广州	需求	309	福州市	福建	福州	4971	863.502	3	10745.85
广州公共平台仓	广东	广州	需求	044	厦门市	福建	厦门	11344	647.584	2	24519.6
广州公共平台仓	广东	广州	需求	299	厦门市	福建	厦门	6972	647.584	2	15070.6
广州公共平台仓	广东	广州	需求	170	三明市	福建	三明	1471	776.08	3	3182.95
广州公共平台仓	广东	广州	需求	425	三明市	福建	三明	904	776.08	3	1957.6
广州公共平台仓	广东	广州	需求	165	莆田市	福建	莆田	1523	786.01	3	3293.35
广州公共平台仓	广东	广州	需求	420	莆田市	福建	莆田	936	786.01	3	2022.8
广州公共平台仓	广东	广州	需求	062	泉州市	福建	泉州	6040	708.575	2	13054.1
广州公共平台仓	广东	广州	需求	317	泉州市	福建	泉州	3712	708.575	2	8026
广州公共平台仓	广东	广州	需求	117	漳州市	福建	漳州	2678	601.752	2	5791.9
广州公共平台仓	广东	广州	需求	372	漳州市	福建	漳州	1646	601.752	2	3558.3
广州公共平台仓	广东	广州	需求	207	南平市	福建	南平	998	854.823	3	2157.9
广州公共平台仓	广东	广州	需求	462	南平市	福建	南平	613	854.823	3	1325.75
广州公共平台仓	广东	广州	需求	128	龙岩市	福建	龙岩	2258	567.41	2	4880.9
广州公共平台仓	广东	广州	需求	383	龙岩市	福建	龙岩	1388	567.41	2	3001.6
广州公共平台仓	广东	广州	需求	141	宁德市	福建	宁德	1838	968.988	3	3974.1
广州公共平台仓	广东	广州	需求	396	宁德市	福建	宁德	1130	968.988	3	2446.5
广州公共平台仓	广东	广州	需求	011	广州市	广东	广州	41857	0	2	59438.94
广州公共平台仓	广东	广州	需求	266	广州市	广东	广州	25724	0	2	36529.86
广州公共平台仓	广东	广州	需求	013	深圳市	广东	深圳	38075	109.882	2	58301.5
广州公共平台仓	广东	广州	需求	268	深圳市	广东	深圳	23400	109.882	2	35828
广州公共平台仓	广东	广州	需求	071	珠海市	广东	珠海	5404	134.589	2	8123.98

图 2-2-45 客户需求分布

始发名称	始发省份	始发城市	目的网络层级	目的编号	目的名称	目的省份	目的城市	运量(件)	距离(KM)	运输时间(天)	运输成本
成都公共平台仓	四川	成都	需求	095	绵阳市	四川	绵阳	3204	127.639	2	4905.68
成都公共平台仓	四川	成都	需求	350	绵阳市	四川	绵阳	1969	127.639	2	3016.98
成都公共平台仓	四川	成都	需求	104	德阳市	四川	德阳	2888	75.38	2	4422.96
成都公共平台仓	四川	成都	需求	359	德阳市	四川	德阳	1775	75.38	2	2719.7
成都公共平台仓	四川	成都	需求	192	广元市	四川	广元	1155	314.948	2	1771.4
成都公共平台仓	四川	成都	需求	447	广元市	四川	广元	710	314.948	2	1088.2
成都公共平台仓	四川	成都	需求	208	遂宁市	四川	遂宁	998	183.137	2	1529.16
成都公共平台仓	四川	成都	需求	463	遂宁市	四川	遂宁	613	183.137	2	939.56
成都公共平台仓	四川	成都	需求	226	内江市	四川	内江	788	180.178	2	1210.96
成都公共平台仓	四川	成都	需求	481	内江市	四川	内江	484	180.178	2	743.28
成都公共平台仓	四川	成都	需求	175	乐山市	四川	乐山	1365	242.752	2	2093.3
成都公共平台仓	四川	成都	需求	430	乐山市	四川	乐山	839	242.752	2	1286.58
成都公共平台仓	四川	成都	需求	146	宜宾市	四川	宜宾	1786	246.867	2	2738.52
成都公共平台仓	四川	成都	需求	401	宜宾市	四川	宜宾	1097	246.867	2	1680.74
成都公共平台仓	四川	成都	需求	211	广安市	四川	广安	945	305.08	2	1446.9
成都公共平台仓	四川	成都	需求	466	广安市	四川	广安	581	305.08	2	894.02
成都公共平台仓	四川	成都	需求	099	南充市	四川	南充	3046	230.212	2	4667.72
成都公共平台仓	四川	成都	需求	354	南充市	四川	南充	1872	230.212	2	2866.24
成都公共平台仓	四川	成都	需求	198	达州市	四川	达州	1050	413.159	2	1611
成都公共平台仓	四川	成都	需求	453	达州市	四川	达州	646	413.159	2	991.32

(d)

始发名称	始发省份	始发城市	目的网络层级	目的编号	目的名称	目的省份	目的城市	运量(件)	距离(KM)	运输时间(天)	运输成本
武汉公共平台仓	湖北	武汉	需求	134	开封市	河南	开封	1996	534.005	2	4315.8
武汉公共平台仓	湖北	武汉	需求	389	开封市	河南	开封	1226	534.005	2	2651.5
武汉公共平台仓	湖北	武汉	需求	110	洛阳市	河南	洛阳	2731	565.166	2	5905.95
武汉公共平台仓	湖北	武汉	需求	365	洛阳市	河南	洛阳	1678	565.166	2	3630.3
武汉公共平台仓	湖北	武汉	需求	182	平顶山市	河南	平顶山	1260	461.593	2	2723
武汉公共平台仓	湖北	武汉	需求	437	平顶山市	河南	平顶山	775	461.593	2	1675.85
武汉公共平台仓	湖北	武汉	需求	168	焦作市	河南	焦作	1523	593.247	2	3293.35
武汉公共平台仓	湖北	武汉	需求	423	焦作市	河南	焦作	936	593.247	2	2022.8
武汉公共平台仓	湖北	武汉	需求	112	新乡市	河南	新乡	2731	581.666	2	5905.95
武汉公共平台仓	湖北	武汉	需求	367	新乡市	河南	新乡	1678	581.666	2	3630.3
武汉公共平台仓	湖北	武汉	需求	129	安阳市	河南	安阳	2206	671.365	2	4768.4
武汉公共平台仓	湖北	武汉	需求	384	安阳市	河南	安阳	1356	671.365	2	2933.8
武汉公共平台仓	湖北	武汉	需求	203	濮阳市	河南	濮阳	1050	662.571	2	2272.5
武汉公共平台仓	湖北	武汉	需求	458	濮阳市	河南	濮阳	646	662.571	2	1398.3
武汉公共平台仓	湖北	武汉	需求	144	许昌市	河南	许昌	1838	430.579	2	3974.1
武汉公共平台仓	湖北	武汉	需求	399	许昌市	河南	许昌	1130	430.579	2	2446.5
武汉公共平台仓	湖北	武汉	需求	214	漯河市	河南	漯河	945	380.203	2	2042.25
武汉公共平台仓	湖北	武汉	需求	469	漯河市	河南	漯河	581	380.203	2	1260.05
武汉公共平台仓	湖北	武汉	需求	238	三门峡市	河南	三门峡	735	686.755	2	1591.75
武汉公共平台仓	湖北	武汉	需求	493	三门峡市	河南	三门峡	452	686.755	2	978.8
武汉公共平台仓	湖北	武汉	需求	103	南阳市	河南	南阳	2994	405.159	2	6473.7
武汉公共平台仓	湖北	武汉	需求	358	南阳市	河南	南阳	1840	405.159	2	3980.4

(e)

图 2-2-45　客户需求分布（续）

由图 2-2-45 可知，"方案 5-5 仓"在北京仓、上海仓、广州仓、武汉仓的基础上又新增了成都仓。在次日达销量占比下限为 92% 的条件下，该方案的总成本为 10 929 006.03 元，其中仓储成本为 3 775 915.73 元，RDC 至需求端的配送成本为 7 153 090.3 元。增加成都仓后，西部地区的部分需求开始由成都仓库进行次日达履约。此时，该方案的次日达时效为 92.22%，隔日达时效为 99.11%，四日达时效为 99.67%。

选择"方案 1- 现状分析""方案 2-2 仓""方案 3-3 仓""方案 4-4 仓"和"方案 5-5 仓"，可以获得 5 个方案的对比图。与方案 4 相比，方案 5 次日达时效进一步提升了，总成本也增加至 10 929 006.03 元。这是因为仓储成本从 3 573 208.02 元增加至 3 775 915.73 元，配送成本只从 7 250 739.09 元下降至 7 153 090.3 元，配送成本下降幅度低于仓储成本增加幅度，所以方案 5 总成本比方案 4 有所上升。

(5) 新增 5 个 RDC 仓库，创建"方案 6-6 仓"

在方案 5 的基础上，继续尝试增设仓库，通过"新增方案"创建"方案 6-6 仓"。

1) 仓约束设置。调整仓约束数量为 6，同时启用同省内需求单一仓满足约束，避免同省内不同客户需求被多个仓分别满足的情况，如图 2-2-46 所示。

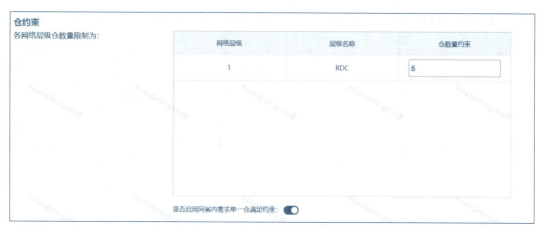

图 2-2-46　仓约束设置

2）时效约束设置。经尝试，发现可设置该方案次日达履约时效最高为 93%，如图 2-2-47 所示。

图 2-2-47　时效约束设置

3）成本设置。成本设置保持不变，方案参数设置完毕后，回到主页面运行方案，方案 6 成功运行，如图 2-2-48 所示。

图 2-2-48　方案 6 运行结果

单击方案名称"方案 6-6 仓"可显示该方案的内容，获得可视化报告和详细内容，如图 2-4-49～图 2-4-51 所示。（网络布局图可在教辅资源中查阅。）

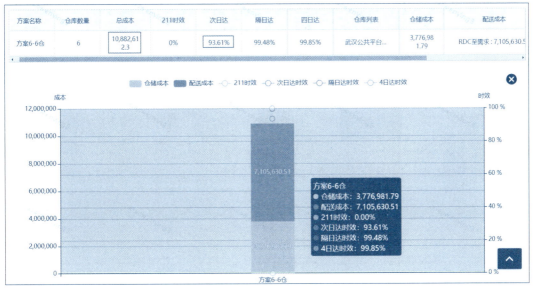

图 2-2-49　6 仓成本结构柱状图

图 2-2-50　6 仓使用状态

始发名称	始发省份	始发城市	目的网络层级	目的编号	目的名称	目的省份	目的城市	运量(件)	距离(KM)	运输时间(天)	运输成本
北京公共平台仓	北京	北京	需求	005	北京	北京	北京	94742	0	2	134534.64
北京公共平台仓	北京	北京	需求	260	北京	北京	北京	58226	0	2	82684.92
北京公共平台仓	北京	北京	需求	023	天津	天津	天津	24053	139.393	2	36832.26
北京公共平台仓	北京	北京	需求	278	天津	天津	天津	14783	139.393	2	22638.86
北京公共平台仓	北京	北京	需求	058	石家庄市	河北	石家庄	7405	327.615	2	11340.1
北京公共平台仓	北京	北京	需求	313	石家庄市	河北	石家庄	4551	327.615	2	6971.42
北京公共平台仓	北京	北京	需求	130	邯郸市	河北	邯郸	2206	477.716	2	3378.62
北京公共平台仓	北京	北京	需求	385	邯郸市	河北	邯郸	1356	477.716	2	2079.52
北京公共平台仓	北京	北京	需求	120	邢台市	河北	邢台	2573	433.294	2	3940.66
北京公共平台仓	北京	北京	需求	375	邢台市	河北	邢台	1582	433.294	2	2424.44
北京公共平台仓	北京	北京	需求	053	保定市	河北	保定	8088	189.719	2	12386.96
北京公共平台仓	北京	北京	需求	308	保定市	河北	保定	4971	189.719	2	7614.12
北京公共平台仓	北京	北京	需求	123	张家口市	河北	张家口	2468	196.36	2	3780.76
北京公共平台仓	北京	北京	需求	378	张家口市	河北	张家口	1517	196.36	2	2327.14
北京公共平台仓	北京	北京	需求	125	承德市	河北	承德	2363	209.909	2	3622.46
北京公共平台仓	北京	北京	需求	380	承德市	河北	承德	1452	209.909	2	2226.14
北京公共平台仓	北京	北京	需求	119	秦皇岛市	河北	秦皇岛	2573	333.525	2	3940.66
北京公共平台仓	北京	北京	需求	374	秦皇岛市	河北	秦皇岛	1582	333.525	2	2424.44
北京公共平台仓	北京	北京	需求	088	唐山市	河北	唐山	3571	287.827	2	5469.82
北京公共平台仓	北京	北京	需求	343	唐山市	河北	唐山	2195	287.827	2	3361.9

(a)

图 2-2-51　6 仓需求分布

始发名称	始发省份	始发城市	目的网络层级	目的编号	目的名称	目的省份	目的城市	运量(件)	距离(KM)	运输时间(天)	运输成本
上海公共平台仓	上海	上海	需求	025	泰州市	江苏	泰州	21112	216.572	2	32327.04
上海公共平台仓	上海	上海	需求	280	泰州市	江苏	泰州	12975	216.572	2	19869.5
上海公共平台仓	上海	上海	需求	009	南通市	江苏	南通	48474	124.534	2	74219.08
上海公共平台仓	上海	上海	需求	264	南通市	江苏	南通	29791	124.534	2	45614.32
上海公共平台仓	上海	上海	需求	027	镇江市	江苏	镇江	20272	242.962	2	31042.64
上海公共平台仓	上海	上海	需求	282	镇江市	江苏	镇江	12459	242.962	2	19079.08
上海公共平台仓	上海	上海	需求	010	常州市	江苏	常州	43695	216.282	2	66901.9
上海公共平台仓	上海	上海	需求	265	常州市	江苏	常州	26854	216.282	2	41118.68
上海公共平台仓	上海	上海	需求	007	无锡市	江苏	无锡	75783	144.425	2	116035.16
上海公共平台仓	上海	上海	需求	262	无锡市	江苏	无锡	46575	144.425	2	71311.5
上海公共平台仓	上海	上海	需求	002	苏州市	江苏	苏州	217214	108.427	2	332579.88
上海公共平台仓	上海	上海	需求	257	苏州市	江苏	苏州	133455	108.427	2	204397.9
上海公共平台仓	上海	上海	需求	008	宁波市	浙江	宁波	55932	271.884	2	85641.44
上海公共平台仓	上海	上海	需求	263	宁波市	浙江	宁波	34374	271.884	2	52633.38
上海公共平台仓	上海	上海	需求	004	杭州市	浙江	杭州	115382	212.234	2	176664.64
上海公共平台仓	上海	上海	需求	259	杭州市	浙江	杭州	70911	212.234	2	108572.62
上海公共平台仓	上海	上海	需求	015	温州市	浙江	温州	32981	539.108	2	50502.02
上海公共平台仓	上海	上海	需求	270	温州市	浙江	温州	20270	539.108	2	31037.6
上海公共平台仓	上海	上海	需求	014	嘉兴市	浙江	嘉兴	36132	124.356	2	55325.44
上海公共平台仓	上海	上海	需求	269	嘉兴市	浙江	嘉兴	22206	124.356	2	34002.82

(b)

始发名称	始发省份	始发城市	目的网络层级	目的编号	目的名称	目的省份	目的城市	运量(件)	距离(KM)	运输时间(天)	运输成本
广州公共平台仓	广东	广州	需求	299	厦门市	福建	厦门	6972	647.584	2	15070.6
广州公共平台仓	广东	广州	需求	170	三明市	福建	三明	1471	776.08	3	3182.95
广州公共平台仓	广东	广州	需求	425	三明市	福建	三明	904	776.08	3	1957.6
广州公共平台仓	广东	广州	需求	165	莆田市	福建	莆田	1523	786.01	3	3293.35
广州公共平台仓	广东	广州	需求	420	莆田市	福建	莆田	936	786.01	3	2022.8
广州公共平台仓	广东	广州	需求	062	泉州市	福建	泉州	6040	708.575	2	13054.1
广州公共平台仓	广东	广州	需求	317	泉州市	福建	泉州	3712	708.575	2	8026
广州公共平台仓	广东	广州	需求	117	漳州市	福建	漳州	2678	601.752	2	5791.9
广州公共平台仓	广东	广州	需求	372	漳州市	福建	漳州	1646	601.752	2	3558.3
广州公共平台仓	广东	广州	需求	207	南平市	福建	南平	998	854.823	3	2157.9
广州公共平台仓	广东	广州	需求	462	南平市	福建	南平	613	854.823	3	1325.75
广州公共平台仓	广东	广州	需求	128	龙岩市	福建	龙岩	2258	567.41	2	4880.9
广州公共平台仓	广东	广州	需求	383	龙岩市	福建	龙岩	1388	567.41	2	3001.6
广州公共平台仓	广东	广州	需求	141	宁德市	福建	宁德	1838	968.988	3	3974.1
广州公共平台仓	广东	广州	需求	396	宁德市	福建	宁德	1130	968.988	3	2446.5
广州公共平台仓	广东	广州	需求	011	广州市	广东	广州	41857	0	1	59438.94
广州公共平台仓	广东	广州	需求	266	广州市	广东	广州	25724	0	1	36529.86
广州公共平台仓	广东	广州	需求	013	深圳市	广东	深圳	38075	109.882	2	58301.5
广州公共平台仓	广东	广州	需求	268	深圳市	广东	深圳	23400	109.882	2	35828
广州公共平台仓	广东	广州	需求	071	珠海市	广东	珠海	5304	134.589	2	8123.98

(c)

始发名称	始发省份	始发城市	目的网络层级	目的编号	目的名称	目的省份	目的城市	运量(件)	距离(KM)	运输时间(天)	运输成本
成都公共平台仓	四川	成都	需求	359	德阳市	四川	德阳	1775	75.38	2	2719.7
成都公共平台仓	四川	成都	需求	192	广元市	四川	广元	1155	314.948	2	1771.4
成都公共平台仓	四川	成都	需求	447	广元市	四川	广元	710	314.948	2	1088.2
成都公共平台仓	四川	成都	需求	208	遂宁市	四川	遂宁	998	183.137	2	1529.16
成都公共平台仓	四川	成都	需求	463	遂宁市	四川	遂宁	613	183.137	2	939.56
成都公共平台仓	四川	成都	需求	226	内江市	四川	内江	788	180.178	2	1210.96
成都公共平台仓	四川	成都	需求	481	内江市	四川	内江	484	180.178	2	743.28
成都公共平台仓	四川	成都	需求	175	乐山市	四川	乐山	1365	242.752	2	2093.3
成都公共平台仓	四川	成都	需求	430	乐山市	四川	乐山	839	242.752	2	1286.58
成都公共平台仓	四川	成都	需求	146	宜宾市	四川	宜宾	1786	246.867	2	2738.52
成都公共平台仓	四川	成都	需求	401	宜宾市	四川	宜宾	1097	246.867	2	1680.74
成都公共平台仓	四川	成都	需求	211	广安市	四川	广安	945	305.08	2	1446.9
成都公共平台仓	四川	成都	需求	466	广安市	四川	广安	581	305.08	2	894.02
成都公共平台仓	四川	成都	需求	099	南充市	四川	南充	3046	230.212	2	4667.72
成都公共平台仓	四川	成都	需求	354	南充市	四川	南充	1872	230.212	2	2866.24
成都公共平台仓	四川	成都	需求	198	达州市	四川	达州	1050	413.159	2	1611
成都公共平台仓	四川	成都	需求	453	达州市	四川	达州	646	413.159	2	991.32
成都公共平台仓	四川	成都	需求	189	巴中市	四川	巴中	1155	351.264	2	1771.4
成都公共平台仓	四川	成都	需求	444	巴中市	四川	巴中	710	351.264	2	1088.2
成都公共平台仓	四川	成都	需求	253	雅安市	四川	雅安	630	124.833	2	964.6

(d)

始发名称	始发省份	始发城市	目的网络层级	目的编号	目的名称	目的省份	目的城市	运量(件)	距离(KM)	运输时间(天)	运输成本
武汉公共平台仓	湖北	武汉	需求	304	马鞍山市	安徽	马鞍山	5842	578.326	3	12626.2
武汉公共平台仓	湖北	武汉	需求	043	安庆市	安徽	安庆	11554	394.185	2	24971.7
武汉公共平台仓	湖北	武汉	需求	046	安庆市	安徽	安庆	11029	394.185	2	23838.85
武汉公共平台仓	湖北	武汉	需求	298	安庆市	安徽	安庆	7101	394.185	2	15346.05
武汉公共平台仓	湖北	武汉	需求	301	安庆市	安徽	安庆	6778	394.185	2	14649
武汉公共平台仓	湖北	武汉	需求	084	黄山市	安徽	黄山	3939	572.203	3	8515.95
武汉公共平台仓	湖北	武汉	需求	339	黄山市	安徽	黄山	2421	572.203	3	5232.05
武汉公共平台仓	湖北	武汉	需求	040	滁州市	安徽	滁州	12604	535.444	3	27242.6
武汉公共平台仓	湖北	武汉	需求	295	滁州市	安徽	滁州	7746	535.444	3	16743.3
武汉公共平台仓	湖北	武汉	需求	030	阜阳市	安徽	阜阳	18486	476.279	3	39950.3
武汉公共平台仓	湖北	武汉	需求	285	阜阳市	安徽	阜阳	11361	476.279	3	24555.35
武汉公共平台仓	湖北	武汉	需求	050	亳州市	安徽	亳州	9296	519.615	3	20090.8
武汉公共平台仓	湖北	武汉	需求	305	亳州市	安徽	亳州	5713	519.615	3	12348.65
武汉公共平台仓	湖北	武汉	需求	038	宿州市	安徽	宿州	13760	590.755	3	29738
武汉公共平台仓	湖北	武汉	需求	293	宿州市	安徽	宿州	8456	590.755	3	18278.8
武汉公共平台仓	湖北	武汉	需求	077	池州市	安徽	池州	4464	460.39	3	9647.2
武汉公共平台仓	湖北	武汉	需求	332	池州市	安徽	池州	2743	460.39	3	5930.15
武汉公共平台仓	湖北	武汉	需求	037	六安市	安徽	六安	14127	333.733	2	30533.35
武汉公共平台仓	湖北	武汉	需求	292	六安市	安徽	六安	8682	333.733	2	18766.1
武汉公共平台仓	湖北	武汉	需求	057	宣城市	安徽	宣城	7668	592.514	3	16571.4

(e)

图 2-2-51 6仓需求分布(续)

始发名称	始发省份	始发城市	目的网络层级	目的编号	目的名称	目的省份	目的城市	运量(件)	距离(KM)	运输时间(天)	运输成本
西安公共平台仓陕西	西安	需求		172	大同市	山西	大同	1418	932.398	3	3068.9
西安公共平台仓陕西	西安	需求		427	大同市	山西	大同	871	932.398	3	1884.55
西安公共平台仓陕西	西安	需求		196	晋城市	山西	晋城	1103	478.991	3	2388.15
西安公共平台仓陕西	西安	需求		451	晋城市	山西	晋城	678	478.991	3	1468.2
西安公共平台仓陕西	西安	需求		180	晋中市	山西	晋中	1313	613.775	3	2838.65
西安公共平台仓陕西	西安	需求		435	晋中市	山西	晋中	807	613.775	3	1747.35
西安公共平台仓陕西	西安	需求		244	忻州市	山西	忻州	683	690.751	3	1477.15
西安公共平台仓陕西	西安	需求		499	忻州市	山西	忻州	420	690.751	3	911
西安公共平台仓陕西	西安	需求		235	临汾市	山西	临汾	735	379.668	3	1591.75
西安公共平台仓陕西	西安	需求		490	临汾市	山西	临汾	452	379.668	3	978.8
西安公共平台仓陕西	西安	需求		210	长治市	山西	长治	998	530.885	3	2157.9
西安公共平台仓陕西	西安	需求		465	长治市	山西	长治	613	530.885	3	1325.75
西安公共平台仓陕西	西安	需求		033	郑州市	河南	郑州	15388	487.702	2	33257.4
西安公共平台仓陕西	西安	需求		288	郑州市	河南	郑州	9457	487.702	2	20439.85
西安公共平台仓陕西	西安	需求		134	开封市	河南	开封	1996	545.179	3	4315.8
西安公共平台仓陕西	西安	需求		389	开封市	河南	开封	1226	545.179	3	2651.5
西安公共平台仓陕西	西安	需求		110	洛阳市	河南	洛阳	2731	370.636	3	5905.95
西安公共平台仓陕西	西安	需求		365	洛阳市	河南	洛阳	1678	370.636	3	3630.3
西安公共平台仓陕西	西安	需求		182	平顶山市	河南	平顶山	1260	475.037	3	2723
西安公共平台仓陕西	西安	需求		437	平顶山市	河南	平顶山	775	475.037	3	1675.85

(f)

图 2-2-51　6 仓需求分布（续）

由图 2-2-51 可知，"方案 6-6 仓"在北京仓、上海仓、广州仓、武汉仓、成都仓的基础上又新增了西安仓。该方案的总成本为 10 882 612.3 元，其中仓储成本为 3 776 981.79 元，RDC 至需求端的配送成本为 7 105 630.51 元。增加西安仓后，西安周边地区的部分需求开始由西安仓库进行履约。此时，该方案的次日达时效为 93.61%，隔日达时效为 99.48%，四日达时效为 99.85%。

选择"方案 1-现状分析""方案 2-2 仓""方案 3-3 仓""方案 4-4 仓""方案 5-5 仓"和"方案 6-6 仓"，可以获得 6 个方案的对比图。

(6) 新增 6 个 RDC 仓库，创建"方案 7-7 仓"

在方案 6 的基础上，继续尝试增设仓库，通过"新增方案"创建"方案 7-7 仓"。

1) 仓约束设置。调整仓约束数量为 7，同时启用同省内需求单一仓满足约束，避免同省内不同客户需求被多个仓分别满足的情况，如图 2-2-52 所示。

图 2-2-52　仓约束设置

2) 时效约束设置。经尝试，发现可设置该方案次日达履约时效最高为 95%，如图 2-2-53 所示。

图 2-2-53　时效约束设置

3) 成本设置。成本设置保持不变，方案参数设置完毕后，运行方案，方案 7 成功运行，如图 2-2-54 所示。

图 2-2-54　方案 7 运行结果

单击方案名称"方案 7-7 仓"可显示该方案的内容，获得可视化报告和详细内容，如图 2-2-55～图 2-2-57 所示。

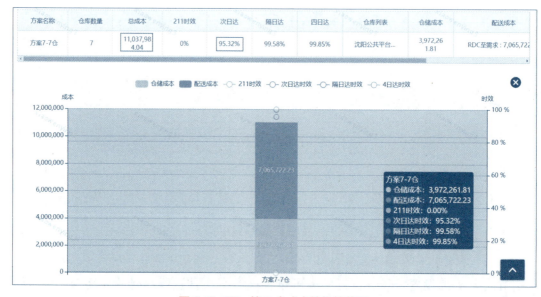

图 2-2-55　第 7 仓成本结构柱状图

图 2-2-56　7 仓使用情况

(a)

(b)

(c)

图 2-2-57　7 仓需求分布

始发名称	始发省份	始发城市	目的网络层级	目的编号	目的名称	目的省份	目的城市	运量(件)	距离(KM)	运输时间(天)	运输成本
广州公共平台仓	广东	广州	需求	165	莆田市	福建	莆田	1523	786.01	3	3293.35
广州公共平台仓	广东	广州	需求	420	莆田市	福建	莆田	936	786.01	3	2022.8
广州公共平台仓	广东	广州	需求	062	泉州市	福建	泉州	6040	708.575	2	13054.1
广州公共平台仓	广东	广州	需求	317	泉州市	福建	泉州	3712	708.575	2	8026
广州公共平台仓	广东	广州	需求	117	漳州市	福建	漳州	2678	601.752	2	5791.9
广州公共平台仓	广东	广州	需求	372	漳州市	福建	漳州	1646	601.752	2	3558.3
广州公共平台仓	广东	广州	需求	207	南平市	福建	南平	998	854.823	3	2157.9
广州公共平台仓	广东	广州	需求	462	南平市	福建	南平	613	854.823	3	1325.75
广州公共平台仓	广东	广州	需求	128	龙岩市	福建	龙岩	2258	567.41	2	4880.9
广州公共平台仓	广东	广州	需求	383	龙岩市	福建	龙岩	1388	567.41	2	3001.6
广州公共平台仓	广东	广州	需求	141	宁德市	福建	宁德	1838	968.988	3	3974.1
广州公共平台仓	广东	广州	需求	396	宁德市	福建	宁德	1130	968.988	3	2446.5
广州公共平台仓	广东	广州	需求	011	广州市	广东	广州	41857	0	2	59438.94
广州公共平台仓	广东	广州	需求	266	广州市	广东	广州	25724	0	2	36529.86
广州公共平台仓	广东	广州	需求	013	深圳市	广东	深圳	38075	109.882	2	58301.5
广州公共平台仓	广东	广州	需求	268	深圳市	广东	深圳	23400	109.882	2	35828
广州公共平台仓	广东	广州	需求	071	珠海市	广东	珠海	5304	134.589	2	8123.98
广州公共平台仓	广东	广州	需求	326	珠海市	广东	珠海	3260	134.589	2	4993.4
广州公共平台仓	广东	广州	需求	116	汕头市	广东	汕头	2678	395.755	2	4104.76
广州公共平台仓	广东	广州	需求	371	汕头市	广东	汕头	1646	395.755	2	2521.32

(d)

始发名称	始发省份	始发城市	目的网络层级	目的编号	目的名称	目的省份	目的城市	运量(件)	距离(KM)	运输时间(天)	运输成本
西安公共平台仓	陕西	西安	需求	033	郑州市	河南	郑州	15388	487.702	2	33257.4
西安公共平台仓	陕西	西安	需求	288	郑州市	河南	郑州	9457	487.702	2	20439.85
西安公共平台仓	陕西	西安	需求	134	开封市	河南	开封	1996	545.179	3	4315.8
西安公共平台仓	陕西	西安	需求	389	开封市	河南	开封	1226	545.179	3	2651.5
西安公共平台仓	陕西	西安	需求	110	洛阳市	河南	洛阳	2731	370.636	2	5905.95
西安公共平台仓	陕西	西安	需求	365	洛阳市	河南	洛阳	1678	370.636	2	3630.3
西安公共平台仓	陕西	西安	需求	182	平顶山市	河南	平顶山	1260	475.037	2	2723
西安公共平台仓	陕西	西安	需求	437	平顶山市	河南	平顶山	775	475.037	2	1675.85
西安公共平台仓	陕西	西安	需求	168	焦作市	河南	焦作	1523	472.785	2	3293.35
西安公共平台仓	陕西	西安	需求	423	焦作市	河南	焦作	936	472.785	2	2022.8
西安公共平台仓	陕西	西安	需求	112	新乡市	河南	新乡	2731	534.136	3	5905.95
西安公共平台仓	陕西	西安	需求	367	新乡市	河南	新乡	1678	534.136	3	3630.3
西安公共平台仓	陕西	西安	需求	129	安阳市	河南	安阳	2206	648.545	3	4768.4
西安公共平台仓	陕西	西安	需求	384	安阳市	河南	安阳	1356	648.545	3	2933.8
西安公共平台仓	陕西	西安	需求	203	濮阳市	河南	濮阳	1050	669.752	3	2272.5
西安公共平台仓	陕西	西安	需求	458	濮阳市	河南	濮阳	646	669.752	3	1398.3
西安公共平台仓	陕西	西安	需求	144	许昌市	河南	许昌	1838	551.944	3	3974.1
西安公共平台仓	陕西	西安	需求	399	许昌市	河南	许昌	1130	551.944	3	2446.5
西安公共平台仓	陕西	西安	需求	214	漯河市	河南	漯河	945	593.417	3	2042.5
西安公共平台仓	陕西	西安	需求	469	漯河市	河南	漯河	581	593.417	3	1260.05
西安公共平台仓	陕西	西安	需求	238	三门峡市	河南	三门峡	735	237.966	3	1591.75

(e)

始发名称	始发省份	始发城市	目的网络层级	目的编号	目的名称	目的省份	目的城市	运量(件)	距离(KM)	运输时间(天)	运输成本
武汉公共平台仓	湖北	武汉	需求	047	淮南市	安徽	淮南	10714	456.482	3	23158.1
武汉公共平台仓	湖北	武汉	需求	302	淮南市	安徽	淮南	6584	456.482	3	14233.2
武汉公共平台仓	湖北	武汉	需求	068	淮北市	安徽	淮北	5462	655.239	3	11805.1
武汉公共平台仓	湖北	武汉	需求	323	淮北市	安徽	淮北	3357	655.239	3	7254.85
武汉公共平台仓	湖北	武汉	需求	034	芜湖市	安徽	芜湖	15335	538.35	3	33141.75
武汉公共平台仓	湖北	武汉	需求	289	芜湖市	安徽	芜湖	9425	538.35	3	20370.45
武汉公共平台仓	湖北	武汉	需求	045	蚌埠市	安徽	蚌埠	11081	512.872	3	23949.25
武汉公共平台仓	湖北	武汉	需求	300	蚌埠市	安徽	蚌埠	6810	512.872	3	14720.5
武汉公共平台仓	湖北	武汉	需求	049	马鞍山市	安徽	马鞍山	9506	578.326	3	20545.5
武汉公共平台仓	湖北	武汉	需求	304	马鞍山市	安徽	马鞍山	5842	578.326	3	12626.2
武汉公共平台仓	湖北	武汉	需求	043	安庆市	安徽	安庆	11554	394.185	2	24971.7
武汉公共平台仓	湖北	武汉	需求	046	安庆市	安徽	安庆	11029	394.185	2	23838.85
武汉公共平台仓	湖北	武汉	需求	298	安庆市	安徽	安庆	7101	394.185	2	15346.05
武汉公共平台仓	湖北	武汉	需求	301	安庆市	安徽	安庆	6778	394.185	2	14649
武汉公共平台仓	湖北	武汉	需求	084	黄山市	安徽	黄山	3939	572.203	3	8515.95
武汉公共平台仓	湖北	武汉	需求	339	黄山市	安徽	黄山	2421	572.203	3	5232.05
武汉公共平台仓	湖北	武汉	需求	040	滁州市	安徽	滁州	12604	535.444	3	27242.6
武汉公共平台仓	湖北	武汉	需求	295	滁州市	安徽	滁州	7746	535.444	3	16743.3
武汉公共平台仓	湖北	武汉	需求	030	阜阳市	安徽	阜阳	18486	476.279	3	39950.3
武汉公共平台仓	湖北	武汉	需求	285	阜阳市	安徽	阜阳	11361	476.279	3	24555.35
武汉公共平台仓	湖北	武汉	需求	050	亳州市	安徽	亳州	9296	519.615	3	20090.8

(f)

始发名称	始发省份	始发城市	目的网络层级	目的编号	目的名称	目的省份	目的城市	运量(件)	距离(KM)	运输时间(天)	运输成本
沈阳公共平台仓	辽宁	沈阳	需求	429	鞍山市	辽宁	鞍山	839	106.917	2	1286.58
沈阳公共平台仓	辽宁	沈阳	需求	206	抚顺市	辽宁	抚顺	998	61.207	2	1529.16
沈阳公共平台仓	辽宁	沈阳	需求	461	抚顺市	辽宁	抚顺	613	61.207	2	939.56
沈阳公共平台仓	辽宁	沈阳	需求	248	本溪市	辽宁	本溪	630	72.203	2	964.6
沈阳公共平台仓	辽宁	沈阳	需求	503	本溪市	辽宁	本溪	387	72.203	2	592.54
沈阳公共平台仓	辽宁	沈阳	需求	216	丹东市	辽宁	丹东	893	239.226	2	1369.26
沈阳公共平台仓	辽宁	沈阳	需求	471	丹东市	辽宁	丹东	549	239.226	2	840.58
沈阳公共平台仓	辽宁	沈阳	需求	200	锦州市	辽宁	锦州	1050	230.514	2	1611
沈阳公共平台仓	辽宁	沈阳	需求	455	锦州市	辽宁	锦州	646	230.514	2	991.32
沈阳公共平台仓	辽宁	沈阳	需求	230	营口市	辽宁	营口	788	185.251	2	1210.96
沈阳公共平台仓	辽宁	沈阳	需求	485	营口市	辽宁	营口	484	185.251	2	743.28
沈阳公共平台仓	辽宁	沈阳	需求	236	盘锦市	辽宁	盘锦	735	180.273	2	1128.7
沈阳公共平台仓	辽宁	沈阳	需求	491	盘锦市	辽宁	盘锦	452	180.273	2	694.04
沈阳公共平台仓	辽宁	沈阳	需求	234	辽阳市	辽宁	辽阳	735	88.46	2	1128.7
沈阳公共平台仓	辽宁	沈阳	需求	489	辽阳市	辽宁	辽阳	452	88.46	2	694.04
沈阳公共平台仓	辽宁	沈阳	需求	223	朝阳市	辽宁	朝阳	840	324.69	2	1289.1
沈阳公共平台仓	辽宁	沈阳	需求	478	朝阳市	辽宁	朝阳	516	324.69	2	793.02
沈阳公共平台仓	辽宁	沈阳	需求	213	铁岭市	辽宁	铁岭	945	117.867	2	1446.9
沈阳公共平台仓	辽宁	沈阳	需求	468	铁岭市	辽宁	铁岭	581	117.867	2	894.02
沈阳公共平台仓	辽宁	沈阳	需求	073	长春市	吉林	长春	5199	288.758	2	11238.95

(g)

图 2-2-57　7仓需求分布（续）

由图 2-2-57 可以看出，"方案 7-7 仓"在北京仓、上海仓、广州仓、武汉仓、成都仓、西安仓的基础上又新增了沈阳仓。该方案的总成本为 11 037 984.04 元，其中仓储成本为 3 972 261.81 元，RDC 至需求端的配送成本为 7 065 722.23 元。增加沈阳仓后，东北地区的部分需求开始由沈阳仓库进行履约。此时，该方案的次日达时效为 95.32%，隔日达时效为 99.58%，四日达时效为 99.85%。

选择"方案 1-现状分析(1仓)""方案 2-2 仓""方案 3-3 仓""方案 4-4 仓""方案 5-5 仓""方案 6-6 仓"和"方案 7-7 仓"，可以获得 7 个方案的对比图。

五、选择最佳仓网规划方案

以上分析结果可总结至表 2-2-5，由表可知，方案 4、5、6、7 均可满足雅丽公司 85% 的次日达服务水平目标，成本也具有差异性。在达到服务水平目标的条件下，方案 4 成本最低。但与方案 4 相比，方案 6 的时效提升了 4.76%(93.61%-88.85%)，成本却只提升了 0.54%[(10 882 612.3-10 823 947.11)/10 823 947.11]。因此方案 6 性价比更高，建议选择方案 6 作为该公司最佳仓网规划方案，即在上海、北京、广州、武汉、成都、西安分别设立 RDC，就近履约相关地区的客户订单。

表 2-2-5 方案分析结果对比表

方案	仓库	总成本/元	仓储成本/元	配送成本/元	次日达时效
方案 1	上海	10 959 968.59	3 092 791	7 867 177.59	66.37%
方案 2	上海+北京	10 896 162.62	3 290 999.32	7 605 163.3	75.69%
方案 3	上海+北京+广州	10 821 332.95	3 472 946.35	7 348 386.6	83.09%
方案 4	上海+北京+广州+武汉	10 823 947.11	3 573 208.02	7 250 739.09	88.85%
方案 5	上海+北京+广州+武汉+成都	10 929 006.03	3 775 915.73	7 153 090.3	92.22%
方案 6	上海+北京+广州+武汉+成都+西安	10 882 612.3	3 776 981.79	7 105 630.51	93.61%
方案 7	上海+北京+广州+武汉+成都+西安+沈阳	11 037 984.04	3 972 261.81	7 065 722.23	95.32%

● **总结**

通过对雅丽公司的案例数据进行仿真实践可以看出，企业进行仓储网络优化时，需要设置多种方案和约束条件来测试、评估服务成本与时效水平的最优点。该任务中，通过多方案的对比，发现方案 4 虽然已经满足了客户期望的次日达时效，但是仓网规划的目标是达到时效和成本的平衡，此处将性价比最高的选择方案 6 作为最佳选择。因此，当出现满足了客户时效目标的方案后，需要进一步权衡成本，多方案的对比是仓网规划中必要的工作过程。

任务3　乐宁公司多级仓网规划模型搭建与优化

●能力目标

1. 能够基于企业行业特性及仓网规划相关知识进行企业仓网现状的分析。
2. 能够对企业的仓网进一步优化并给出优化方案。

●实践仿真

在了解单级仓网规划的基本实践路径和学会利用仓网规划软件进行仿真实践的基础上，本任务将进一步探讨二级仓网规划问题，即CDC-RDC-客户的仓储网络规划问题，逐步提升分析并解决复杂仓网规划问题的能力。

一、企业背景信息

乐宁公司[①]是一家全国领先的鞋服企业，主要从事运动鞋、服装及配饰的设计、研发、制造、销售和品牌管理，致力于为所有热爱运动的年轻消费者提供设计感与科技感兼备的产品。目前该公司在福建泉州已有一座CDC工厂，全国各地线上线下的订单全部由泉州CDC进行履约。

目前，乐宁公司211时效水平为7%左右，次日达时效为31%。随着业务的发展，企业销售范围不断扩大，商品在全国各地的销量不断增长，沿用泉州一地发货的方式面临时效和成本的双重挑战。乐宁公司希望了解如果引入外部的物流能力，在全国各地增设区域仓进行当地订单的履约，会导致时效、成本发生哪些变化。

二、收集企业基本数据

1. 仓储网络层级信息

仓储网络层级信息主要包括现有网络层级数、每层级的仓库详细经纬度地址、现有库容和仓库租金等。乐宁公司的具体网络层级信息如表2-3-1所示。

[①] 乐宁公司为虚构名称，案例内容来源于京乐物流真实项目，数据已做脱敏处理。

表 2-3-1　乐宁公司的具体网络层级信息

网络层级	层级名称(CDC/RDC/FDC)	仓库所在省份	仓库所在城市	经度	纬度	现用库容/m²	仓库租金(元/m²·年)
1	CDC	福建	泉州	118.595 184	24.894 7109	2 500	730

由表 2-3-1 可知，该公司目前只在泉州设立了一座 CDC 工厂，现有仓网属于一级网络模式，所有产品由 CDC 一仓发全国，直接服务于客户。仓库现有库容为 2 500m²，租金为 730 元 /m²·年。

2. 商品信息

商品信息包括商品类型、商品重量、商品体积等。乐宁公司的具体商品信息如表 2-3-2 所示。

表 2-3-2　乐宁公司的具体商品信息

商品类型	商品平均重量/kg	商品平均体积/m³
鞋类产品	1	0.009 167

由表 2-3-2 可知，该公司销售的商品是鞋类产品，商品平均重量为 1kg，平均体积为 0.009 167m³，产品重量和体积均较小。

3. 需求信息

需求信息包括需求位置、客户类型、商品需求量等。乐宁公司的部分需求信息如表 2-3-3 所示。

表 2-3-3　乐宁公司的部分需求信息

客户编号	需求所在地	客户类型(B/C端)	商品需求量/件
1	泉州	C端客户	250 58
2	武汉	C端客户	190 54
3	苏州	C端客户	170 49
4	成都	C端客户	146 79
5	北京	C端客户	145 82
6	深圳	C端客户	137 05
7	重庆	C端客户	123 88
8	上海	C端客户	113 21
9	赣州	C端客户	109 88

续表

客户编号	需求所在地	客户类型(B/C端)	商品需求量/件
10	无锡	C端客户	9 715
11	南京	C端客户	9 665
12	湛江	C端客户	9 247
13	杭州	C端客户	8 820
14	漳州	C端客户	8 440
15	衡阳	C端客户	8 298
16	丽水	C端客户	8 243
…	…	…	…

由表2-3-3可以看出,该公司需求主要集中在武汉、苏州、成都、北京、深圳等新一线和一线城市,另外泉州总仓地区需求量最大,所有客户都是面向C端的客户。

4. 运输信息

运输信息包括始发省份和城市、目的省份和城市、运输距离、运输时效、运费等。乐宁公司的部分运输信息如表2-3-4所示。

表2-3-4 运输信息

始发省份	始发城市	目的省份	目的城市	运输距离/km	运输时效/天	首重价格/元·kg^{-1}	续重价格/元·kg^{-1}
福建	泉州	福建	泉州	0	1	15	5
福建	泉州	湖北	武汉	890.839	3	16	6
福建	泉州	江苏	苏州	108.427	2	12	2
福建	泉州	四川	成都	1 990.354	3	16	6
福建	泉州	北京	北京	1 256.622	3	16	6
福建	泉州	广东	深圳	1 501.702	4	16	6
福建	泉州	重庆	重庆	1 498.542	4	16	6

运输信息常由物流公司提供,不同始发地和目的地间的运输距离,以及运输量的差异都会导致不同线路的运输成本出现差异。一般来说,同一运输方式下距离越近,运输成本越低,运输时效越高。

三、基础数据录入

下面将结合仓网规划软件进一步整理、维护收集的数据。单击仓网规划系统,首先进入"项目管理"→"采购决策"界面,新建"任务3-多级网络规划"项目。

单击"任务 3- 多级网络规划"项目,可以查看详细信息,在界面上方进行基础数据维护。支撑仓网规划方案运行所需要的基础数据包括层级、各层级选址范围、商品、需求、支援关系和线路。

1. 层级

目前,该企业拥有福建泉州仓发全国的一级网络,拟搭建二级仓网优化现有网络,因此保留福建泉州仓为必选的 CDC,同时增设 RDC 二级网络,整理并维护乐宁公司仓网规划的层级信息,如图 2-3-1 所示。

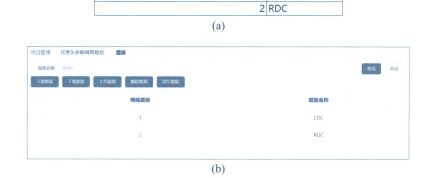

图 2-3-1　网络层级设置

2. 各层级选址范围

经调研,市场上成熟的物流服务商建议在北京、广州、成都、武汉、沈阳、西安 6 个城市设立备选仓。由于上海已经设有一座 CDC,在做规划时暂时只考虑一级网络规划,因此可将其设置为"已使用"的"必选"RDC 仓库,而北京、广州、成都、武汉、沈阳、西安 6 个城市的仓库则为"未使用"的"参与"状态。此外,由于各地的土地价格、房价等存在差异,各备选仓库租金也存在差异,如图 2-3-2 所示。

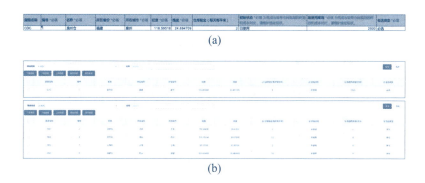

图 2-3-2　备选仓参与条件设置

3. 商品

考虑到乐宁公司经营的商品规格差异性较小，可根据历史数据将商品聚合为一个虚拟的鞋类商品，加权件平均重量为 1kg，加权件平均体积为 0.009 167m³，商品信息如图 2-3-3 所示。

图 2-3-3　商品信息

4. 需求

以城市作为最小收集颗粒度，以年销量为需求量统计时长，收集该企业过去一年在全国各地的销量信息，如图 2-3-4(a) 所示。将需求信息导入系统作为基础数据后，可以看到该产品的需求分布，如图 2-3-4(b) 所示。以泉州为中心辐射的东南地区和武汉、北京、上海等城市需求较高。

客户编号 *必填	客户名称 *必填	所在省份 *必填	所在城市 *必填	客户类型 *必填 用于区分使用的线路类型	商品编号 *必填	商品名称 *必填	需求量 *必填 通常使用一年内销量汇总
1	泉州	福建	泉州	C端客户	1	鞋子	25058
2	武汉	湖北	武汉	C端客户	1	鞋子	19054
3	苏州	江苏	苏州	C端客户	1	鞋子	17049
4	成都	四川	成都	C端客户	1	鞋子	14679
5	北京	北京	北京	C端客户	1	鞋子	14582
6	深圳	广东	深圳	C端客户	1	鞋子	13705
7	重庆	重庆	重庆	C端客户	1	鞋子	12388
8	上海	上海	上海	C端客户	1	鞋子	11321
9	赣州	江西	赣州	C端客户	1	鞋子	10988
10	无锡	江苏	无锡	C端客户	1	鞋子	9715
11	南京	江苏	南京	C端客户	1	鞋子	9665
12	湛江	广东	湛江	C端客户	1	鞋子	9247
13	杭州	浙江	杭州	C端客户	1	鞋子	8820
14	漳州	福建	漳州	C端客户	1	鞋子	8440
15	衡阳	湖南	衡阳	C端客户	1	鞋子	8298
16	丽水	浙江	丽水	C端客户	1	鞋子	8243
17	南平	福建	南平	C端客户	1	鞋子	7363
18	娄底	湖南	娄底	C端客户	1	鞋子	7314
19	荆州	湖北	荆州	C端客户	1	鞋子	6866
20	焦作	河南	焦作	C端客户	1	鞋子	6756
21	开封	河南	开封	C端客户	1	鞋子	6290
22	舟山	浙江	舟山	C端客户	1	鞋子	6196

(a)

图 2-3-4　销量信息和需求分布

(b)

图 2-3-4 销量信息和需求分布（续）

5. 支援关系

通过设置支援关系，可以绘制不同网络层级间的链接关系。该企业的产品有从 CDC 发往 RDC、从 RDC 发往客户、从 CDC 发往客户三种发货形式，暂不指定发送的特定始发和目的网络层级，从 CDC 发往 RDC 的单均件数为 3645 件，从 RDC 发往客户的单均件数为 1 件，从 CDC 发往客户的单均件数为 1 件，如图 2-3-5 所示。

(a)

(b)

图 2-3-5 支援关系

6. 线路

物流服务商提供了各仓的线路报价和时效承诺，部分数据如图 2-3-6 所示。所有 B2C 线路报价均采用"首重价格＋续重价格"的形式。"单均运量区间"用于阶梯报价，不同的重量区间可以有不同的价格。"最低一票"指不论重量是多少，最低的运费要求。"单均运量区间""最低一票""重量价格""体积价格"为 B2B 业务模式的报价形式，此处可暂不考虑。

始发省份	始发城市	目的省份	目的城市	业务类型	首重价格(元/公斤)	续重价格(元/公斤)	重量区间	最低一票	重量价格	体积价格	运输时效(天)	运输距离(公里)
北京	北京	福建	泉州	B2C	17	6					4	2050.029
北京	北京	湖北	武汉	B2C	16	6					3	1196.321
北京	北京	江苏	苏州	B2C	16	6					3	1199.352
北京	北京	四川	成都	B2C	16	6					4	1826.208
北京	北京	北京	北京	B2C	11	2					1	0
北京	北京	广东	深圳	B2C	17	6					4	2237.24
北京	北京	重庆	重庆	B2C	16	6					4	1670.984
北京	北京	上海	上海	B2C	16	6					3	1243.998
北京	北京	江西	赣州	B2C	16	6					4	1825.304
北京	北京	江苏	无锡	B2C	16	6					3	1163.923
北京	北京	江苏	南京	B2C	16	6					3	1177.348
北京	北京	广东	湛江	B2C	17	6					4	2542.309
北京	北京	浙江	杭州	B2C	16	6					3	1344.032
北京	北京	福建	漳州	B2C	17	6					4	2089.578
北京	北京	湖南	衡阳	B2C	16	6					4	1660.677
北京	北京	浙江	丽水	B2C	16	6					4	1591.609
北京	北京	福建	南平	B2C	16	6					4	1720.449
北京	北京	湖南	娄底	B2C	16	6					3	1638.922

(a)

(b)

图 2-3-6　线路信息

所有数据正确维护完毕，"基础数据"处会显示正确的完成状态。

四、方案设计

1. 分析仓网规划现状

收集、整理完基础数据之后，需要进一步分析企业仓网现状，包括现有网络下的服务水平、服务成本等。在"方案清单"界面可以进行方案管理。单击"新增方案"，首先创建"方案 1-现状分析",以了解乐宁公司目前仅有一个福建泉州 CDC,无 RDC 仓库时的网络成本、服务水平等,如图 2-3-7 所示。

(a) (b)

图 2-3-7 新增方案

设置方案约束条件,系统提供了仓约束、时效约束、成本设置三种不同的约束条件参数类型,通过进行不同的参数设置,可以达到差异化规划的目的。

(1) 仓约束

"仓数量约束",即通过设置仓数量,在满足仓数量约束的前提下,找到最合适的仓库。"是否启用同省内需求单一仓满足约束",即某一省内的需求是否考虑只用某一个仓库来满足,启用后可避免同省内不同客户的需求被多个仓分别满足导致成本上升的情况。

乐宁公司目前采用一级 CDC 网络模式,仅存在一个福建泉州 CDC,因此 CDC 仓数量约束为 1,RDC 仓数量为 0,也不会出现多个仓满足省内需求的情况,如图 2-3-8 所示。

图 2-3-8 仓层级和仓数量

(2) 时效约束

针对需求范围,设置多种不同的订单履约时效要求。目前系统支持在全国范围内基于销量占比的时效达成约束,可配置的时效类型包括 211(时效为 1 天)、次日达(时效为 2 天以内)、隔日达(时效为 3 天以内)和隔日达以上(时效为 3 天以上)。乐宁公司目前的服务水平是满足 7% 左右的 211 时效、31% 左右的次日达时效,如图 2-3-9 所示。

图 2-3-9 时效现状

(3) 成本设置

仓网规划成本主要包括运输成本和仓储成本两部分,一般来说两者均需要统计。规划方案生成后,系统将自动计算各类成本的总额。其中,运输成本可以设置不同层级支援关系的运费折扣、运费计算方式等。乐宁公司目前在 RDC 至客户的支援关系上没有任何运费折扣,如图 2-3-10 所示。

图 2-3-10 成本约束条件设置

方案参数设置完毕后运行方案,系统将开始运算符合方案参数的布局。方案成功运行后,单击方案名称"方案 1- 现状分析"可显示该方案的内容,获得可视化报告和详细内容。(网络布局图可在教辅资源中查阅。)

由图 2-3-11 可知,乐宁公司目前仓网规划总成本为 5 095 586 元,其中仓储成本为 3 650 000 元,配送成本为 1 445 586 元。

此外,目前该企业最高 211 时效为 7.04%,次日达时效为 31.33%,隔日达时效为 77.66%,四日达时效为 99.42%。通过对标行业标准、企业成本预期、市场调研等,该企业希望通过优化现有仓网模式,将 211 时效提升至 20%,次日达时效提升至 80% 左右,以满足业务的发展需求。

图 2-3-11　成本现状分析

2. 设计仓网规划优化方案

接下来，通过调整方案参数，可以差异化仓网规划方案，尝试寻找满足服务水平目标的最佳方案。在保证福建泉州 CDC 必选的基础上，尝试寻找最佳的 RDC 数量，为乐宁公司搭建二级仓网。

(1) 新增 1 个 RDC 仓库，创建"方案 2-1RDC"

首先，尝试在增加 1 个 RDC 仓库的情况下进行分析。通过"新增方案"创建"方案 2-1RDC"，目标是通过约束条件的设置判断是否能够满足企业设定的 20% 的 211 时效和 80% 的次日达时效预期值。

1) 仓约束设置。在保留 1 个 CDC 的基础上，调整 RDC 仓约束数量为 1。由于成本过高，不启用同省内需求单一仓满足约束，如图 2-3-12 所示。

图 2-3-12　仓约束设置

2) 时效约束设置。尝试设置211履约时效约束为20%，次日达履约时效约束为80%，如图2-3-13所示。

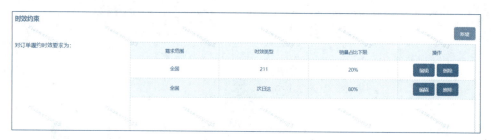

图 2-3-13　时效约束设置

3) 成本设置。统计该企业的运输成本、仓储成本，如图2-3-14所示。

方案参数设置完毕后，回到主页面，单击方案运行按钮，发现方案左侧出现红色感叹号警示(见图2-3-15)，说明约束条件的设置或基础数据设置存在问题。鉴于同一基础数据下条件，方案1-现状分析可运行，说明方案2-1RDC出现警示状态很可能是由于该方案的时效约束条件设置过高，暂时无法满足，需要进行调整。重新调整时效约束水平参数。经测试，发现方案2的条件下，211时效只可达12.4%，次日达最高时效只可达58%，如图2-3-16所示，并不能满足预期时效优化目标。

图 2-3-14　成本设置

图 2-3-15　方案左侧出现红色感叹号警示

图 2-3-16　参数调整后的结果

单击方案名称“方案 2-1RDC”可显示方案 2 的内容，获得可视化报告和详细内容，如图 2-3-17 和图 2-3-18 所示。(网络布局图可在教辅资源中查阅。)

仓库状态

方案名称	网络层级	层级名称	仓库编号	仓库名称	初始状态	新状态	使用库容（平米）	仓储成本
方案2-1RDC	1	CDC	1	泉州仓	已使用	已使用	1,973.75	1,440,837.5
方案2-1RDC	2	RDC	3	武汉仓	未使用	已使用	744.12	407,404.33

图 2-3-17　方案 2-1RDC 的仓库状态

商品流向

方案名称	商品编号	商品名称	始发网络层级	始发编号	始发名称	始发省份	始发城市	目的网络层级	目的编号	目的名称	目的省份	目的城市	运量（件）	距离（KM）	运输时间（天）	运输成本
方案2-1...	1	鞋子	CDC	1	泉州仓	福建	泉州	RDC	3	武汉仓	湖北	武汉	84,890.34	890.84	3	199,275.3
方案2-1...	1	鞋子	CDC	1	泉州仓	福建	泉州	需求	5	北京	北京	北京	14,582	1,256.82	3	233,312
方案2-1...	1	鞋子	CDC	1	泉州仓	福建	泉州	需求	6	上海	上海	上海	11,321	890.64	3	135,852
方案2-1...	1	鞋子	CDC	1	泉州仓	福建	泉州	需求	7	重庆	重庆	重庆	12,386	1,498.54	4	198,208
方案2-1	1	鞋子	CDC	1	泉州仓	福建	泉州	需求	33	邢台	河北	邢台	4,504	1,062.62	3	72,064

图 2-3-18　方案 2-1RDC 客户需求

可以看出，“方案 2-1RDC”在保留泉州 CDC 的基础上，增加了武汉 RDC 仓，使得该企业泉州仓和武汉仓均处于使用状态，网络层级被拓展至二级网络。该方案的总成本为 5 526 887.85 元，其中仓储成本为 3 968 086.55 元，配送成本包含 CDC 至 RDC、RDC 至需求、CDC 至需求三部分，分别为 199 275.3 元、351 477 元、1 008 049 元。

从系统报告可以看出，增加武汉 RDC 仓后，部分需求开始由武汉仓库进行履约，特别是以武汉为中心的华中地区，时效逐渐由原来的隔日达变成次日达，武汉当地甚至可以实现 211 时效。此时，该方案的最高 211 时效为 12.25%，次日达时效为 58%，隔日达时效为 78.86%，四日达时效为 99.42%。离仓库越近的地方，时效越高，以 211、次日达居多；离仓库越远的地方，时效越低，以隔日达及其以上居多。

选择“方案 1- 现状分析”和“方案 2-1RDC”，可以获得两个方案的对比图，如图 2-3-19 所示。与方案 1- 现状分析相比，方案 2-1RDC 服务水平提高了，总成本也增加了。由于增加了武汉 RDC 仓，方案 2-1RDC 的仓储成本增加了，配送成本也由原来单一的 CDC 至需求部分扩展到 CDC 至 RDC、RDC 至需求、CDC 至需求三部分。

报告明细

方案总览

方案名称	仓库数量	总成本	211时效	次日达	隔日达	四日达	仓库列表	仓储成本	配送成本
方案1-...	1	5,095,586	7.04%	31.33%	77.66%	99.42%	泉州仓	3,650,000	CDC至需求：1,445,586
方案2-1...	2	5,526,887.85	12.25%	58%	78.86%	99.42%	武汉仓，泉州仓	3,968,086.55	CDC至RDC：199,275.3 RDC至需求：351,477 CDC至需求：1,008,049

图 2-3-19　2 仓方案对比

其中CDC至需求的配送成本由1 445 586元下降至1 008 049元，这是因为原CDC直接满足的部分需求被分配给了RDC，CDC至需求的配送成本有所下降。此时，211时效由7.04%上升至12.25%，次日达时效由31.33%上升至58%，尚不能满足企业预期优化目标(211时效20%、次日达时效80%)，因此继续尝试增加至2个RDC仓。

(2) 新增2个RDC仓库，创建"方案2- 新增2RDC"

在方案2-1RDC的基础上，继续尝试增设仓库，进一步满足时效约束的优化目标。通过"新增方案"创建"方案2- 新增2RDC"，操作步骤略。

1) 仓约束设置。在保留1个CDC的基础上，调整RDC仓约束数量为2。不启用同省内需求单一仓满足约束，如图2-3-20所示。

图2-3-20　仓约束设置

2) 时效约束设置。尝试设置211履约时效约束为20%、次日达履约时效约束为80%，如图2-3-21所示。

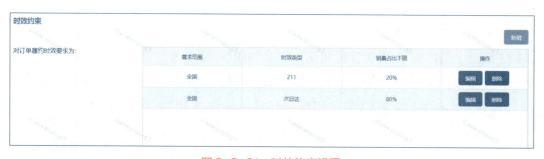

图2-3-21　时效约束设置

3) 成本设置。成本设置保持不变。

方案参数设置完毕后运行方案，发现方案左侧出现红色感叹号警示，说明约束条件的设置或基础数据设置存在问题。鉴于同一基础数据条件下，方案1-现状分析可运行，说明该方案的警示状态很可能是由于时效约束条件设置过高，暂时无法满足，需要进行调整。返回约束条件设置界面，调整时效约束水平参数。经测试，发现该方案的条件下，211时效只可达到16.33%，次日达最高时效只可达到72%，如图2-3-22所示，此时不能满足20%的211时效、80%的次日达时效优化目标。

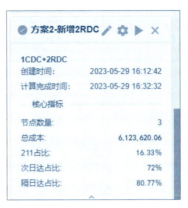

图2-3-22 2RDC运行结果

单击方案名称"方案2-新增2RDC"可显示该方案的内容，获得可视化报告和详细内容。(网络布局图可在教辅资源中查阅。)

"方案2-新增2RDC"在泉州CDC、武汉RDC的基础上又新增了北京RDC仓，进一步增加了二级网络中RDC的数量。目前该方案的总成本为6 123 620.06元，其中仓储成本为4 477 303.16元，配送成本包含CDC至RDC、RDC至需求、CDC至需求三部分，分别为318 678.9元、519 310元、808 328元。

可以看出，增加武汉RDC、北京RDC仓后，泉州CDC需要向武汉RDC、北京RDC发货。华中地区的部分需求由武汉RDC进行履约，华北地区的部分需求由北京RDC进行履约，时效也由原来的隔日达逐渐变为次日达，武汉、北京当地可实现211时效。此时，该方案的最高211时效为16.33%、次日达时效为72%，隔日达时效为80.77%，四日达时效为99.42%。

选择"方案1-现状分析""方案2-1RDC"和"方案2-新增2RDC"，可以获得三个方案的对比图，如图2-3-23所示。与方案1-现状分析、方案2-1RDC相比，方案2-新增2RDC的总成本和时效均有提高。由于RDC仓数量的增加，原CDC满足的需求被进一步分散，因此从方案1-现状分析到方案2-新增2RDC，CDC至需求的配送成本逐渐降低，CDC至RDC、RDC至需求的配送成本逐渐增加。方案2-新增2RDC的情况下，211订单时效进一步提升至16.33%，次日达订单时效进一步提升至72%，逐渐靠近优化目标值(211时效20%，次日达时效80%)，但尚未完全满足，可进一步尝试增加至3个RDC。

图 2-3-23　方案 2- 新增 2RDC 成本柱状图

(3) 新增 3 个 RDC 仓库，创建"方案 3-3RDC"

在方案 2- 新增 2RDC 的基础上，继续尝试增设仓库，以满足服务水平目标。通过"新增方案"创建"方案 3-3RDC"。

1) 仓约束设置。在保留 1 个 CDC 的基础上，调整 RDC 仓约束数量为 3。不启用同省内需求单一仓满足约束，如图 2-3-24 所示。

图 2-3-24　3RDC 仓约束设置

2) 时效约束设置。尝试设置 211 履约时效约束为 20%、次日达履约时效约束为 80%，如图 2-3-25 所示。

图 2-3-25 时效约束设置

3) 成本设置。成本设置保持不变，方案参数设置完毕后，返回主页面运行方案，方案 3-3RDC 成功运行。但此时不确定方案 3-3RDC 是否可以实现更高的时效，因此可以继续调整该方案的时效约束条件进行测试。通过测试，发现该方案次日达时效最高可达 82%，如图 2-3-26 所示。

图 2-3-26 运行结果

方案成功运行后，单击方案名称"方案 3-3RDC"可显示该方案的内容，获得可视化报告和详细内容，如图 2-3-27～图 2-3-29 所示。(网络布局图可在教辅资源中查阅。)

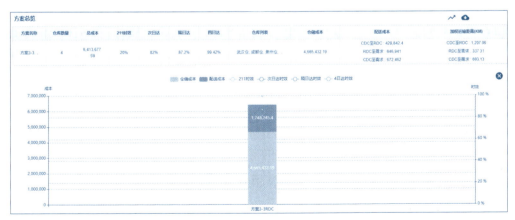

图 2-3-27 3RDC 成本柱状图

仓库状态

方案名称	网络层级	层级名称	仓库编号	仓库名称	初始状态	新状态	使用库容（平米）	仓储成本
方案3-3RDC	1	CDC	1	泉州仓	已使用	已使用	1,659.25	2,422,505
方案3-3RDC	2	RDC	2	北京仓	未使用	已使用	461.5	842,237.5
方案3-3RDC	2	RDC	3	武汉仓	未使用	已使用	628.88	918,159.69
方案3-3RDC	2	RDC	8	成都仓	未使用	已使用	330.5	482,530

图 2-3-28　方案 3 仓库使用状况

商品流向

方案名称	商品编号	商品名称	始发网络层级	始发编号	始发名称	始发省份	始发城市	目的网络层级	目的编号	目的名称	目的省份	目的城市	运量
方案3-3...	1	鞋子	CDC	1	泉州仓	福建	泉州	RDC	2	北京仓	北京	北京	
方案3-3...	1	鞋子	CDC	1	泉州仓	福建	泉州	RDC	3	武汉仓	湖北	武汉	
方案3-3...	1	鞋子	CDC	1	泉州仓	福建	泉州	RDC	8	成都仓	四川	成都	
方案3-3...	1	鞋子	CDC	1	泉州仓	福建	泉州	需求	8	上海	上海	上海	
方案3-3...	1	鞋子	CDC	1	泉州仓	福建	泉州	需求	30	吕梁	山西	吕梁	

图 2-3-29　方案 3 客户需求

可以看出，“方案 3-3RDC”在泉州 CDC、武汉 RDC、北京 RDC 的基础上又新增了成都 RDC 仓。目前该方案的总成本为 6 413 677.59 元，其中仓储成本为 4 665 432.19 元，配送成本包含 CDC 至 RDC、RDC 至需求、CDC 至需求三部分，分别为 428 842.4 元、646 941 元、672 462 元。

增加武汉 RDC、北京 RDC、成都 RDC 仓后，泉州 CDC 需要向武汉 RDC、北京 RDC、成都 RDC 发货。华中地区的部分需求由武汉 RDC 进行履约，华北地区的部分需求由北京 RDC 进行履约，川渝地区的部分需求由成都 RDC 进行履约，时效也由原来的隔日达逐渐变为次日达，武汉、北京、成都当地可实现 211 时效。此时，该方案可以实现 211 时效为 20%、次日达时效为 82%，隔日达时效为 87.2%，四日达时效为 99.42%。

选择“方案 1- 现状分析”“方案 2-1RDC”“方案 2- 新增 2RDC”和“方案 3-3RDC”，可以获得 4 个方案的对比图。相比方案 2- 新增 2RDC，方案 3-3RDC 的 211、次日达时效得到了进一步提升，分别达到了 20%、82%，总成本为 6 413 677.59 元。此时的方案能够满足设定的优化目标值(211 时效为 20%，次日达时效为 80%)，但尚不确定是否还有既满足服务水平又可使成本更低的方案，因此可进一步尝试增加至 4 个 RDC 仓。

(4) 新增 4 个 RDC 仓库，创建“方案 4-4RDC”

在方案 3-3RDC 的基础上，继续尝试增设仓库，通过“新增方案”创建“方案 4-4RDC”。

1) 仓约束设置。在保留 1 个 CDC 的基础上，调整 RDC 仓约束数量为 4。不启用同省内需求单一仓满足约束，如图 2-3-30 所示。

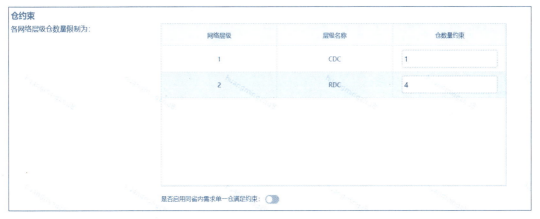

图 2-3-30　仓约束设置

2) 时效约束设置。尝试设置 211 履约时效约束为 20%、次日达履约时效约束为 80%，如图 2-3-31 所示。

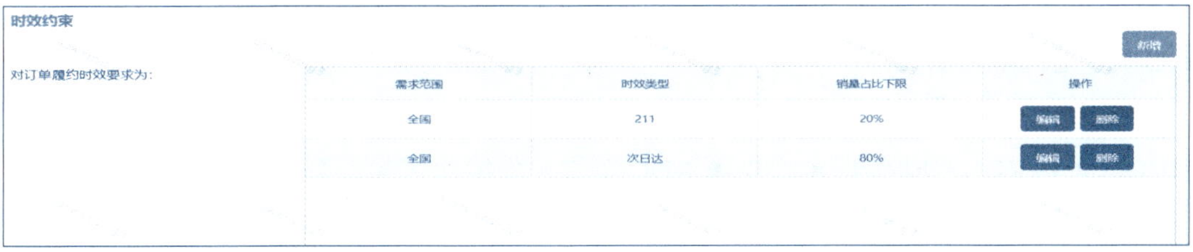

图 2-3-31　时效约束设置

3) 成本设置。成本设置保持不变，方案参数设置完毕后，运行方案，方案 4-4RDC 成功运行，但此时不确定该方案是否可以实现更高的时效，因此可以继续调整该方案的时效约束条件进行测试。通过测试，发现该方案 211 时效可达 23%，次日达时效可达 83%，如图 2-3-32 所示。

图 2-3-32　运行结果

单击方案名称"方案 4-4RDC"可显示该方案的内容，获得可视化报告和详细内容，如图 2-3-33 所示。(网络布局图可在教辅资源中查阅。)

图 2-3-33 4RDC 仓成本结构柱状图

"方案 4-4RDC"在泉州 CDC、武汉 RDC、北京 RDC、成都 RDC 仓的基础上又新增了上海 RDC 仓。目前该方案的总成本为 6 471 576.58 元,其中仓储成本为 4 697 167.48 元,配送成本包含 CDC 至 RDC、RDC 至需求、CDC 至需求三部分,分别为 433 533.1 元、632 719 元、708 157 元。

增加武汉 RDC、北京 RDC、成都 RDC、上海 RDC 仓后,泉州 CDC 需要向武汉 RDC、北京 RDC、成都 RDC、上海 RDC 发货。华中地区的部分需求由武汉 RDC 进行履约,华北地区的部分需求由北京 RDC 进行履约,川渝地区的部分需求由成都 RDC 进行履约,上海市的需求由上海 RDC 进行履约,时效也由原来的隔日达逐渐变为次日达,武汉、北京、成都、上海当地可实现 211 时效。此时,该方案可以实现 211 时效为 23.8%,次日达时效为 83%,隔日达时效为 87.2%,四日达时效为 99.42%。

选择"方案 1-现状分析""方案 2-1RDC""方案 2-新增 2RDC""方案 3-3RDC"和"方案 4-4RDC",可以获得 5 个方案的对比图,如图 2-3-34 所示。与方案 3-3RDC 相比,方案 4-4RDC 在同等时效下成本更高。

方案名称	仓库数量	总成本	211时效	次日达	隔日达	四日达	仓库列表	仓储成本	配送成本	加权运输距离(KM)
方案1-...	1	5,095,586	7.04%	31.33%	77.66%	99.42%	泉州仓	3,850,000	CDC至需求: 1,445,586	CDC至需求: 944.4
方案2-1...	2	5,526,887.85	12.25%	58%	78.86%	99.42%	武汉仓、泉州仓	3,968,086.55	CDC至RDC: 199,275.3 RDC至需求: 351,477 CDC至需求: 1,008,049	CDC至RDC: 890.84 RDC至需求: 354.3 CDC至需求: 928.3
方案2-...	3	6,123,620.06	16.33%	72%	80.77%	99.42%	武汉仓、泉州仓、北京仓	4,477,303.16	CDC至RDC: 318,678.9 RDC至需求: 519,310 CDC至需求: 808,328	CDC至RDC: 1,015.47 RDC至需求: 345.56 CDC至需求: 876.79
方案3-3...	4	6,413,677.59	20%	82%	87.2%	99.42%	武汉仓、成都仓、泉州仓、...	4,665,432.19	CDC至RDC: 428,842.4 RDC至需求: 646,941 CDC至需求: 672,462	CDC至RDC: 1,207.06 RDC至需求: 337.31 CDC至需求: 693.13
方案4-4...	5	6,471,576.58	23%	83%	86.36%	99.42%	武汉仓、上海仓、成都仓	4,697,167.48	CDC至RDC: 433,533.1 RDC至需求: 632,719 CDC至需求: 708,157	CDC至RDC: 1,182.92 RDC至需求: 303.67 CDC至需求: 680.06

(a)

图 2-3-34 方案对比柱状图

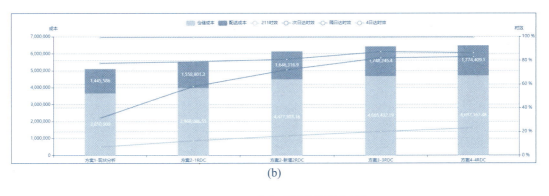

(b)

图 2-3-34　方案对比柱状图（续）

五、选择最佳仓网规划方案

方案对比结果如图 2-3-35 所示，可知方案 2-1RDC、方案 2- 新增 2RDC 尚不能满足乐宁公司 20%211 时效、80% 次日达时效的服务水平目标，方案 3-3RDC、方案 4-4RDC 均可满足，但同样的时效条件，方案 4-4RDC 的成本更高，时效提升并不是很大。因此，建议选择方案 3-3RDC 作为最佳仓网规划方案，即在保留泉州 CDC 的基础上，拓展二级仓网，在武汉、北京、成都分别设立 RDC，就近履约相关地区的客户订单。

方案名称	仓库数量	总成本	211时效	次日达	隔日达	四日达	仓库列表	仓储成本
方案1-...	1	5,095,586	7.04%	31.33%	77.66%	99.42%	泉州仓	3,650,000
方案2-1...	2	5,526,887.85	12.25%	58%	78.86%	99.42%	武汉仓，泉州仓	3,968,086.55
方案2-...	3	6,123,620.06	16.33%	72%	80.77%	99.42%	武汉仓，泉州仓，北京仓	4,477,303.16
方案3-3...	4	6,413,677.59	20%	82%	87.2%	99.42%	武汉仓，成都仓，泉州仓，...	4,665,432.19
方案4-4...	5	6,471,576.58	23%	83%	86.36%	99.42%	武汉仓，上海仓，成都仓，...	4,697,167.48

图 2-3-35　方案对比结果

● **总结**

通过以上乐宁公司的案例数据进行仿真实践，可以看出二级仓网规划比单级网络规划更为复杂，网络密集度有所增加。部分需求可由 CDC → RDC → 需求的线路来满足，也可由 CDC → 需求的线路来满足。随着库存节点的增加，当地履约占比提升带来了履约时效表现优化，但库存节点增加也引发了库存管理难度提升，导致仓储成本不断上涨，最终使得总成本出现增长。

任务4　汽车配件行业多级仓网规划模型搭建与优化

● **技能目标**

> 1. 能够利用软件解决更为复杂的多级网络规划实际问题。
> 2. 能够分析企业仓网规划模型，提供多级仓网规划思路。
> 3. 能够为企业输出多级仓网规划方案。

● **实践仿真**

学习了多级仓网规划的基本实践路径和利用仓网规划软件进行仿真实践之后，本任务结合企业实际情况，进一步加深对复杂仓网规划的理解与分析，提升仓网规划能力。

一、企业背景信息

越迪公司[①]是一家民营轿车生产企业，业务涵盖乘用车、商用车、出行服务、数字科技等，旗下拥有众多国际知名品牌。公司采用总仓-分仓双层网络结构，总仓位于宁波，分仓设立在广州、昆明、新乡、天津、沈阳、乌鲁木齐、宝鸡、成都、武汉、济南10个城市。

随着售后配件供应的响应速度要求越来越高，供应链内各企业对库存周转和协同要求越来越关注，对备件物流的服务能力的要求更高。目前，越迪公司的客户履约次日达时效为68%左右，网络布局已经较长时间未调整，而销售分布、三方物流服务水平、入厂物流模式已发生变化，服务水平已经无法支撑业务的发展。越迪公司希望使用现代科学选址工具，优化现有网络布局，使得供应链总成本和服务水平综合最优。

二、收集企业基本数据

1. 网络层级信息

网络层级信息主要包括现有网络层级数、每层级的仓库详细经纬度地址、现有库容和仓库租金等。越迪公司的具体网络层级信息如图2-4-1所示。

---

① 越迪公司为虚构名称，案例内容来源于京东物流真实项目，数据已做脱敏处理。

层级名称	编号	名称	所在省份	所在城市	经度	维度	仓库租金(天/米)	初始状态	现使用库容	包含类型
CDC	001	宁波仓	浙江	宁波	121.2703	30.3459	0	已使用	70000	必选
RDC	001	广州物流商	广东	广州	113.6657	23.1783	1	已使用	18300	必选
RDC	002	新云南代理库	云南	昆明	102.8169	24.7939	1	已使用	7500	必选
RDC	003	新郑州代理库	河南	新乡	113.7778	35.0465	1	已使用	10100	必选
RDC	004	北京代理库	天津	天津	116.9342	39.1912	1	已使用	10000	必选
RDC	005	沈阳区域库	辽宁	沈阳	123.245	41.7263	1	已使用	5400	必选
RDC	006	新疆区域库	新疆	乌鲁木齐	87.2961	43.8685	1	已使用	2600	必选
RDC	007	宝鸡区域库	陕西	宝鸡	107.4381	34.3368	1	已使用	14000	必选
RDC	008	成都区域库	四川	成都	104.2269	30.527	1	已使用	18000	必选
RDC	009	武汉区域库	湖北	武汉	114.0819	30.2955	1	已使用	15000	必选
RDC	010	济南区域库	山东	济南	117.2917	36.7212	1	已使用	15000	必选
RDC	011	北京仓	北京	北京	116.4	39.9	1	未使用	0	参与

图 2-4-1　越迪公司的具体网络层级信息

根据数据可以知道，该公司目前在宁波设立了一座总仓，在广州、昆明、新乡、天津等 10 个城市设立了 RDC 仓库，现有仓网属于二级网络模式。

2. 商品信息

商品信息包括商品类型、商品平均重量、商品平均体积等。越迪公司的具体商品信息如图 2-4-2 所示。

商品类型	商品平均重量/kg	商品平均体积/m³
汽配产品	1.9	0.00912

图 2-4-2　商品信息

由图 2-4-2 可知，该公司销售的商品是汽配产品，商品平均重量为 1.9kg，平均体积为 0.009 12m³。

3. 需求信息

需求信息包括需求所在地、客户类型、商品需求量等。越迪公司的部分需求信息，如图 2-4-3 所示。

从数据中可以看出，该公司在华东、华北地区的销量占比较大，所有客户都是面向 B 端的客户。

客户编号	需求所在地	客户类型（B/C端）	商品需求量/件
1	北京	B端客户	3741952
2	郑州	B端客户	2933490
3	济南	B端客户	2369985
4	西安	B端客户	1498669
5	杭州	B端客户	1204042
6	宁波	B端客户	735027
7	苏州	B端客户	659702
8	武汉	B端客户	639143
9	重庆	B端客户	637293
10	贵阳	B端客户	576683
11	深圳	B端客户	536033
12	乌鲁木齐	B端客户	179585
13	银川	B端客户	88910
14	黔东南州	B端客户	82375
15	曲靖	B端客户	53454
16	武威	B端客户	25427
…	…	…	…

图 2-4-3 越迪公司的部分需求信息

4. 运输信息

运输信息包括始发地、目的地、运输距离、运输时效、运费等。越迪公司的部分运输信息如图 2-4-4 所示。

始发地	目的地	运输距离/km	运输时效/天	重量价格/元·kg^{-1}
宁波	蚌埠	617	3	1.4
广州	日照	1770	4	2.8
昆明	大理	330	2	1.1
新乡	乌鲁木齐	3026	6	3.2
…	…	…	…	…

图 2-4-4 越迪公司的部分运输信息

运输信息常由物流公司提供，不同始发地和目的地间的运输距离，以及运输量的差异都会导致不同线路的运输成本出现差异。一般来说，同一运输方式下，距离越近，运输成本越低，运输时效越高。

三、基础数据下载

基础数据在系统下载后，可直接在软件基础数据部分进行配置，此处省略。首先对企业当前的网络布局现状进行分析。

收集、整理完基础数据之后，需要进一步分析企业仓网规划现状，包括现有网络下的服务水平、服务成本等。可以在仓网规划软件的"方案清单"界面进行方案管理。单击"新增方案"，首先创建"方案1-现状分析"，以分析越迪公司目前二级网络布局的成本、服务水平等，如图 2-4-5 所示。

(a)   (b)

图 2-4-5　新增方案

单击方案设置约束条件,将仓网规划数学模型转换为计算机仿真模型,在计算机系统上模拟仓网规划建模。系统提供了仓约束、时效约束、成本设置三种不同的约束条件参数类型,通过进行不同的参数设置,可以达到差异化规划的目的。

1. 仓约束

"仓数量约束",即通过设置仓数量,在满足仓数量约束的前提下,找到最合适的仓库。"是否启用同省内需求单一仓满足约束",即某一省内的需求是否考虑只用某一个仓库来满足,启用后可避免同省内不同客户的需求被多个仓分别满足导致成本上升的情况。

越迪公司目前采用"1CDC+10RDC"的二级网络模式,因此 CDC 仓数量约束为 1,RDC 仓数量为 10,启用省内需求单一仓满足约束,如图 2-4-6 所示。

图 2-4-6　仓约束设置

2. 时效约束

针对需求范围,可以设置多种不同的订单履约时效要求。目前系统支持在全国范围内基于销量占比的时效达成约束,可配置的时效类型包括 211(时效为 1 天)、次日达(时效为 2 天以内)、隔日达(时效为 3 天以内)和隔日达以上(时效为 3 天以上)。越迪公司目前的服务水平是 68% 左右的次日达时效,如图 2-4-7 所示。

图 2-4-7 时效约束设置

3. 成本设置

仓网规划成本主要包括运输成本和仓储成本两部分，一般来说两者均需要统计。规划方案生成后，系统将自动计算各类成本的总额。其中，运输成本可以设置不同层级支援关系的运费折扣、运费计算方式等。越迪公司目前在 RDC 至客户的支援关系上没有任何运费折扣，如图 2-4-8 所示。

图 2-4-8 成本设置

方案参数设置完毕后，回到主页面，单击方案运行按钮，系统将开始运算符合方案参数的布局。方案成功运行后，单击方案名称"方案 1- 现状分析"可显示该方案的内容，获得可视化报告和详细内容，如图 2-4-9 所示。(网络布局图可在教辅资源中查阅。)

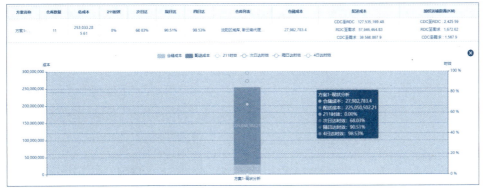

图 2-4-9 成本现状柱状图

由图 2-4-9 可以看出，越迪公司目前仓网规划总成本为 253 033 285.61 元，其中仓储成本为 27 982 783.4 元，配送成本包括 CDC 至 RDC、RDC 至需求、CDC 至需求三部分，分别是 127 535 169.48 元、57 946 464.83 元、39 568 867.9 元。

此外，目前该企业现有次日达时效为 68.03%，隔日达时效为 90.51%，四日达时效为 98.53%。通过对标行业标准、企业成本预期、市场调研等，该企业希望通过优化现有仓网模式，将次日达时效提升 5% 左右，即 73% 左右的次日达服务水平，以满足业务发展需求。

四、方案设计

1. 分析仓网规划现状

方案参数设置完毕后，回到主页面，单击方案运行按钮，系统将开始运算符合方案参数的布局。方案成功运行后，单击方案名称"方案 1- 现状分析"可显示该方案的内容，获得可视化报告和详细内容，如图 2-4-10 和图 2-4-11 所示。(网络布局图可在教辅资源中查阅。)

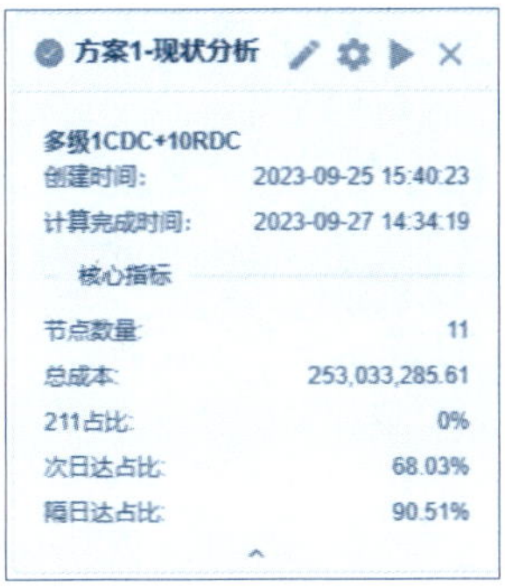

图 2-4-10 现状分析结果

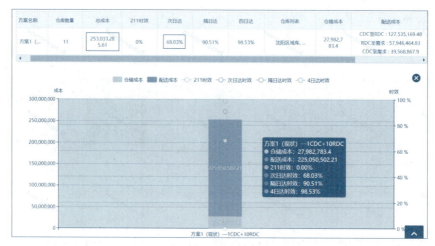

图 2-4-11 成本现状柱状图

2. 设计仓网优化方案

在保留浙江宁波 CDC 的基础上,越迪公司希望至少保持当前的次日达时效水平,如果能提升到 70% 以上更好。同时,由于当前仓节点数量较多,越迪公司也希望专业的仓网规划顾问能够评估是否有降低仓数量的可行性(当然前提是保持或者略微提高服务时效)。

结合行业对标,发现越迪公司所在的汽车零配件行业一般在全国设置 6～11 个分仓以满足客户需求。在现状方案中,越迪公司目前的 11 个 RDC 均被设置为"必选"仓库,为尝试是否可以减少节点数量,可以修改选址范围中的原 RDC 状态为"参与",并在系统中维护北京、郑州、西安、杭州、苏州等几个备选 RDC 仓库数据,其他基础数据保持不变,如图 2-4-12 所示。

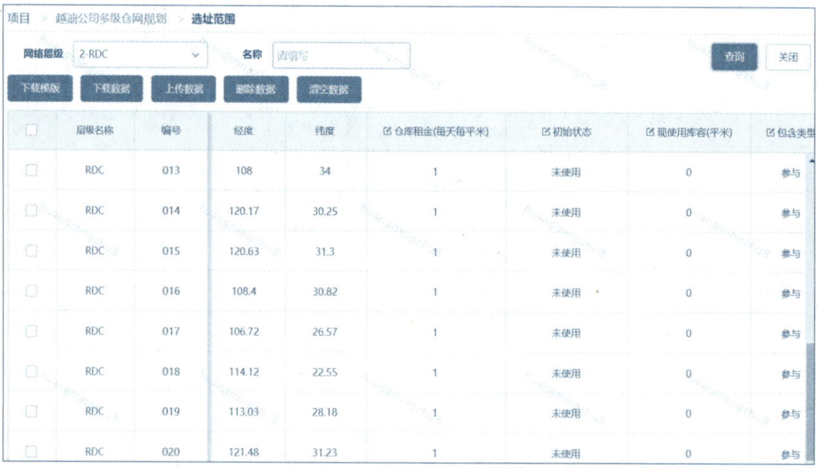

(a)

图 2-4-12 仓使用情况

层级名称	编号*必填	名称*必填	所在省份*必填	所在城市*必填	经度*必填	维度*必填	仓库租金（每天每平米）	初始状态*必填 为完填 与现有仓网规划的时效 和成本对比，请维护选 址现状。	现使用库容*必填 为完 成与现有仓网规划的时 效和成本对比，请维护 选址现状。	包含类型*必填
RDC	001	广州物流商	广东	广州	113.6657	23.1783	1	已使用	18300	参与
RDC	002	新云南代理库	云南	昆明	102.8169	24.7939	1	已使用	7500	参与
RDC	003	新郑州代理库	河南	新乡	113.7778	35.0465	1	已使用	10100	参与
RDC	004	北京代理库	天津	天津	116.9342	39.1912	1	已使用	10000	参与
RDC	005	沈阳区域库	辽宁	沈阳	123.245	41.7263	1	已使用	5400	参与
RDC	006	新疆区域库	新疆	乌鲁木齐	87.2961	43.8685	1	已使用	2600	参与
RDC	007	宝鸡区域库	陕西	宝鸡	107.4381	34.3368	1	已使用	14000	参与
RDC	008	成都区域库	四川	成都	104.2269	30.527	1	已使用	18000	参与
RDC	009	武汉区域库	湖北	武汉	114.0819	30.2955	1	已使用	15000	参与
RDC	010	济南区域库	山东	济南	117.2917	36.7212	1	已使用	15000	参与
RDC	011	北京仓	北京	北京	116.4	39.9	1	未使用	0	参与
RDC	012	郑州仓	河南	郑州	113.6	34.75	1	未使用	0	参与
RDC	013	西安仓	陕西	西安	108	34	1	未使用	0	参与
RDC	014	杭州仓	浙江	杭州	120.17	30.25	1	未使用	0	参与
RDC	015	苏州仓	江苏	苏州	120.63	31.3	1	未使用	0	参与
RDC	016	重庆仓	重庆	重庆	108.4	30.82	1	未使用	0	参与
RDC	017	贵阳仓	贵州	贵阳	106.72	26.57	1	未使用	0	参与
RDC	018	深圳仓	广东	深圳	114.12	22.55	1	未使用	0	参与
RDC	019	长沙仓	湖南	长沙	113.03	28.18	1	未使用	0	参与
RDC	020	上海仓	上海	上海	121.48	31.23	1	未使用	0	参与
RDC	021	东莞仓	广东	东莞	113.38	22.52	1	未使用	0	参与

(b)

图 2-4-12　仓使用情况（续）

由于当前该企业节点数量已经不少，企业希望在保持或者略微提升时效的基础上，了解是否可以节省成本，以及是否有减少仓节点的可行性和空间。分别对 6～10 个 RDC 进行比对。

(1) 设置 6 个 RDC 仓库，创建"方案 1-6RDC"

首先，尝试在保留宁波 CDC 的基础上，寻找 6 个最佳 RDC 仓库。通过"新增方案"创建"方案 1-6RDC"，目标是通过约束条件的设置判断是否能够满足企业当前且能够达到 70% 以上的次日达时效预期值。

1）仓约束设置。在保留 1 个 CDC 的基础上，调整 RDC 仓约束数量为 6，同时启用同省内需求单一仓满足约束，如图 2-4-13 所示。

图 2-4-13　RDC 仓数量设置

2）时效约束设置。尝试设置次日达履约时效约束为 73%，如图 2-4-14 所示。

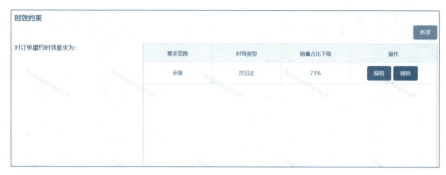

图 2-4-14 时效约束设置

3) 成本设置。统计该企业的运输成本、仓储成本，如图 2-4-15 所示。

图 2-4-15 成本设置

方案参数设置完毕后运行方案，发现方案左侧出现红色感叹号警示，说明该方案的时效约束条件设置过高，暂时无法满足，需要进行调整。回到约束条件设置界面，调整时效约束水平参数。经测试，发现在 CDC 的基础上，设置 6 个 RDC 仓的方案 2，次日达最高占比为 68.2%，并不能满足 70% 的次日达时效优化目标，需要继续优化方案约束条件设置。通过测试把次日达时效条件设置在 68%，可以运行，运行结果如图 2-4-16 所示。

图 2-4-16 运行结果

单击方案名称"方案1-6RDC"可显示该方案的内容，获得可视化报告和详细内容，如图2-4-17～图2-4-19所示。(网络布局图可在教辅资源中查阅。)

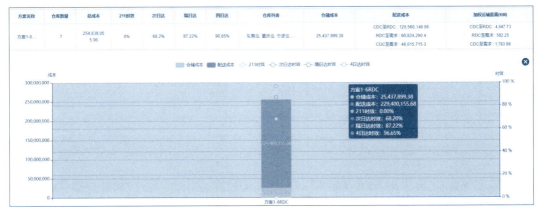

图 2-4-17 成本结构

网络层级	层级名称	仓库编号	仓库名称	初始状态	新状态	使用库容(平米)	仓库成本
1	CDC	001	宁波仓	已使用	已使用	111768.325	0
2	RDC	001	广州物流商	已使用	未使用		
2	RDC	002	新云南代理库	已使用	未使用		
2	RDC	003	新郑州代理库	已使用	未使用		
2	RDC	004	北京代理库	已使用	未使用		
2	RDC	005	沈阳区域库	已使用	未使用		
2	RDC	006	新疆区域库	已使用	未使用		
2	RDC	007	宝鸡区域库	已使用	未使用		
2	RDC	008	成都区域库	已使用	未使用		
2	RDC	009	武汉区域库	已使用	已使用	4242.175	1548393.875
2	RDC	010	济南区域库	已使用	未使用		
2	RDC	011	北京仓	未使用	已使用	17453.52	6370534.8
2	RDC	012	郑州仓	未使用	已使用	19981.51	7293251.15
2	RDC	013	西安仓	未使用	已使用	4900.145	1788552.925
2	RDC	016	重庆仓	未使用	已使用	6129.51	2237271.15
2	RDC	021	东莞仓	未使用	已使用	8674.815	3166307.475

图 2-4-18 仓库使用状态

始发名称	始发省份	始发城市	目的网络层级	目的编号	目的名称	目的省份	目的城市	运量(件)	距离(KM)	运输时间(天)	运输成本
宁波仓	浙江	宁波	RDC	009	武汉区域库	湖北	武汉	1461070	924.332	3	6107272.6
宁波仓	浙江	宁波	RDC	011	北京仓	北京	北京	6006250.4	8000	3	27388500
宁波仓	浙江	宁波	RDC	012	郑州仓	河南	郑州	6879676	1083.375	3	30064184.12
宁波仓	浙江	宁波	RDC	013	西安仓	陕西	西安	1684112	1494.521	3	8319513.28
宁波仓	浙江	宁波	RDC	016	重庆仓	重庆	重庆	2108568	8000	3	12419465.52
宁波仓	浙江	宁波	RDC	021	东莞仓	广东	东莞	2986773	1338.943	3	13052198.01
宁波仓	浙江	宁波	需求	200	上海客户	上海	上海	470262	8000	2	1266090
宁波仓	浙江	宁波	需求	077	邯郸客户	河北	邯郸	116636	1209.785	3	576181.84
宁波仓	浙江	宁波	需求	261	邢台客户	河北	邢台	85350	1217.706	3	372980.84
宁波仓	浙江	宁波	需求	184	秦皇岛客户	秦皇岛	秦皇岛	55280	1485.227	4	241636.12
宁波仓	浙江	宁波	需求	220	太原客户	山西	太原	300373	1482.661	3	1198488.27
宁波仓	浙江	宁波	需求	045	大同客户	山西	大同	51235	1660.314	4	253106.8
宁波仓	浙江	宁波	需求	211	朔州客户	山西	朔州	52331	1647.327	4	288343.81
宁波仓	浙江	宁波	需求	153	吕梁客户	山西	吕梁	42218	1591.675	4	208556.92
宁波仓	浙江	宁波	需求	141	临汾客户	山西	临汾	56986	1424.207	4	280301.5
宁波仓	浙江	宁波	需求	290	运城客户	山西	运城	49394	1348.518	4	253391.22
宁波仓	浙江	宁波	需求	299	长治客户	山西	长治	31313	1311.448	4	148774
宁波仓	浙江	宁波	需求	192	三门峡客户	河南	三门峡	3462	1294.271	5	17162.52
宁波仓	浙江	宁波	需求	206	沈阳客户	辽宁	沈阳	173144	1890.739	4	888257.42
宁波仓	浙江	宁波	需求	043	大连客户	辽宁	大连	285890	2035.717	4	1629573
宁波仓	浙江	宁波	需求	007	鞍山客户	辽宁	鞍山	43601	1870.283	4	240241.51

(a)

图 2-4-19 客户分布

始发名称	始发省份	始发城市	目的网络层级	目的编号	目的名称	目的省份	目的城市	运量(件)	距离(KM)	运输时间(天)	运输成本
武汉区域库	湖北	武汉	需求	244	武汉客户	湖北	武汉	639143	8000	2	1221935
武汉区域库	湖北	武汉	需求	101	黄石客户	湖北	黄石	37055	100.226	2	70850
武汉区域库	湖北	武汉	需求	255	襄阳客户	湖北	襄阳	102118	326.541	2	195260
武汉区域库	湖北	武汉	需求	119	荆州客户	湖北	荆州	57246	276.234	2	109460
武汉区域库	湖北	武汉	需求	278	宜昌客户	湖北	宜昌	81480	339.458	2	155805
武汉区域库	湖北	武汉	需求	256	孝感客户	湖北	孝感	50740	76.506	2	97045
武汉区域库	湖北	武汉	需求	099	黄冈客户	湖北	黄冈	59533	76.098	2	113815
武汉区域库	湖北	武汉	需求	251	咸宁客户	湖北	咸宁	23604	93.009	2	45155
武汉区域库	湖北	武汉	需求	055	鄂州客户	湖北	鄂州	18265	75.821	2	34970
武汉区域库	湖北	武汉	需求	118	荆门客户	湖北	荆门	34331	242.277	2	65650
武汉区域库	湖北	武汉	需求	216	随州客户	湖北	随州	27256	170.288	2	52130
武汉区域库	湖北	武汉	需求	250	仙桃客户	湖北	仙桃	43872	100.576	2	83915
武汉区域库	湖北	武汉	需求	298	长沙客户	湖南	长沙	286427	345.189	2	707517.52
北京仓	北京	北京	需求	021	北京客户	北京	北京	3741952	0	2	7153770
北京仓	北京	北京	需求	224	天津客户	天津	天津	480274	139.393	2	918190
北京仓	北京	北京	需求	209	石家庄客户	河北	石家庄	247141	327.615	2	563481.48
北京仓	北京	北京	需求	018	保定客户	河北	保定	266528	189.719	2	557104.34
北京仓	北京	北京	需求	294	张家口客户	河北	张家口	58554	196.36	2	133554.44
北京仓	北京	北京	需求	035	承德客户	河北	承德	111572	209.909	2	233212.86
北京仓	北京	北京	需求	223	唐山客户	河北	唐山	140564	287.827	2	293827.04
北京仓	北京	北京	需求	027	沧州客户	河北	沧州	133965	249.885	2	280041.4

(b)

始发名称	始发省份	始发城市	目的网络层级	目的编号	目的名称	目的省份	目的城市	运量(件)	距离(KM)	运输时间(天)	运输成本
郑州仓	河南	郑州	需求	275	阳泉客户	山西	阳泉	18052	510.255	2	51448.2
郑州仓	河南	郑州	需求	116	晋城客户	山西	晋城	67536	145.607	2	205342.96
郑州仓	河南	郑州	需求	117	晋中客户	山西	晋中	45933	421.058	2	130909.05
郑州仓	河南	郑州	需求	257	忻州客户	山西	忻州	24458	517.836	2	69746.1
郑州仓	河南	郑州	需求	303	郑州客户	河南	郑州	2933490	0	2	5608200
郑州仓	河南	郑州	需求	124	开封客户	河南	开封	39361	82.258	2	75270
郑州仓	河南	郑州	需求	151	洛阳客户	河南	洛阳	139371	128.066	2	266500
郑州仓	河南	郑州	需求	172	平顶山客户	河南	平顶山	79546	155.917	2	152100
郑州仓	河南	郑州	需求	111	焦作客户	河南	焦作	129924	93.734	2	248430
郑州仓	河南	郑州	需求	085	鹤壁客户	河南	鹤壁	69301	177.969	2	132535
郑州仓	河南	郑州	需求	258	新乡客户	河南	新乡	93291	104.27	2	178360
郑州仓	河南	郑州	需求	006	安阳客户	河南	安阳	79127	193.969	2	151320
郑州仓	河南	郑州	需求	176	濮阳客户	河南	濮阳	90774	215.176	2	173550
郑州仓	河南	郑州	需求	266	许昌客户	河南	许昌	79925	84.642	2	152815
郑州仓	河南	郑州	需求	152	漯河客户	河南	漯河	67246	175.27	2	128570
郑州仓	河南	郑州	需求	166	南阳客户	河南	南阳	111380	267.146	2	212940
郑州仓	河南	郑州	需求	199	商丘客户	河南	商丘	87021	215.759	2	166400
郑州仓	河南	郑州	需求	306	周口客户	河南	周口	86051	181.872	2	164515
郑州仓	河南	郑州	需求	309	驻马店客户	河南	驻马店	57659	232.975	2	110240
郑州仓	河南	郑州	需求	260	信阳客户	河南	信阳	72518	330.395	2	165341.04
郑州仓	河南	郑州	需求	106	济南客户	山东	济南	2369985	406.042	2	6304195.2

(c)

始发名称	始发省份	始发城市	目的网络层级	目的编号	目的名称	目的省份	目的城市	运量(件)	距离(KM)	运输时间(天)	运输成本
郑州仓	河南	郑州	需求	050	德州客户	山东	德州	128791	471.809	2	367054.35
郑州仓	河南	郑州	需求	073	哈密地区客户	新疆	哈密地区	8936	2431.941	8	52633.04
西安仓	陕西	西安	需求	246	西安客户	陕西	西安	1498669	0	2	2865135
西安仓	陕西	西安	需求	229	铜川客户	陕西	铜川	20183	110.539	2	38610
西安仓	陕西	西安	需求	017	宝鸡客户	陕西	宝鸡	165260	149.495	2	315965
重庆仓	重庆	重庆	需求	304	重庆客户	重庆	重庆	637293	0	2	1218360
重庆仓	重庆	重庆	需求	034	成都客户	四川	成都	520359	503.139	2	1071350
重庆仓	重庆	重庆	需求	150	泸州客户	四川	泸州	64439	431.62	2	123240
重庆仓	重庆	重庆	需求	049	德阳客户	四川	德阳	62522	505.997	2	128730
重庆仓	重庆	重庆	需求	066	广安客户	四川	广安	44555	232.52	2	85215
重庆仓	重庆	重庆	需求	161	南充客户	四川	南充	124045	278.572	2	237185
重庆仓	重庆	重庆	需求	070	贵阳客户	贵州	贵阳	576683	626.599	2	1534022.84
重庆仓	重庆	重庆	需求	005	安顺客户	贵州	安顺	46350	679.096	2	149754.66
重庆仓	重庆	重庆	需求	181	黔南州客户	贵州	黔南州	32322	656.966	2	104400.06
东莞仓	广东	东莞	需求	195	厦门客户	福建	厦门	347862	604.988	2	1189730.68
东莞仓	广东	东莞	需求	296	漳州客户	福建	漳州	68609	600.259	2	247678.49
东莞仓	广东	东莞	需求	068	广州客户	广东	广州	403008	66.668	2	770510
东莞仓	广东	东莞	需求	205	深圳客户	广东	深圳	536033	73.2	2	1024790
东莞仓	广东	东莞	需求	307	珠海客户	广东	珠海	107382	128.697	2	205335
东莞仓	广东	东莞	需求	196	汕头客户	广东	汕头	49284	368.287	2	94250
东莞仓	广东	东莞	需求	202	韶关客户	广东	韶关	48451	271.101	2	101325.5

(d)

图 2-4-19 客户分布(续)

由图 2-4-19 可以看出,"方案 1-6RDC"在宁波 CDC 的基础上,设置了武汉、北京、郑州、西安、重庆、东莞 RDC 仓,与初始状态相比,现有二级仓网规划关闭了广州、昆明、新乡、天津、沈阳、乌鲁木齐、宝鸡、成都、济南 RDC 仓,新开了北京、郑州、西安、重庆、东莞 RDC 仓。该方案的总成本为 254 838 055.06 元,其中仓储成本为 25 437 899.38 元,配送成本包含 CDC 至 RDC、RDC 至需求、CDC 至需求三部分,分别为120 560 149.98元、60 824 290.4元、48 015 715.3元。

由于RDC仓数量从11个减少至6个，原RDC仓附近的需求履约时效由次日达逐渐推迟至隔日达及以上。此时，该方案的最高次日达时效为68.2%，隔日达时效为87.22%，四日达时效为96.65%，尚未满足越迪公司仓网规划优化目标，因此继续尝试设置1CDC+7RDC的方案。

(2) 设置7个RDC仓

在方案1-6RDC的基础上，继续尝试增设仓库，进一步满足时效约束的优化目标。通过"新增方案"创建"方案2-7RDC"。

1) 仓约束设置。在保留1个CDC的基础上，调整RDC仓约束数量为7，同时启用同省内需求单一仓满足约束，如图2-4-20所示。

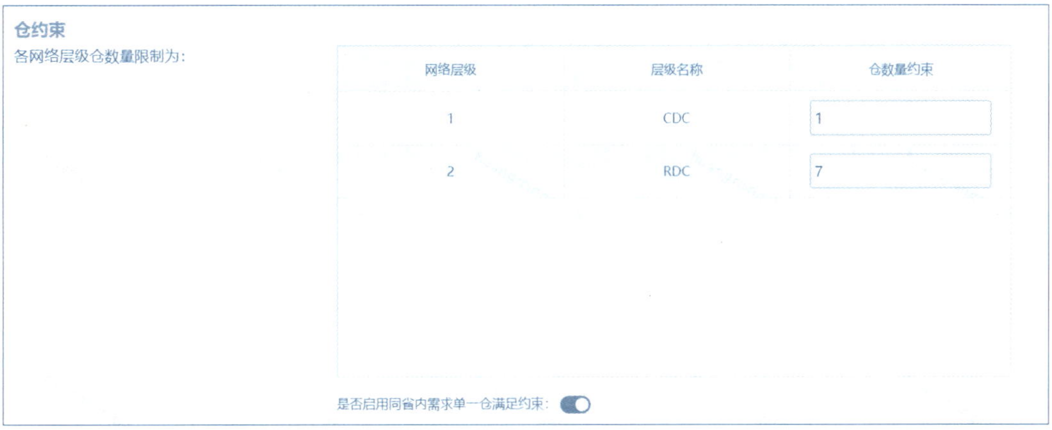

图2-4-20 RDC仓数量设置

2) 时效约束设置。尝试设置次日达履约时效约束为70%，如图2-4-21所示。

图2-4-21 次日达时效设置

3) 成本设置。成本设置保持不变。方案参数设置完毕后，回到主页面运行方案。经测试，发现在CDC的基础上，设置7个RDC仓的方案2-7RDC，次日达最高占比为70.22%，如图2-4-22所示。

单击方案名称"方案2-7RDC"可显示方案的内容，获得可视化报告和详细内容，如图2-4-23～图2-4-25所示。(网络布局图可在教辅资源中查阅。)

图 2-4-22 方案 2-7RDC 运行结果

图 2-4-23 方案 2-7RDC 成本结构

层级名称	仓库编号	仓库名称	初始状态	新状态	使用库容(平米)	仓库成本
CDC	001	宁波仓	已使用	已使用	107691.675	0
RDC	001	广州物流商	已使用	未使用		
RDC	002	新云南代理库	已使用	未使用		
RDC	003	新郑州代理库	已使用	未使用		
RDC	004	北京代理库	已使用	未使用		
RDC	005	沈阳区域库	已使用	未使用		
RDC	006	新疆区域库	已使用	未使用		
RDC	007	宝鸡区域库	已使用	未使用		
RDC	008	成都区域库	已使用	已使用	5772.06	2106801.9
RDC	009	武汉区域库	已使用	已使用	6965.665	2542467.725
RDC	010	济南区域库	已使用	未使用		
RDC	011	北京仓	未使用	已使用	27025.355	9864254.575
RDC	012	郑州仓	未使用	已使用	11811.345	4311140.925
RDC	013	西安仓	未使用	已使用	5968.025	2178329.125
RDC	017	贵阳仓	未使用	已使用	2975.105	1085913.325
RDC	021	东莞仓	未使用	已使用	9940.77	3628381.05

图 2-4-24 仓使用情况

始发名称	始发省份	始发城市	目的网络层级	目的编号	目的名称	目的省份	目的城市	运量(件)	距离(KM)	运输时间(天)	运输成本
宁波仓	浙江	宁波	RDC	008	成都区域库	四川	成都	2062651	2056.724	3	12149014.39
宁波仓	浙江	宁波	RDC	009	武汉区域库	湖北	武汉	2489181	924.332	3	10404776.58
宁波仓	浙江	宁波	RDC	011	北京仓	北京	北京	9651291	8000	3	44009886.96
宁波仓	浙江	宁波	RDC	012	郑州仓	河南	郑州	4219447	1083.375	3	18438983.39
宁波仓	浙江	宁波	RDC	013	西安仓	陕西	西安	2135198	1494.521	3	10547878.12
宁波仓	浙江	宁波	RDC	017	贵阳仓	贵州	贵阳	1063376	1776.287	5	6061243.2
宁波仓	浙江	宁波	RDC	021	东莞仓	广东	东莞	3547922	1338.943	3	15504420.48
宁波仓	浙江	宁波	需求	200	上海客户	上海	上海	470262	8000	2	1266090
宁波仓	浙江	宁波	需求	220	太原客户	山西	太原	300373	1482.661	3	1198488.27
宁波仓	浙江	宁波	需求	045	大同客户	山西	大同	51235	1660.314	4	253106.8
宁波仓	浙江	宁波	需求	275	阳泉客户	山西	阳泉	18052	1358.425	4	92645.72
宁波仓	浙江	宁波	需求	116	晋城客户	山西	晋城	67536	1204.788	4	333638.68
宁波仓	浙江	宁波	需求	211	朔州客户	山西	朔州	52331	1647.327	4	288343.81
宁波仓	浙江	宁波	需求	117	晋中客户	山西	晋中	45933	1455.386	4	218181.75
宁波仓	浙江	宁波	需求	257	忻州客户	山西	忻州	24458	1514.202	4	130116.56
宁波仓	浙江	宁波	需求	153	吕梁客户	山西	吕梁	42218	1591.675	4	208556.92
宁波仓	浙江	宁波	需求	141	临汾客户	山西	临汾	58996	1424.207	4	280301.5
宁波仓	浙江	宁波	需求	290	运城客户	山西	运城	49394	1348.518	4	253391.22
宁波仓	浙江	宁波	需求	299	长治客户	山西	长治	31313	1311.448	4	148774
宁波仓	浙江	宁波	需求	206	沈阳客户	辽宁	沈阳	173144	1890.739	4	888257.42
宁波仓	浙江	宁波	需求	043	大连客户	辽宁	大连	285890	2035.717	4	1629573

(a)

图 2-4-25 客户需求情况

始发名称	始发省份	始发城市	目的网络层级	目的编号	目的名称	目的省份	目的城市	运量(件)	距离(KM)	运输时间(天)	运输成本
成都区域库	四川	成都	需求	304	重庆客户	重庆	重庆	637293	8000	2	1312080
成都区域库	四川	成都	需求	034	成都客户	四川	成都	520359	8000	2	994825
成都区域库	四川	成都	需求	312	自贡客户	四川	自贡	38704	187.366	2	74035
成都区域库	四川	成都	需求	170	攀枝花客户	四川	攀枝花	47789	633.501	3	98420
成都区域库	四川	成都	需求	150	泸州客户	四川	泸州	64439	261.131	2	123240
成都区域库	四川	成都	需求	158	绵阳客户	四川	绵阳	82794	135.702	2	158340
成都区域库	四川	成都	需求	049	德阳客户	四川	德阳	62522	88.772	2	119535
成都区域库	四川	成都	需求	067	广元客户	四川	广元	31462	302.571	2	60190
成都区域库	四川	成都	需求	217	遂宁客户	四川	遂宁	27408	170.95	2	52455
成都区域库	四川	成都	需求	167	内江客户	四川	内江	39059	191.263	2	74685
成都区域库	四川	成都	需求	132	乐山客户	四川	乐山	46443	138.059	2	88790
成都区域库	四川	成都	需求	277	宜宾客户	四川	宜宾	90888	255.951	2	173810
成都区域库	四川	成都	需求	066	广安客户	四川	广安	44555	297.665	2	85215
成都区域库	四川	成都	需求	161	南充客户	四川	南充	124045	231.639	2	237185
成都区域库	四川	成都	需求	041	达州客户	四川	达州	58104	416.071	2	111085
成都区域库	四川	成都	需求	010	巴中客户	四川	巴中	42082	345.663	2	80470
成都区域库	四川	成都	需求	268	雅安客户	四川	雅安	19155	131.821	2	36660
成都区域库	四川	成都	需求	156	眉山客户	四川	眉山	29225	75.371	2	55900
成都区域库	四川	成都	需求	310	资阳客户	四川	资阳	20009	98.669	2	38285
成都区域库	四川	成都	需求	136	凉山州客户	四川	凉山州	36336	439.098	3	69485

(b)

始发名称	始发省份	始发城市	目的网络层级	目的编号	目的名称	目的省份	目的城市	运量(件)	距离(KM)	运输时间(天)	运输成本
武汉区域库	湖北	武汉	需求	101	黄石客户	湖北	黄石	37055	100.226	2	70850
武汉区域库	湖北	武汉	需求	255	襄阳客户	湖北	襄阳	102158	326.541	2	195260
武汉区域库	湖北	武汉	需求	207	十堰客户	湖北	十堰	80667	443.143	3	154245
武汉区域库	湖北	武汉	需求	119	荆州客户	湖北	荆州	57246	276.234	2	109460
武汉区域库	湖北	武汉	需求	278	宜昌客户	湖北	宜昌	81480	339.458	2	155805
武汉区域库	湖北	武汉	需求	256	孝感客户	湖北	孝感	50740	76.506	2	97045
武汉区域库	湖北	武汉	需求	099	黄冈客户	湖北	黄冈	59533	76.098	2	113815
武汉区域库	湖北	武汉	需求	251	咸宁客户	湖北	咸宁	23604	93.009	2	45175
武汉区域库	湖北	武汉	需求	056	恩施州客户	湖北	恩施州	73691	541.173	3	151760
武汉区域库	湖北	武汉	需求	055	鄂州客户	湖北	鄂州	18265	75.821	2	34970
武汉区域库	湖北	武汉	需求	118	荆门客户	湖北	荆门	34331	242.277	2	65650
武汉区域库	湖北	武汉	需求	216	随州客户	湖北	随州	27256	170.288	2	52130
武汉区域库	湖北	武汉	需求	250	仙桃客户	湖北	仙桃	43872	100.576	2	83915
武汉区域库	湖北	武汉	需求	298	长沙客户	湖南	长沙	286427	345.189	2	707517.52
武汉区域库	湖北	武汉	需求	308	株洲客户	湖南	株洲	62048	392.575	3	176836.8
武汉区域库	湖北	武汉	需求	253	湘潭客户	湖南	湘潭	58602	385.486	3	167028.7
武汉区域库	湖北	武汉	需求	089	衡阳客户	湖南	衡阳	85958	513.189	3	277694.96
武汉区域库	湖北	武汉	需求	203	邵阳客户	湖南	邵阳	126078	566.456	3	359375.2
武汉区域库	湖北	武汉	需求	288	岳阳客户	湖南	岳阳	97292	232.129	2	295782.96
武汉区域库	湖北	武汉	需求	029	常德客户	湖南	常德	76357	386.432	3	232125.28
武汉区域库	湖北	武汉	需求	293	张家界客户	湖南	张家界	25208	525.725	3	91020.34

(c)

始发名称	始发省份	始发城市	目的网络层级	目的编号	目的名称	目的省份	目的城市	运量(件)	距离(KM)	运输时间(天)	运输成本
北京仓	北京	北京	需求	077	邯郸客户	河北	邯郸	116636	477.716	4	310274.2
北京仓	北京	北京	需求	261	邢台客户	河北	邢台	85350	433.294	3	163215
北京仓	北京	北京	需求	018	保定客户	河北	保定	266528	189.719	2	557104.34
北京仓	北京	北京	需求	294	张家口客户	河北	张家口	58554	196.36	2	133554.44
北京仓	北京	北京	需求	035	承德客户	河北	承德	111572	209.909	2	233212.86
北京仓	北京	北京	需求	184	秦皇岛客户	河北	秦皇岛	55280	333.525	3	105690
北京仓	北京	北京	需求	223	唐山客户	河北	唐山	140564	287.827	2	293827.04
北京仓	北京	北京	需求	027	沧州客户	河北	沧州	133965	249.885	2	280041.4
北京仓	北京	北京	需求	131	廊坊客户	河北	廊坊	110695	101.342	2	211640
北京仓	北京	北京	需求	088	衡水客户	河北	衡水	45683	365.899	2	87360
北京仓	北京	北京	需求	106	济南客户	山东	济南	2369985	490.201	2	7655073.1
北京仓	北京	北京	需求	185	青岛客户	山东	青岛	209885	667.534	3	717866.44
北京仓	北京	北京	需求	311	淄博客户	山东	淄博	46084	491.032	3	175136
北京仓	北京	北京	需求	291	枣庄客户	山东	枣庄	38145	670.905	3	152198.55
北京仓	北京	北京	需求	053	东营客户	山东	东营	21625	438.173	2	86349.76
北京仓	北京	北京	需求	233	潍坊客户	山东	潍坊	120680	581.487	3	458600.8
北京仓	北京	北京	需求	269	烟台客户	山东	烟台	160716	751.302	3	671792.88
北京仓	北京	北京	需求	232	威海客户	山东	威海	85671	829.095	3	325549.8
北京仓	北京	北京	需求	129	莱芜客户	山东	莱芜	28083	8000	2	106715.4
北京仓	北京	北京	需求	050	德州客户	山东	德州	128791	360.92	2	489405.8
北京仓	北京	北京	需求	143	临沂客户	山东	临沂	222561	691.189	2	845731.8

(d)

始发名称	始发省份	始发城市	目的网络层级	目的编号	目的名称	目的省份	目的城市	运量(件)	距离(KM)	运输时间(天)	运输成本
郑州仓	河南	郑州	需求	258	新乡客户	河南	新乡	93291	104.27	2	178360
郑州仓	河南	郑州	需求	006	安阳客户	河南	安阳	79127	193.969	2	151320
郑州仓	河南	郑州	需求	176	濮阳客户	河南	濮阳	90774	215.176	2	173550
郑州仓	河南	郑州	需求	266	许昌客户	河南	许昌	79925	84.642	2	152815
郑州仓	河南	郑州	需求	152	漯河客户	河南	漯河	67246	175.27	2	128570
郑州仓	河南	郑州	需求	192	三门峡客户	河南	三门峡	3462	251.879	3	6630
郑州仓	河南	郑州	需求	166	南阳客户	河南	南阳	111380	267.146	2	212940
郑州仓	河南	郑州	需求	199	商丘客户	河南	商丘	87021	215.759	2	166400
郑州仓	河南	郑州	需求	306	周口客户	河南	周口	86051	181.872	2	164515
郑州仓	河南	郑州	需求	309	驻马店客户	河南	驻马店	57659	232.975	2	110240
郑州仓	河南	郑州	需求	260	信阳客户	河南	信阳	72518	330.395	2	165341.04
西安仓	陕西	西安	需求	246	西安客户	陕西	西安	1498669	0	1	2865135
西安仓	陕西	西安	需求	229	铜川客户	陕西	铜川	20183	110.539	2	38610
西安仓	陕西	西安	需求	017	宝鸡客户	陕西	宝鸡	165260	149.495	2	315965
西安仓	陕西	西安	需求	252	咸阳客户	陕西	咸阳	103342	30.09	1	197600
西安仓	陕西	西安	需求	234	渭南客户	陕西	渭南	103169	92.967	2	197275
西安仓	陕西	西安	需求	270	延安客户	陕西	延安	53125	347.139	3	101595
西安仓	陕西	西安	需求	078	汉中客户	陕西	汉中	60826	277.086	3	116285
西安仓	陕西	西安	需求	285	榆林客户	陕西	榆林	59063	532.559	3	121660
西安仓	陕西	西安	需求	198	商洛客户	陕西	商洛	32109	128.773	2	61425
西安仓	陕西	西安	需求	003	安康客户	陕西	安康	39452	219.164	3	75465

(e)

图2-4-25 客户需求情况(续)

始发名称	始发省份	始发城市	目的网络层级	目的编号	目的名称	目的省份	目的城市	运量(件)	距离(KM)	运输时间(天)	运输成本
贵阳仓	贵州	贵阳	需求	070	贵阳客户	贵州	贵阳	576683	8000	2	1102530
贵阳仓	贵州	贵阳	需求	146	六盘水客户	贵州	六盘水	43656	240.336	2	83460
贵阳仓	贵州	贵阳	需求	313	遵义客户	贵州	遵义	124261	140.305	2	237575
贵阳仓	贵州	贵阳	需求	231	铜仁地区客户	贵州	铜仁	46516	323.435	2	88985
贵阳仓	贵州	贵阳	需求	023	毕节地区客户	贵州	毕节	108542	179.216	2	207545
贵阳仓	贵州	贵阳	需求	005	安顺客户	贵州	安顺	46350	88.412	2	88660
贵阳仓	贵州	贵阳	需求	182	黔西南州客户	贵州	黔西南州	2671	303.834	2	5135
贵阳仓	贵州	贵阳	需求	180	黔南州客户	贵州	黔南州	82375	193.502	2	157495
贵阳仓	贵州	贵阳	需求	181	黔东南州客户	贵州	黔东南州	32322	116.475	2	61815
东莞仓	广东	东莞	需求	059	福州客户	福建	福州	133783	853.871	3	432119.09
东莞仓	广东	东莞	需求	195	厦门客户	福建	厦门	347862	604.988	2	1189730.68
东莞仓	广东	东莞	需求	193	三明客户	福建	三明	34028	693.809	3	122841.08
东莞仓	广东	东莞	需求	175	莆田客户	福建	莆田	62795	764.655	3	226689.95
东莞仓	广东	东莞	需求	190	泉州客户	福建	泉州	192392	684.337	3	731089.6
东莞仓	广东	东莞	需求	296	漳州客户	福建	漳州	68609	600.259	2	247678.49
东莞仓	广东	东莞	需求	164	南平客户	福建	南平	11815	874.962	3	49386.7
东莞仓	广东	东莞	需求	147	龙岩客户	福建	龙岩	55314	576.252	3	210193.2
东莞仓	广东	东莞	需求	169	宁德客户	福建	宁德	33779	933.727	3	121950.82
东莞仓	广东	东莞	需求	068	广州客户	广东	广州	403008	66.668	2	770510
东莞仓	广东	东莞	需求	205	深圳客户	广东	深圳	536033	73.2	2	1024790
东莞仓	广东	东莞	需求	307	珠海客户	广东	珠海	107382	128.697	2	205335

(f)

图 2-4-25　客户需求情况（续）

由图 2-4-25 可以看出，"方案 2-7RDC" 在宁波 CDC 的基础上，设置了成都、武汉、北京、郑州、西安、贵阳、东莞 RDC 仓，与初始状态相比，现有二级仓网规划关闭了广州、昆明、新乡、天津、沈阳、乌鲁木齐、宝鸡、济南 RDC 仓，新开了北京、郑州、西安、贵阳、东莞 RDC 仓，新建的 RDC 仓均位于需求较为集中的城市。该方案的总成本为 251 790 662.74 元，其中仓储成本为 25 717 288.63 元，配送成本包含 CDC 至 RDC、RDC 至需求、CDC 至需求三部分，分别为 117 116 203.12 元、57 535 910.46 元、51 421 260.53 元。

由于 RDC 仓数量从 11 个减少至 7 个，原 RDC 仓附近的需求履约时效由次日达逐渐推迟至隔日达及以上。此时，该方案的最高次日达时效为 70.22%，隔日达时效为 86.69%，四日达时效为 96.65%，尚未满足越迪公司仓网规划优化目标。

选择"方案 1-现状分析""方案 1-6RDC"和"方案 2-7RDC"，可以获得 3 个方案的对比图，如图 2-4-26 所示。与方案 1-6RDC 相比，方案 2-7RDC 的时效升高了，总成本也下降了。方案 2-7RDC 的情况下，次日达订单时效提升至 70.22%，逐渐靠近优化目标值(次日达时效 73%)，但尚未完全满足，可进一步尝试设置 1CDC+8RDC。

图 2-4-26　方案对比

(3) 设置 8 个 RDC 仓库，创建"方案 3-8RDC"

在方案 2-7RDC 的基础上，创建"方案 3-8RDC"继续尝试增设仓库，以满足服务水平要求。通过"新增方案"创建"方案 3-8RDC"。

1) 仓约束设置。在保留 1 个 CDC 的基础上，调整 RDC 仓约束数量为 8，不启用同省内需求单一仓满足约束，如图 2-4-27 所示。

图 2-4-27　RDC 数量设置

2) 时效约束设置。尝试设置次日达履约时效约束尝试设为 73%，如图 2-4-28 所示。

3) 成本设置。成本设置保持不变，方案参数设置完毕后，运行方案，能够满足 73% 的次日达时效优化目标，方案各仓使用情况如图 2-4-29 所示。(网络布局图可在教辅资源中查阅。)

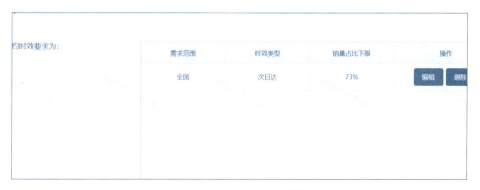

图 2-4-28　次日达时效设置

图 2-4-29　方案 3-8RDC 报告明细

由图 2-4-29 可以看出，"方案 3-8RDC"在宁波 CDC 的基础上，设置了成都、武汉、济南、北京、郑州、西安、贵阳、东莞 RDC 仓，与初始状态相比，现有二级仓网规划关闭了广州、昆明、新乡、天津、沈阳、乌鲁木齐、宝鸡 RDC 仓，新开了北京、郑州、西安、贵阳、东莞 RDC 仓，新建的 RDC 仓均位于需求较为集中的城市。该方案的总成本为 238 744 690.85 元，其中仓储成本为 24 877 644.45 元，配送成本包含 CDC 至 RDC、RDC 至需求、CDC 至需求三部分，分别为 102 431 956.97 元、46 461 460.36 元、64 973 629.07 元。

由于 RDC 仓数量从 11 个减少至 8 个，原 RDC 仓附近的需求履约时效由次日达逐渐推迟至隔日达及以上。此时，该方案的最高次日达时效为 73%，隔日达时效为 81.8%。

选择"方案 1-现状分析""方案 1-6RDC""方案 2-7RDC"和"方案 3-8RDC"，可以获得 4 个方案的对比图，如图 2-4-30 所示。与前三个方案相比、方案 3-8RDC 的总成本下降了，但时效依旧在提高。由于 RDC 仓数量的增加，原 CDC 满足的需求被进一步分散，RDC 至各需求点的配送距离进一步缩短，因此这几个方案中，CDC 至需求的配送成本逐渐降低，CDC 至 RDC 的配送成本逐渐增加，RDC 至需求的配送成本有所降低，这是总成本降低的主要原因。方案 3-8RDC 的情况下，次日达订单时效提升至 73%，可进一步尝试设置 1CDC+9RDC。

图 2-4-30　方案对比

(4) 设置 9 个 RDC 仓库，创建"方案 4-9RDC"

在方案 3-8RDC 的基础上，创建"方案 4-9RDC"继续尝试增设仓库，通过"新增方案"创建"方案 4-9RDC"。

1) 仓约束设置。在保留 1 个 CDC 的基础上，调整 RDC 仓约束数量为 9，同时启用同省内需求单一仓满足约束，如图 2-4-31 所示。

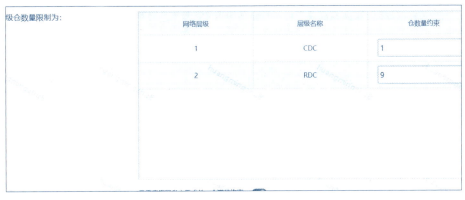

图 2-4-31 RDC 仓数量设置

2) 时效约束设置。尝试设置次日达履约时效约束为 74%，如图 2-4-32 所示。

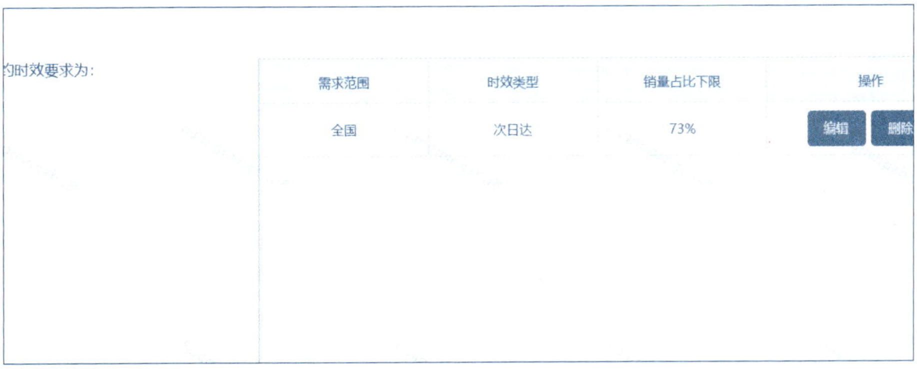

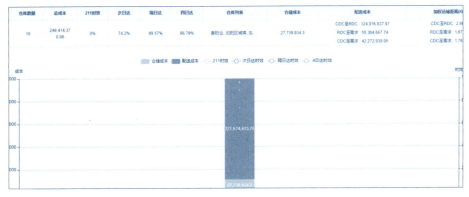

图 2-4-32 时效设置

3) 成本设置。成本设置保持不变，方案参数设置完毕后，运行方案，方案可以满足，但不确定该方案次日达时效上限是否为 74%，因此可再次尝试调整时效约束，寻找该方案条件下最高次日达时效。经测试，发现该方案的最高次日达时效可达 74.2%，但成本也随之提高。

单击方案名称"方案 4-9RDC"可显示该方案的内容，获得可视化报告和详细内容，如图 2-4-33 ～图 2-4-35 所示。(网络布局图可在教辅资源中查阅。)

图 2-4-33 方案 4-9RDC 成本结构图

网络层级	层级名称	仓库编号	仓库名称	初始状态	新状态	使用库容(平米)	仓库成本
1	CDC	001	宁波仓	已使用	已使用	108600.18	
2	RDC	001	广州物流商	已使用	未使用		0
2	RDC	002	新云南代理库	已使用	未使用		
2	RDC	003	新郑州代理库	已使用	未使用		
2	RDC	004	北京代理库	已使用	未使用		
2	RDC	005	沈阳区域库	已使用	已使用	2861.3	1044374.5
2	RDC	006	新疆区域库	已使用	未使用		
2	RDC	007	宝鸡区域库	已使用	未使用		
2	RDC	008	成都区域库	已使用	已使用	5814.9	2122438.5
2	RDC	009	武汉区域库	已使用	已使用	7033.26	2567139.9
2	RDC	010	济南区域库	已使用	已使用	11445.2	4177498
2	RDC	011	北京仓	未使用	已使用	15783.3	5760904.5
2	RDC	012	郑州仓	已使用	已使用	14011.14	5114066.1
2	RDC	013	西安仓	未使用	已使用	6017.96	2196555.4
2	RDC	017	贵阳仓	未使用	已使用	3008.98	1098277.7
2	RDC	021	东莞仓	未使用	已使用	10023.78	3658679.7

图 2-4-34　方案 4-9RDC 仓使用情况

始发名称	始发省份	始发城市	目的网络层级	目的编号	目的名称	目的省份	目的城市	运量(件)	距离(KM)	运输时间(天)	运输成本
宁波仓	浙江	宁波	RDC	005	沈阳区域库	辽宁	沈阳	1013724	1890.739	4	5200404.12
宁波仓	浙江	宁波	RDC	008	成都区域库	四川	成都	2062651	2056.724	3	12149014.39
宁波仓	浙江	宁波	RDC	009	武汉区域库	湖北	武汉	2489181	924.332	3	10404776.58
宁波仓	浙江	宁波	RDC	010	济南区域库	山东	济南	4057097	975.391	3	16958702.84
宁波仓	浙江	宁波	RDC	011	北京仓	北京	北京	5594194	8000	3	25509524.64
宁波仓	浙江	宁波	RDC	012	郑州仓	河南	郑州	4961286	1083.375	3	21680873.6
宁波仓	浙江	宁波	RDC	013	西安仓	陕西	西安	2135198	1494.521	3	10547878.12
宁波仓	浙江	宁波	RDC	017	贵阳仓	贵州	贵阳	1063376	1776.287	3	6061243.2
宁波仓	浙江	宁波	RDC	021	东莞仓	广东	东莞	3547922	1338.943	3	15504420.48
宁波仓	浙江	宁波	需求	200	上海客户	上海	上海	470262	8000		1266090
宁波仓	浙江	宁波	需求	072	哈尔滨客户	黑龙江	哈尔滨	131602	2440.646	4	725127.02
宁波仓	浙江	宁波	需求	179	齐齐哈尔客户	黑龙江	齐齐哈尔	16275	2613.653	5	95859.75
宁波仓	浙江	宁波	需求	086	鹤岗客户	黑龙江	鹤岗	13401	2843.561	5	81491.2
宁波仓	浙江	宁波	需求	210	双鸭山客户	黑龙江	双鸭山	5068	2852.747	5	35628.04
宁波仓	浙江	宁波	需求	103	鸡西客户	黑龙江	鸡西	12388	2871.316	5	72974.64
宁波仓	浙江	宁波	需求	044	大庆客户	黑龙江	大庆	33970	2455.399	5	212991.9
宁波仓	浙江	宁波	需求	159	牡丹江客户	黑龙江	牡丹江	13908	2617.351	5	79275.6
宁波仓	浙江	宁波	需求	108	佳木斯客户	黑龙江	佳木斯	31788	2779.079	5	181191.6
宁波仓	浙江	宁波	需求	178	七台河客户	黑龙江	七台河	6323	2824.942	5	36092.6
宁波仓	浙江	宁波	需求	087	黑河客户	黑龙江	黑河	6166	3002.708	5	36374.18
宁波仓	浙江	宁波	需求	215	绥化客户	黑龙江	绥化	891	2543.58	4	5286.76

(a)

始发名称	始发省份	始发城市	目的网络层级	目的编号	目的名称	目的省份	目的城市	运量(件)	距离(KM)	运输时间(天)	运输成本
沈阳区域库	辽宁	沈阳	需求	007	鞍山客户	辽宁	鞍山	43601	106.917	2	83395
沈阳区域库	辽宁	沈阳	需求	060	抚顺客户	辽宁	抚顺	22149	61.207	2	42380
沈阳区域库	辽宁	沈阳	需求	022	本溪客户	辽宁	本溪	6051	72.203	2	11570
沈阳区域库	辽宁	沈阳	需求	047	丹东客户	辽宁	丹东	19965	239.226	2	38220
沈阳区域库	辽宁	沈阳	需求	115	锦州客户	辽宁	锦州	9676	230.514	2	18525
沈阳区域库	辽宁	沈阳	需求	093	葫芦岛客户	辽宁	葫芦岛	17580	263.965	2	33670
沈阳区域库	辽宁	沈阳	需求	283	营口客户	辽宁	营口	23919	185.251	2	45760
沈阳区域库	辽宁	沈阳	需求	171	盘锦客户	辽宁	盘锦	27934	180.273	2	53430
沈阳区域库	辽宁	沈阳	需求	062	阜新客户	辽宁	阜新	25781	203.656	2	49335
沈阳区域库	辽宁	沈阳	需求	137	辽阳客户	辽宁	辽阳	15081	88.46	2	28860
沈阳区域库	辽宁	沈阳	需求	031	朝阳客户	辽宁	朝阳	34481	324.69	3	65975
沈阳区域库	辽宁	沈阳	需求	226	铁岭客户	辽宁	铁岭	23158	117.867	2	44330
沈阳区域库	辽宁	沈阳	需求	297	长春客户	吉林	长春	155426	288.758	2	320040
沈阳区域库	辽宁	沈阳	需求	105	吉林客户	吉林	吉林	37278	402.393	3	92112.08
沈阳区域库	辽宁	沈阳	需求	212	四平客户	吉林	四平	15763	187.342	3	35956.76
沈阳区域库	辽宁	沈阳	需求	227	通化客户	吉林	通化	12427	393.833	2	25620
沈阳区域库	辽宁	沈阳	需求	012	白山客户	吉林	白山	2208	330.667	3	5034.24
沈阳区域库	辽宁	沈阳	需求	213	松原客户	吉林	松原	13632	424.54	3	36261.12
沈阳区域库	辽宁	沈阳	需求	011	白城客户	吉林	白城	18740	465.225	3	42783.52
沈阳区域库	辽宁	沈阳	需求	271	延边州客户	吉林	延边州	23386	704.975	3	53326.24
沈阳区域库	辽宁	沈阳	需求	138	辽源客户	吉林	辽源	6454	223.914	3	13300

(b)

始发名称	始发省份	始发城市	目的网络层级	目的编号	目的名称	目的省份	目的城市	运量(件)	距离(KM)	运输时间(天)	运输成本
成都区域库	四川	成都	需求	167	内江客户	四川	内江	39059	191.263	2	74685
成都区域库	四川	成都	需求	132	乐山客户	四川	乐山	46443	138.059	2	88790
成都区域库	四川	成都	需求	277	宜宾客户	四川	宜宾	90888	255.951	2	173810
成都区域库	四川	成都	需求	066	广安客户	四川	广安	44555	297.665	2	85215
成都区域库	四川	成都	需求	161	南充客户	四川	南充	124045	231.639	2	237185
成都区域库	四川	成都	需求	041	达州客户	四川	达州	58104	416.071	2	111089
成都区域库	四川	成都	需求	010	巴中客户	四川	巴中	42062	345.663	2	80470
成都区域库	四川	成都	需求	268	雅安客户	四川	雅安	19155	131.821	2	36660
成都区域库	四川	成都	需求	156	眉山客户	四川	眉山	29225	75.371	2	55900
成都区域库	四川	成都	需求	310	资阳客户	四川	资阳	20009	98.669	2	38285
成都区域库	四川	成都	需求	136	凉山州客户	四川	凉山州	36336	439.098	3	69485
武汉区域库	湖北	武汉	需求	244	武汉客户	湖北	武汉	639143	8000	2	1221935
武汉区域库	湖北	武汉	需求	101	黄石客户	湖北	黄石	37055	100.226	2	70850
武汉区域库	湖北	武汉	需求	255	襄阳客户	湖北	襄阳	102118	326.541	2	195260
武汉区域库	湖北	武汉	需求	207	十堰客户	湖北	十堰	80667	443.143	2	154245
武汉区域库	湖北	武汉	需求	075	荆州客户	湖北	荆州	57246	276.734	2	109460
武汉区域库	湖北	武汉	需求	278	宜昌客户	湖北	宜昌	81480	339.458	2	155805
武汉区域库	湖北	武汉	需求	256	孝感客户	湖北	孝感	50740	76.506	2	97045
武汉区域库	湖北	武汉	需求	099	黄冈客户	湖北	黄冈	59533	76.098	2	113815
武汉区域库	湖北	武汉	需求	251	咸宁客户	湖北	咸宁	23604	93.009	2	45175
武汉区域库	湖北	武汉	需求	056	恩施州客户	湖北	恩施州	73691	541.173	3	151760

(c)

图 2-4-35　客户需求情况

始发名称	始发省份	始发城市	目的网络层级	目的编号	目的名称	目的省份	目的城市	运量(件)	距离(KM)	运输时间(天)	运输成本
济南区域库	山东	济南	需求	291	枣庄客户	山东	枣庄	38145	255.725	2	79723.26
济南区域库	山东	济南	需求	053	东营客户	山东	东营	21625	223.983	2	45259.16
济南区域库	山东	济南	需求	233	潍坊客户	山东	潍坊	120680	207.815	2	230750
济南区域库	山东	济南	需求	269	烟台客户	山东	烟台	160716	454.622	3	307255
济南区域库	山东	济南	需求	232	威海客户	山东	威海	85671	515.811	3	176400
济南区域库	山东	济南	需求	129	莱芜客户	山东	莱芜	28083	85.396	2	52580
济南区域库	山东	济南	需求	050	德州客户	山东	德州	128791	127.077	2	246220
济南区域库	山东	济南	需求	143	临沂客户	山东	临沂	222561	246.294	2	425490
济南区域库	山东	济南	需求	139	聊城客户	山东	聊城	146431	127.895	2	279955
济南区域库	山东	济南	需求	024	滨州客户	山东	滨州	57024	161.311	2	109070
济南区域库	山东	济南	需求	083	菏泽客户	山东	菏泽	177586	261.793	2	339560
济南区域库	山东	济南	需求	191	日照客户	山东	日照	48334	341.133	2	92430
济南区域库	山东	济南	需求	221	泰安客户	山东	泰安	60567	80.136	2	115830
济南区域库	山东	济南	需求	107	济宁客户	山东	济宁	134929	207.728	2	257985
北京仓	北京	北京	需求	021	北京客户	北京	北京	3741952	0	2	7153770
北京仓	北京	北京	需求	294	天津客户	天津	天津	480274	139.393	2	918190
北京仓	北京	北京	需求	209	石家庄客户	河北	石家庄	247141	327.615	2	563481.48
北京仓	北京	北京	需求	077	邯郸客户	河北	邯郸	116636	477.716	4	310274.2
北京仓	北京	北京	需求	261	邢台客户	河北	邢台	85350	433.294	3	163215
北京仓	北京	北京	需求	018	保定客户	河北	保定	266528	189.719	2	557104.34
北京仓	北京	北京	需求	294	张家口客户	河北	张家口	58554	196.36	2	133554.44

(d)

始发名称	始发省份	始发城市	目的网络层级	目的编号	目的名称	目的省份	目的城市	运量(件)	距离(KM)	运输时间(天)	运输成本
郑州仓	河南	郑州	需求	111	焦作客户	河南	焦作	129924	93.734	2	248430
郑州仓	河南	郑州	需求	085	鹤壁客户	河南	鹤壁	69301	177.969	2	132535
郑州仓	河南	郑州	需求	258	新乡客户	河南	新乡	93291	104.27	2	178360
郑州仓	河南	郑州	需求	006	安阳客户	河南	安阳	79127	193.969	2	151320
郑州仓	河南	郑州	需求	176	濮阳客户	河南	濮阳	90774	215.176	2	173550
郑州仓	河南	郑州	需求	266	许昌客户	河南	许昌	79925	84.642	2	152815
郑州仓	河南	郑州	需求	152	漯河客户	河南	漯河	67246	175.27	2	128570
郑州仓	河南	郑州	需求	192	三门峡客户	河南	三门峡	3462	251.879	3	6630
郑州仓	河南	郑州	需求	166	南阳客户	河南	南阳	111380	267.146	2	212940
郑州仓	河南	郑州	需求	199	商丘客户	河南	商丘	87021	215.759	2	166400
郑州仓	河南	郑州	需求	306	周口客户	河南	周口	86051	181.872	2	164515
郑州仓	河南	郑州	需求	044	驻马店客户	河南	驻马店	57659	232.975	2	110240
郑州仓	河南	郑州	需求	200	信阳客户	河南	信阳	72518	330.395	2	165341.04
西安仓	陕西	西安	需求	246	西安客户	陕西	西安	1498669	0	2	2865135
西安仓	陕西	西安	需求	229	铜川客户	陕西	铜川	20183	110.539	2	38610
西安仓	陕西	西安	需求	017	宝鸡客户	陕西	宝鸡	165260	149.495	2	315965
西安仓	陕西	西安	需求	252	咸阳客户	陕西	咸阳	103342	30.09	2	197600
西安仓	陕西	西安	需求	234	渭南客户	陕西	渭南	103169	92.967	2	197275
西安仓	陕西	西安	需求	270	延安客户	陕西	延安	53125	347.139	3	101595
西安仓	陕西	西安	需求	078	汉中客户	陕西	汉中	60826	277.086	3	116285
西安仓	陕西	西安	需求	285	榆林客户	陕西	榆林	59063	532.599	3	121660

(e)

始发名称	始发省份	始发城市	目的网络层级	目的编号	目的名称	目的省份	目的城市	运量(件)	距离(KM)	运输时间(天)	运输成本
贵阳仓	贵州	贵阳	需求	146	六盘水客户	贵州	六盘水	43656	240.336	2	83460
贵阳仓	贵州	贵阳	需求	313	遵义客户	贵州	遵义	124261	140.305	2	237575
贵阳仓	贵州	贵阳	需求	231	铜仁地区客户	贵州	铜仁	46516	323.435	2	88985
贵阳仓	贵州	贵阳	需求	023	毕节地区客户	贵州	毕节	108542	179.216	2	207545
贵阳仓	贵州	贵阳	需求	005	安顺客户	贵州	安顺	46350	88.412	2	88660
贵阳仓	贵州	贵阳	需求	182	黔西南州客户	贵州	黔西南州	2671	303.834	2	5135
贵阳仓	贵州	贵阳	需求	181	黔南州客户	贵州	黔南州	82375	193.502	2	157495
贵阳仓	贵州	贵阳	需求	181	黔东南州客户	贵州	黔东南州	32322	116.475	2	61815
东莞仓	广东	东莞	需求	059	福州客户	福建	福州	133783	853.871	3	432119.09
东莞仓	广东	东莞	需求	195	厦门客户	福建	厦门	347862	604.988	3	1189730.68
东莞仓	广东	东莞	需求	193	三明客户	福建	三明	34028	693.809	3	122841.08
东莞仓	广东	东莞	需求	175	莆田客户	福建	莆田	62795	764.655	3	226689.95
东莞仓	广东	东莞	需求	190	泉州客户	福建	泉州	192392	684.337	3	731089.6
东莞仓	广东	东莞	需求	296	漳州客户	福建	漳州	68609	600.259	2	247678.49
东莞仓	广东	东莞	需求	164	南平客户	福建	南平	11815	874.962	3	49386.7
东莞仓	广东	东莞	需求	147	龙岩客户	福建	龙岩	55314	576.252	3	210193.2
东莞仓	广东	东莞	需求	169	宁德客户	福建	宁德	33779	933.727	3	121950.82
东莞仓	广东	东莞	需求	068	广州客户	广东	广州	403008	66.668	2	770510
东莞仓	广东	东莞	需求	205	深圳客户	广东	深圳	536103	73.2	2	1024790
东莞仓	广东	东莞	需求	307	珠海客户	广东	珠海	107382	128.697	2	205335

(f)

图 2-4-35 客户需求情况（续）

由图 2-4-35 可以看出，"方案 4-9RDC"在宁波 CDC 的基础上，设置了沈阳、成都、武汉、济南、北京、郑州、西安、贵阳、东莞 RDC 仓，与初始状态相比，现有二级仓网规划关闭了广州、昆明、新乡、天津、乌鲁木齐、宝鸡 RDC 仓，新开了北京、郑州、西安、贵阳、东莞 RDC 仓，新建的 RDC 仓均位于需求较为集中的城市。该方案的总成本为 249 414 370.06 元，其中仓储成本为 27 739 934.3 元，配送成本包含 CDC 至 RDC、RDC 至需求、CDC 至需求三部分，分别为 124 016 837.97 元、55 384 667.74 元、42 272 930.05 元。

由于 RDC 仓数量从 11 个减少至 9 个，原 RDC 仓附近的需求履约时效由次日达逐渐推迟至隔日达及以上。此时，该方案的最高次日达时效为 74.2%，隔日达时效为 89.57%，四日达时效为 96.79%，已满足越迪公司仓网规划优化目标。

选择"方案 1-现状分析""方案 1-6RDC""方案 2-7RDC""方案 3-8RDC"和"方案 4-9RDC"，可以获得 5 个方案的对比图，如图 2-4-36 所示。与方案 3-8RDC 相比，方案 4-9RDC 的时效提高了，总成本也有所上升。方案 4-9RDC 的情况下，次日达订单时效提升至 74.2%，满足优化目标值(次日达时效 73%)，但不确定该方案是否还有成本改善空间，因此可进一步尝试设置 1CDC+10RDC。

图 2-4-36　方案成本对比

(5) 设置 10 个 RDC 仓库，创建"方案 5-10RDC"

在方案 4-9RDC 的基础上，创建"方案 5-10RDC"继续尝试增设仓库，通过"新增方案"创建"方案 5-10RDC"。

1) 仓约束设置。在保留 1 个 CDC 的基础上，调整 RDC 仓约束数量为 10，同时启用同省内需求单一仓满足约束，如图 2-4-37 所示。

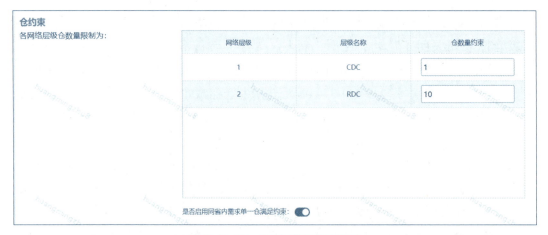

图 2-4-37　RDC 数量约束设置

2) 时效约束设置。设置次日达履约时效约束为 73%，如图 2-4-38 所示。

图 2-4-38　次日达时效设置

3) 成本设置。成本设置保持不变，方案参数设置完毕后，回到主页面运行方案，方案 5-10RDC 成功运行。

由于方案 4-9RDC 的情况下，次日达最高时效已达 74.2%，随着 RDC 数量的增加，方案 5-10RDC 的情况下应该有更高的次日达时效，因此可再次尝试调整时效约束，寻找该方案条件下最高次日达时效。经测试，发现该方案的最高次日达时效可达 76.12%，但成本也随之提高，如图 2-4-39 所示。

单击方案名称"方案 5-10RDC"可显示该方案的内容，获得可视化报告和详细内容，如图 2-4-40 所示。(网络布局图可在教辅资源中查阅。)

图 2-4-39　方案 5-10RDC 运行结果

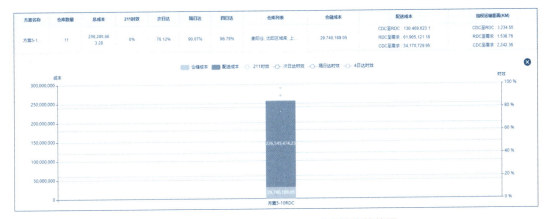

图 2-4-40　方案 5-10RDC 成本结构柱状图

网络层级	层级名称	仓库编号	仓库名称	初始状态	新状态	使用库容(平米)	仓库成本
1	CDC	001	宁波仓	已使用	已使用	104420.03	0
2	RDC	001	广州物流商	已使用	未使用		
2	RDC	002	新云南代理库	已使用	未使用		
2	RDC	003	新郑州代理库	已使用	未使用		
2	RDC	004	北京代理库	已使用	未使用		
2	RDC	005	沈阳区域库	已使用	已使用	2751.32	1004231.8
2	RDC	006	新疆区域库	已使用	未使用		
2	RDC	007	宝鸡区域库	已使用	未使用		
2	RDC	008	成都区域库	已使用	已使用	5595.59	2042390.35
2	RDC	009	武汉区域库	已使用	已使用	6748.17	2463082.05
2	RDC	010	济南区域库	已使用	已使用	11005.28	4016927.2
2	RDC	011	北京仓	未使用	已使用	15188.03	5543630.95
2	RDC	012	郑州仓	未使用	已使用	13459.16	4912593.4
2	RDC	013	西安仓	未使用	已使用	5837.26	2130599.9
2	RDC	017	贵阳仓	未使用	已使用	2881.45	1051729.25
2	RDC	020	上海仓	未使用	已使用	8384.09	3060192.85
2	RDC	021	东莞仓	未使用	已使用	9629.62	3514811.3

图 2-4-41 方案 5-10RDC 仓使用情况

始发名称	始发省份	始发城市	目的网络层级	目的编号	目的名称	目的省份	目的城市	运量(件)	距离(KM)	运输时间(天)	运输成本
宁波仓	浙江	宁波	RDC	005	沈阳区域库	辽宁	沈阳	1013724	1890.739	4	5200404.12
宁波仓	浙江	宁波	RDC	008	成都区域库	四川	成都	2062651	2056.724	3	12149014.39
宁波仓	浙江	宁波	RDC	009	武汉区域库	湖北	武汉	2489181	924.232	3	10404776.58
宁波仓	浙江	宁波	RDC	010	济南区域库	山东	济南	4057097	975.391	3	16958702.84
宁波仓	浙江	宁波	RDC	011	北京仓	北京	北京	5594194	8000	3	25559524.64
宁波仓	浙江	宁波	RDC	012	郑州仓	河南	郑州	4961286	1083.375	3	21680873.6
宁波仓	浙江	宁波	RDC	013	西安仓	陕西	西安	2135198	1494.521	3	10547878.12
宁波仓	浙江	宁波	RDC	017	贵阳仓	贵州	贵阳	1063376	1776.287	3	6061243.2
宁波仓	浙江	宁波	RDC	020	上海仓	上海	上海	3087457	8000	3	6452785.13
宁波仓	浙江	宁波	RDC	021	东莞仓	广东	东莞	3547922	1338.943	3	15504420.48
宁波仓	浙江	宁波	需求	200	上海客户	上海	上海	470262	8000	2	1266090
宁波仓	浙江	宁波	需求	072	哈尔滨客户	黑龙江	哈尔滨	131602	2440.646	5	725127.02
宁波仓	浙江	宁波	需求	179	齐齐哈尔客户	黑龙江	齐齐哈尔	16275	2613.653	5	95859.75
宁波仓	浙江	宁波	需求	086	鹤岗客户	黑龙江	鹤岗	13401	2843.561	5	81491.2
宁波仓	浙江	宁波	需求	210	双鸭山客户	黑龙江	双鸭山	5068	2852.747	5	35628.04
宁波仓	浙江	宁波	需求	103	鸡西客户	黑龙江	鸡西	12388	2871.316	5	72974.64
宁波仓	浙江	宁波	需求	044	大庆客户	黑龙江	大庆	33970	2455.399	5	212991.9
宁波仓	浙江	宁波	需求	159	牡丹江客户	黑龙江	牡丹江	13908	2617.351	5	79275.6
宁波仓	浙江	宁波	需求	108	佳木斯客户	黑龙江	佳木斯	31788	2779.079	5	181191.6
宁波仓	浙江	宁波	需求	178	七台河客户	黑龙江	七台河	6323	2824.942	5	36092.6
宁波仓	浙江	宁波	需求	087	黑河客户	黑龙江	黑河	6166	3002.708	5	36374.18

(a)

始发名称	始发省份	始发城市	目的网络层级	目的编号	目的名称	目的省份	目的城市	运量(件)	距离(KM)	运输时间(天)	运输成本
沈阳区域库	辽宁	沈阳	需求	012	白山客户	吉林	白山	2208	330.667	3	5034.24
沈阳区域库	辽宁	沈阳	需求	213	松原客户	吉林	松原	13632	424.54	3	36261.12
沈阳区域库	辽宁	沈阳	需求	011	白城客户	吉林	白城	18740	465.225	3	42783.52
沈阳区域库	辽宁	沈阳	需求	271	延边州客户	吉林	延边州	23386	704.975	3	53326.24
沈阳区域库	辽宁	沈阳	需求	138	辽源客户	吉林	辽源	6454	223.914	3	13300
成都区域库	四川	成都	需求	304	重庆客户	重庆	重庆	637293	8000	2	1312080
成都区域库	四川	成都	需求	034	成都客户	四川	成都	520359	8000	2	994825
成都区域库	四川	成都	需求	312	自贡客户	四川	自贡	38704	187.366	2	74035
成都区域库	四川	成都	需求	170	攀枝花客户	四川	攀枝花	47789	633.501	3	98420
成都区域库	四川	成都	需求	150	泸州客户	四川	泸州	64439	261.131	2	123240
成都区域库	四川	成都	需求	158	绵阳客户	四川	绵阳	82794	135.702	2	158340
成都区域库	四川	成都	需求	049	德阳客户	四川	德阳	62522	88.772	2	119535
成都区域库	四川	成都	需求	067	广元客户	四川	广元	31462	302.571	2	60190
成都区域库	四川	成都	需求	217	遂宁客户	四川	遂宁	27408	170.95	2	52455
成都区域库	四川	成都	需求	167	内江客户	四川	内江	39059	191.263	2	74685
成都区域库	四川	成都	需求	132	乐山客户	四川	乐山	46443	138.059	2	88790
成都区域库	四川	成都	需求	277	宜宾客户	四川	宜宾	90888	255.951	2	173810
成都区域库	四川	成都	需求	066	广安客户	四川	广安	44555	297.665	2	85215
成都区域库	四川	成都	需求	161	南充客户	四川	南充	124045	231.639	2	237185
成都区域库	四川	成都	需求	041	达州客户	四川	达州	58104	416.071	2	111085
成都区域库	四川	成都	需求	010	巴中客户	四川	巴中	42062	345.663	2	80470

(b)

始发名称	始发省份	始发城市	目的网络层级	目的编号	目的名称	目的省份	目的城市	运量(件)	距离(KM)	运输时间(天)	运输成本
武汉区域库	湖北	武汉	需求	089	衡阳客户	湖南	衡阳	85958	513.189	3	277694.96
武汉区域库	湖北	武汉	需求	203	邵阳客户	湖南	邵阳	126078	566.456	3	359375.2
武汉区域库	湖北	武汉	需求	288	岳阳客户	湖南	岳阳	97292	232.129	3	295782.96
武汉区域库	湖北	武汉	需求	029	常德客户	湖南	常德	76357	388.432	3	232125.28
武汉区域库	湖北	武汉	需求	293	张家界客户	湖南	张家界	25208	525.725	3	91020.34
武汉区域库	湖北	武汉	需求	033	郴州客户	湖南	郴州	92152	636.001	3	262669
武汉区域库	湖北	武汉	需求	280	益阳客户	湖南	益阳	58195	422.284	3	165865.9
武汉区域库	湖北	武汉	需求	284	永州客户	湖南	永州	47795	646.073	3	145296.8
武汉区域库	湖北	武汉	需求	095	怀化客户	湖南	怀化	81871	675.343	4	233332.35
武汉区域库	湖北	武汉	需求	149	娄底客户	湖南	娄底	28313	484.905	3	80692.05
武汉区域库	湖北	武汉	需求	254	湘西州客户	湖南	湘西州	33884	638.127	3	96582.4
济南区域库	山东	济南	需求	106	济南客户	山东	济南	2369985	8000	2	4530890
济南区域库	山东	济南	需求	185	青岛客户	山东	青岛	209885	351.561	2	401310
济南区域库	山东	济南	需求	311	淄博客户	山东	淄博	46084	109.64	2	88140
济南区域库	山东	济南	需求	291	枣庄客户	山东	枣庄	38145	255.725	2	79723.26
济南区域库	山东	济南	需求	053	东营客户	山东	东营	21625	223.983	2	45259.16
济南区域库	山东	济南	需求	233	潍坊客户	山东	潍坊	120680	207.815	2	230750
济南区域库	山东	济南	需求	269	烟台客户	山东	烟台	160716	454.622	2	307255
济南区域库	山东	济南	需求	232	威海客户	山东	威海	85671	515.811	3	176400
济南区域库	山东	济南	需求	129	莱芜客户	山东	莱芜	28083	85.396	2	53690
济南区域库	山东	济南	需求	050	德州客户	山东	德州	128791	127.077	2	246220

(c)

图 2-4-42 方案 5-10RDC 客户需求

始发名称	始发省份	始发城市	目的网络层级	目的编号	目的名称	目的省份	目的城市	运量(件)	距离(KM)	运输时间(天)	运输成本
北京仓	北京	北京	需求	209	石家庄客户	河北	石家庄	247141	327.615	2	563481.48
北京仓	北京	北京	需求	077	邯郸客户	河北	邯郸	116636	477.716	4	310274.2
北京仓	北京	北京	需求	261	邢台客户	河北	邢台	85350	433.294	3	163215
北京仓	北京	北京	需求	018	保定客户	河北	保定	266528	189.719	2	557104.34
北京仓	北京	北京	需求	294	张家口客户	河北	张家口	58554	196.36	2	133554.44
北京仓	北京	北京	需求	035	承德客户	河北	承德	111572	209.909	2	233212.86
北京仓	北京	北京	需求	184	秦皇岛客户	河北	秦皇岛	55280	333.525	3	105690
北京仓	北京	北京	需求	223	唐山客户	河北	唐山	140564	287.827	2	293827.04
北京仓	北京	北京	需求	027	沧州客户	河北	沧州	133965	249.885	2	280041.4
北京仓	北京	北京	需求	131	廊坊客户	河北	廊坊	110695	101.342	2	211640
北京仓	北京	北京	需求	088	衡水客户	河北	衡水	45683	365.899	2	87360
郑州仓	河南	郑州	需求	220	太原客户	山西	太原	300373	452.288	3	799021.96
郑州仓	河南	郑州	需求	045	大同客户	山西	大同	51235	759.483	3	165489.05
郑州仓	河南	郑州	需求	275	阳泉客户	山西	阳泉	18052	510.255	2	51448.2
郑州仓	河南	郑州	需求	116	晋城客户	山西	晋城	67536	145.607	2	205342.96
郑州仓	河南	郑州	需求	211	朔州客户	山西	朔州	52331	677.896	3	179029.92
郑州仓	河南	郑州	需求	117	晋中客户	山西	晋中	45933	421.058	2	130909.05
郑州仓	河南	郑州	需求	257	忻州客户	山西	忻州	24458	517.836	3	69746.1
郑州仓	河南	郑州	需求	153	吕梁客户	山西	吕梁	42218	523.103	3	120327.9
郑州仓	河南	郑州	需求	141	临汾客户	山西	临汾	58996	374.315	3	168196.5
郑州仓	河南	郑州	需求	290	运城客户	山西	运城	49394	306.444	4	140773.8

(d)

始发名称	始发省份	始发城市	目的网络层级	目的编号	目的名称	目的省份	目的城市	运量(件)	距离(KM)	运输时间(天)	运输成本
西安仓	陕西	西安	需求	252	咸阳客户	陕西	咸阳	103342	30.09	3	197600
西安仓	陕西	西安	需求	234	渭南客户	陕西	渭南	103169	92.967	3	197275
西安仓	陕西	西安	需求	270	延客户	陕西	延安	53125	347.139	3	101595
西安仓	陕西	西安	需求	078	汉中客户	陕西	汉中	60826	277.086	3	116285
西安仓	陕西	西安	需求	285	榆林客户	陕西	榆林	59063	532.599	3	121660
西安仓	陕西	西安	需求	198	商洛客户	陕西	商洛	32109	128.773	3	61425
西安仓	陕西	西安	需求	003	安康客户	陕西	安康	39452	219.164	3	75465
贵阳仓	贵州	贵阳	需求	070	贵阳客户	贵州	贵阳	576683	8000	2	1102530
贵阳仓	贵州	贵阳	需求	146	六盘水客户	贵州	六盘水	43656	240.336	2	83460
贵阳仓	贵州	贵阳	需求	313	遵义客户	贵州	遵义	124261	140.305	2	237575
贵阳仓	贵州	贵阳	需求	231	铜仁地区客户	贵州	铜仁	46516	323.435	2	88985
贵阳仓	贵州	贵阳	需求	023	毕节地区客户	贵州	毕节	108542	179.216	2	207545
贵阳仓	贵州	贵阳	需求	005	安顺客户	贵州	安顺	46350	88.412	2	88660
贵阳仓	贵州	贵阳	需求	182	黔西南州客户	贵州	黔西南州	2671	303.834	2	5135
贵阳仓	贵州	贵阳	需求	180	黔东南州客户	贵州	黔东南州	82375	193.502	2	157495
贵阳仓	贵州	贵阳	需求	181	黔南州客户	贵州	黔南州	32322	116.475	2	61815
上海仓	上海	上海	需求	162	南京客户	江苏	南京	134897	320.265	2	281960.02
上海仓	上海	上海	需求	265	徐州客户	江苏	徐州	127504	611.441	3	266540
上海仓	上海	上海	需求	135	连云港客户	江苏	连云港	45232	501.178	3	94574.8
上海仓	上海	上海	需求	096	淮安客户	江苏	淮安	56000	395.472	2	117100.82
上海仓	上海	上海	需求	263	宿迁客户	江苏	宿迁	91837	503.427	3	191998.06

(e)

始发名称	始发省份	始发城市	目的网络层级	目的编号	目的名称	目的省份	目的城市	运量(件)	距离(KM)	运输时间(天)	运输成本
上海仓	上海	上海	需求	036	池州客户	安徽	池州	21704	443.999	3	49527.76
上海仓	上海	上海	需求	145	六安客户	安徽	六安	46655	545.636	3	97564.32
上海仓	上海	上海	需求	267	宣城客户	安徽	宣城	26542	304.193	2	55496.8
东莞仓	广东	东莞	需求	059	福州客户	福建	福州	133783	853.871	3	432119.09
东莞仓	广东	东莞	需求	195	厦门客户	福建	厦门	347862	604.988	2	1189730.68
东莞仓	广东	东莞	需求	193	三明客户	福建	三明	34028	693.809	3	122841.08
东莞仓	广东	东莞	需求	175	莆田客户	福建	莆田	62795	764.655	3	226689.95
东莞仓	广东	东莞	需求	190	泉州客户	福建	泉州	192392	684.337	3	731089.6
东莞仓	广东	东莞	需求	296	漳州客户	福建	漳州	68609	600.259	3	247678.49
东莞仓	广东	东莞	需求	164	南平客户	福建	南平	11815	874.962	3	49386.7
东莞仓	广东	东莞	需求	147	龙岩客户	福建	龙岩	55314	576.252	3	210193.2
东莞仓	广东	东莞	需求	169	宁德客户	福建	宁德	33779	933.727	3	121950.82
东莞仓	广东	东莞	需求	068	广州客户	广东	广州	403008	66.668	2	770510
东莞仓	广东	东莞	需求	205	深圳客户	广东	深圳	536033	73.2	2	1024790
东莞仓	广东	东莞	需求	307	珠海客户	广东	珠海	107382	128.697	2	205335
东莞仓	广东	东莞	需求	196	汕头客户	广东	汕头	49284	368.287	2	94250
东莞仓	广东	东莞	需求	202	韶关客户	广东	韶关	48451	271.101	2	101325.5
东莞仓	广东	东莞	需求	082	河源客户	广东	河源	57237	167.52	2	109460
东莞仓	广东	东莞	需求	157	梅州客户	广东	梅州	45338	351.957	2	94787.98
东莞仓	广东	东莞	需求	102	惠州客户	广东	惠州	196817	91.053	2	376285
东莞仓	广东	东莞	需求	197	汕尾客户	广东	汕尾	14984	206.605	3	28665

(f)

图 2-4-42　方案 5-10RDC 客户需求（续）

由图 2-4-42 可以看出，"方案 5-10RDC" 在宁波 CDC 的基础上，设置了沈阳、成都、武汉、济南、北京、郑州、西安、贵阳、上海、东莞 RDC 仓，与初始状态相比，现有二级仓网规划关闭了广州、昆明、新乡、天津、乌鲁木齐、宝鸡 RDC 仓，新开了北京、郑州、西安、贵阳、东莞、上海 RDC 仓，新建的 RDC 仓均位于需求较为集中的城市。该方案的总成本为 256 285 663.28 元，其中仓储成本为 29 740 189.05 元，配送成本包含 CDC 至 RDC、RDC 至需求、CDC 至需求三部分，分别为 130 469 623.1 元、61 905 121.18 元、34 170 729.95 元。此时，该方案的最高次日达时效为 76.12%，隔日达时效为 90.07%，四日达时效为 96.79%，已满足越迪公司仓网规划优化目标。

选择各方案，可以获得 6 个方案的对比图，如图 2-4-43 所示。与方案 4-9RDC 相比，方案 5-10RDC 的时效提高了，总成本也有所上升。方案 5-10RDC 的情况下，次日达订单时效提升至 76.12%。

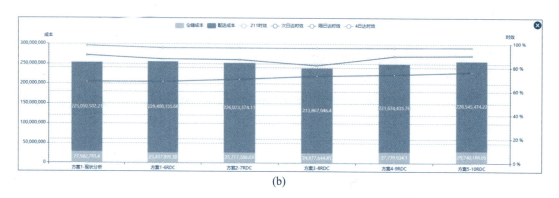

图 2-4-43　方案对比

后面可以继续尝试新增 RDC，了解是否具有更优的方案，具体操作步骤略。

五、选择最佳仓网规划方案

以上分析可总结至表 2-4-1，由表 2-4-1 可知，前三个方案尚不能满足越迪公司 73% 的次日达时效服务水平要求，后三个方案均可满足，但同样的时效条件，方案 3-8RDC 在成本上更具性价比，因此按照满足客户时效需求这一唯一标准来选择，建议选择方案 3-8RDC 作为最佳仓网规划方案，将原 RDC 数量减少至 8 个 RDC。

表 2-4-1　仓网成本对比表

方案	仓库	总成本/元	仓储成本/元	配送成本/元	次日达时效
方案1-现状分析	1CDC+11RDC（现状）	253 033 285.61	27 982 783.4	CDC至RDC：127 535 169.48 RDC至需求：57 946 464.83 CDC至需求：39 568 867.9	68.03%
方案1-6RDC	1CDC+6RDC	254 838 055.06	25 437 899.38	CDC至RDC：120 560 149.98 RDC至需求：60 824 290.4 CDC至需求：48 015 715.3	68.2%
方案2-7RDC	1CDC+7RDC	251 790 662.74	25 717 288.63	CDC至RDC：117 116 203.12 RDC至需求：57 535 910.46 CDC至需求：51 421 260.53	70.22%
方案3-8RDC	1CDC+8RDC	238 744 690.85	24 877 644.45	CDC至RDC：102 431 956.97 RDC至需求：46 461 460.36 CDC至需求：64 973 629.07	73%
方案4-9RDC	1CDC+9RDC	249 414 370.06	27 739 934.3	CDC至RDC：124 016 837.97 RDC至需求：55 384 667.74 CDC至需求：42 272 930.05	74.2%
方案5-10RDC	1CDC+10RDC	256 285 663.28	29 740 189.05	CDC至RDC：130 469 623.1 RDC至需求：61 905 121.18 CDC至需求：34 170 729.95	76.12%

通过以上方案对比可以看出，该企业的现状为 11 个 RDC，总成本为 253 033 285.61 元，在方案 3-8RDC 将 RDC 减少到 8 个仓且不限制同一省内单一仓满足的条件下，成本降到最低，为 238 744 690.85 元。之后随着 RDC 的增加，成本又逐渐增高。成本曲线是一条典型的微笑曲线。从客户的需求来看，既要优化成本又希望服务时效维持当前水平或略微增长，那么方案 3-8RDC 中 1 个 CDC、8 个 RDC 是一个理想的优化方案。

● **总结**

通过越迪公司的案例数据仿真实践，可以看出在进行二级仓网规划时，现有网络中一般已经存在一些二级 RDC 仓库。可能既需要关闭一些不合适的旧 RDC，也可能需要新增一些使得网络总成本更低或者时效更高的新 RDC 来优化现有仓网。

 读书笔记

项目 3
拓 展 篇

第1节　一体化供应链

一、一体化供应链的基本内涵

《京东物流招股说明书》将一体化供应链物流服务定义为外包物流服务市场中的一个细分市场及一种先进物流服务。该服务由第三方服务供应商提供，然而与孤立的供应链物流服务商不同，一体化供应链物流服务商有能力提供全面的物流服务，包括快递、整车及零担运输、"最后一公里"配送、仓储及其他增值服务(如上门安装和售后服务)，这些服务以一体化解决方案的形式提供给客户，满足客户的各种需求。

二、一体化供应链的发展背景

从需求端看，中国经济数字化快速发展，终端消费者碎片化、多样化、复杂化的需求，促使企业提供更为迅速、灵活的供应链物流服务。不同垂直领域供应链的特点各异，这又需要针对各特定行业的特点，量身定制多样化、高品质的一体化供应链解决方案。

从流通端看，需要关注的是随着消费端变化而不断迭代的流通渠道，各种创新的线上销售模式和网购节日加大了产品销售的季节性与波动性。流通端需要创新地提供一盘货解决方案、集约式库存管理，通过数据和算法更好地进行销售预测与补货去帮助公司实现线上线下协同，提升履约能力和运营效率。

从生产端看，过去物流行业的效率提升主要集中于成品从制造商到终端消费者的运输环节。事实上，生产端仍有巨大的提高效率的潜力，在端到端一体化供应链服务的帮助下，通过更佳的原材料寻源采购及生产规划方式，可以帮助企业实现效率提升。

从技术端看，企业供应链各个环节产生了数量庞大的数据，通过对这些数据进行分析，可以使企业更加全面地了解运营低效的原因，更好地做出业务决策。而一体化供应链物流服务能更广泛地覆盖供应链各个环节，让有价值的数据更好地被追踪、整合及分析，从而为企业提供增值服务。

此外，国家为提高供应链效率、降低物流成本和促进先进技术应用适应性而制定的优惠政策及做出的改革，也将有助于一体化供应链的发展。

三、一体化供应链的显著特征

1.更加一体化

单一供应链物流服务供应商通常专注于仅提供一种特定物流服务，如快递。而具备更复杂及精细物流需求的企业须与多家单一物流服务商合作。相比而言，一体化供应链物流服务商能够提供一站式解决方案，从产品制造到末端配送，再到售后服务，满足客户的端到端需求，使企业客户避免聘请多家服务商。

2. 更先进的技术应用和数据赋能

许多传统的单一供应链物流服务仍是劳动密集型的，自动化水平相对更低，尤其对于装卸及分拣等任务而言，往往导致流程中出现效率低及易错等情况。由于单一供应链物流服务商的业务范围较小，其对数据的洞察与利用有限，相比之下，一体化供应链物流服务商通常能利用更先进的技术及无人化解决方案，提高运营效率。凭借更先进的基础设施，跨IT不同供应链环节及在不同合作伙伴之间的数据采集、整合及分析也变得更加精准。

3. 更深的行业理解

一体化供应链物流服务商对不同行业的深入了解（例如终端客户需求、商品独有特色、存货及销售周期等）使其能够提供量身定制的解决方案以解决不同行业的痛点。从产品角度来看，由于单一供应链物流服务商提供的服务范围更为有限，其通常对行业不甚了解。

4. 更强的客户业务运营能力

一体化供应链物流服务商可提供增值服务，并在多个方面为客户的业务运营赋能，包括销量预测、生产规划、SKU及存货管理，以及终端客户订单管理等，以帮助加深其与客户的关系，从而增强客户黏性及交叉销售或追加销售的机会。

四、一体化供应链的巨大价值

一体化供应链服务可以助力客户降本增效，全面优化供应链网络。例如沃尔沃与京东物流一直保持良好的合作，在推进数字化供应链变革的过程中，沃尔沃希望借助京东物流的供应链基础网络及大数据应用技术，实现备件供应链降本、增效。第一期双方合作开展了西安仓试点，基于京东物流的供应链网络，找出了最优的网络结构和库存结构，模拟出最优的成本结构，验证智能补货模式，同时实现了大数据精准预测与全程可视化管控，支撑多渠道业务发展。根据西安仓试点数据，已经实现订单满足率提升至95%以上，年库存周转次数提升至7次以上。

一体化供应链物流服务能够有效推进产销的高效对接，全面助力乡村振兴。一方面，完善智能物流基础设施，助力工业品下行，例如京东物流通过10年时间，建设了西藏地区规模最大、智能化程度最高的物流网络，曾经的不包邮区可以享受上午下单、下午收货，为西藏地区消费升级、产业发展和乡村振兴带来了全新助力。另一方面，京东物流打造了产地一体化供应链模式，助力农产品上行。2021年9月，京东物流首个产地智能供应链中心落地陕西武功县，配备了国际最先进的分选设备，实现全流程自动化，日产能达到200吨，日处理订单超16万单，为西北产地及全国客商提供一体化供应链服务。

通过智能物流园区碳中和解决方案等，一体化供应链服务还有效助力了绿色减排，推动绿色供应链的发展。通过积极推广绿色能源与新能源设备、采用能效优化解决方案、推进资源循环、支撑能源能耗可视化等方式，助力节能减排、绿色环保。截至2021年10月，京东物流青流箱等循环包装已累计使用2亿次。通过联动品牌商纸箱循环利用，节省约100亿个快递纸箱，超过20万商家、亿万消费者参与其中。

●案例：京东物流赋能沃尔沃一体化供应链

1. 企业背景

京东集团于2007年开始自建物流，2017年4月正式成立京东物流集团，2021年5月，京东物流在香港联交所主板上市。京东物流是中国领先的技术驱动的供应链解决方案及物流服务商，以"技术驱动，引领全球高效流通和可持续发展"为使命，致力于成为全球最值得信赖的供应链基础设施服务商。

京东物流建立了包含仓储网络、综合运输网络、配送网络、大件网络、冷链网络及跨境网络在内的高度协同的六大网络，具备数字化、广泛和灵活的特点，服务范围覆盖了中国几乎所有地区、城镇和人口，不仅建立了中国电商与消费者间的信赖关系，还通过211限时达等时效产品和上门服务，重新定义了物流服务标准。2020年，京东物流助力约90%的京东线上零售订单实现当日和次日达，客户体验持续领先行业。截至2021年6月30日，京东物流运营约1200个仓库，包含京东物流管理的云仓在内，京东物流仓储总面积约2300万平方米。

沃尔沃汽车是1927年在瑞典歌德堡成立的汽车品牌，原为美国福特汽车旗下所拥有的品牌，于2010年3月28日由中国吉利汽车收购其全部股权及其相关资产(包括知识产权)，使其成为吉利旗下品牌。近年来，我国汽车保有量持续高速增长，以维修、保养、配件更换等服务为主的汽车售后市场发展潜力正在逐步释放。沃尔沃汽车作为全球领先的汽车行业引领者和消费者出行服务商，始终坚持构建科技智能服务新生态，致力于为国内汽车用户提供更好的售后服务、创造更优的消费体验。而对于普遍存在用车养车的效率问题，沃尔沃汽车更是做出了"高效、省心、透明"的承诺。

2021年8月，京东物流与沃尔沃汽车正式签署战略合作协议，秉承为客户提供极致服务的共同价值理念，围绕全国售后供应链仓网规划、预测补调、末端配送等多领域展开深度合作，携手打造中高端车企售后一体化供应链服务新标杆。

2. 京东物流一体化供应链概况

一体化供应链物流服务是京东物流的核心赛道。目前，京东物流主要聚焦快消、服装、家电家具、3C、汽车、生鲜等六大行业，为客户提供一体化供应链解决方案和物流服务，帮助客户优化存货管理、减少运营成本、高效分配内部资源，实现新的增长。同时，京东物流将长期积累的解决方案、产品和能力模块化，以更加灵活、可调用与组合的方式，满足不同行业的中小客户需求。

京东物流始终坚持从一体化供应链物流的角度来规划物流基础设施，建设核心服务能力。京东物流的"快"不是依赖利用飞机等更昂贵的运输工具而实现单纯搬运速度的快，而是通过对商品销售和供应链的理解，合理规划仓网，分布库存，把商品提前放在离消费者最近的仓库，减少履约环节，缩减搬运距离和搬运次数，从而实现高效履约。传统物流企业提供的服务更多是在供应链执行层。京东物流的一体化供应链既可以提供贯穿供应链战略到执行的解决方案，又可以提供从解决方案到落地运营的一体化支撑。京东物流在服务京东零售自营业务的过程中，从供应链商流角度去理解客户、理解物流在供应链中的价值。根据这些经验积累的模型与方案，其行业与业务场景，通过分析客户历史销售、库存、成本等数据，可提供供应链战略→规划→计划→执行的全面解决方案，既提供基于数据与算法的供应链模式优化方案，也提供基于物流网络的供应链高效执行方案，真正帮助客户实现现货率提升、库存周转变快、履约效率提高、运作成本下降等目标。

为了能够支撑客户供应链的优化，京东物流构筑了三大基本能力作为基石：以仓储为核心的高效协同物流网络，由数据与算法驱动的运营自动化、管理数字化和决策智能化能力，以及基于需求理解的行业洞察与解决方案能力。

同时，京东物流以仓储为核心建立了高效协同的物流网络，包括综合运输网络、大件网络、冷链网络、配送网络及跨境网络等，覆盖了中国大部分地区及人口，并持续向海外拓展。京东物流已在全国运营约1 200个仓库，总管理面积2 300万平方米，拥有近20万名配送人员，保证了末端的服务质量。此外，京东物流还在非核心环节采用协同共生方式，拓展网络覆盖的范围及弹性。

目前，京东物流已经形成了科技产品、解决方案和供应链生态三大板块，覆盖物流全链条、全场景。其中，科技产品覆盖了从园区、仓储、分拣，到运输、配送，供应链各个关键环节的智能产品，基于5G、物联网、人工智能、智能硬件等关键技术，使物流各个环节具备自感知、自学习和自决策的能力，从而全面提升系统预测、决策和智能化执行能力。通过供应链中台、数据算法中台和云仓、物流等供应链生态，以积木组装的方式，形成一体化智能供应链解决方案，为3C电子、快消、家电家居等多个行业提供智能供应链服务。

行业洞察是京东物流提供一体化供应链物流服务不可或缺的能力，也是京东物流通过服务京东零售和外部客户积累下来的核心壁垒与竞争优势。通过服务京东集团和外部客户，以及对数亿C端消费者的触达，京东物流积累了深厚的商流认知和行业洞见，这些经验和积累帮助京东物流更近距离、更及时、更贴近消费者的需求，不断优化京东物流的算法。利用这套算法，京东物流可以帮助客户优化仓库数量，实现最优的存货分配与库存水平，切实提高供应链管理效率。

3. 沃尔沃供应链优化需求

在汽车行业，许多传统企业的物流与供应链管理系统尚未实现数字化升级，有的企业依然存在依据纸单进行仓库作业的情况。沃尔沃作为一家跨国汽车企业，也存在国内外系统不通、联动困难的情况。

沃尔沃希望能够在中国供应链体系内应用先进的大数据、人工智能、信息系统等技术，采用更佳的业务工具，进一步改善业务指标，进而打破业务壁垒，实现供应链规划、供应链计划、物流执行的一体化联动，打造柔性、敏捷、可视化的供应链体系。

4. 京东物流助力沃尔沃一体化供应链解决方案

2019年，京东物流与沃尔沃合作开展了西安仓一体化供应链试点，基于京东物流的供应链网络，为沃尔沃找出了最优的网络结构和库存结构，模拟最优的成本结构，验证智能补货模式，同时实现了大数据精准预测与全程可视化管控，支撑多渠道业务发展。西安仓试点数据显示，已经实现订单满足率提升至95%以上，年库存周转次数提升至7次以上。

京东物流为沃尔沃打造的一体化供应链解决方案包含基础物流运营、订单管理系统、价值供应链三大板块，如图3-1-1所示。首先在基础物流运营方面，京东物流为其提供了从国内上海总仓、国际瑞典总仓向京东仓网的供货物流，以及从京东仓向下级经销商和消费者的末端配送服务。在京东仓网内部，通过对沃尔沃全国需求特征的分析，京东物流帮助沃尔沃构建了慢流仓、快中流仓及超快流仓3个层级、全国8仓的仓网布局，为沃尔沃提供了全国8仓内部的在库盘点等仓储管理和8仓间的仓间均衡调拨服务，保证8仓的库存水平和订单满足率、时效等指标相对合理。

此外，京东物流还为沃尔沃提供了逆向物流服务，包括经销商和消费者向京东仓的退货、逆向索赔，以及京东仓向上游总仓的退货、逆向索赔服务。在订单管理系统方面，通过订单中台打通了仓储管理系统、运输管理系统与沃尔沃Newbie系统，实现了采购入

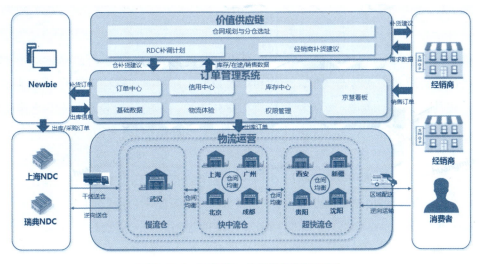

图 3-1-1 沃尔沃一体化供应链全景图

库单、销售出库单等的同一系统集成式管理。同时，沃尔沃经销商下达的销售订单还可以在该订单中台进行寻源管理，系统会根据不同的订单类型将订单发送给合适的仓库进行订单履约，保证在物流成本最低的情况下尽可能提升履约时效。在此基础上，订单管理系统还为沃尔沃开发了定制化服务，包含信用中心(经销商验资)、权限管理(通过指定账户登录订单管理系统查询相关信息)、京慧看板(被集成的订单数据可以在京慧看板中进行进一步的可视化数据分析)等。

在价值供应链方面，为沃尔沃提供供应链规划、库存仿真、供应链计划、库存代运营一体化服务，打通供应链各环节信息与数据通路，打造柔性、敏捷的数字化供应链体系，全面提升供应链效率、改善供应链服务水平，如图 3-1-2 所示。通过从订单管理系统集成的数据，京东物流帮助沃尔沃完成了全国仓网规划与分仓选址；通过末端经销商数据分析，给经销商提供补货建议，减少经销商不合理订货，加速其资金周转；通过 RDC 补调计划，实现供应链网络库存最优，保证整体订单满足率在 96% 以上。

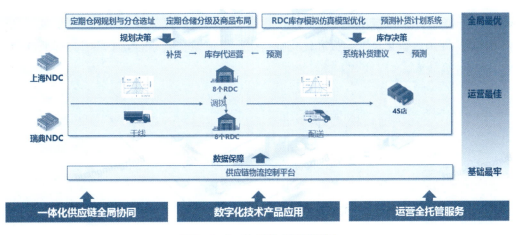

图 3-1-2 价值供应链概览图

5. 总结

通过优化供应网络布局，沃尔沃的库存更加前置且更接近经销商，可最大限度地匹配经销商的需求并实现动态调整，还能利用大数据构建智能运算补货模型，实现供应链的精益化补货管理。同时，依托京东物流在库存布局、智能分析等方面的专业管理模式和信息系统，沃尔沃实现了配送物流全链路的数据生产透明化、可视化，提升了整个供应链条的周转效率与决策智能化水平。此外，京东物流与沃尔沃兼顾效率成本及服务质量，打造了批售业务及零售业务的物流整合布局，并在行业内首次提供配送到家的个性化服务。通过配备专业的客服团队与365天不间断服务的供应链保障，全面提升沃尔沃车主的售后服务体验。

沃尔沃汽车与京东物流在汽车售后服务领域的强强联合，推动双方抓住数字赋能产业的新机遇，实现零部件供应链精益程度的提升，助力沃尔沃汽车与京东物流共同实现高质量发展，对打造汽车售后一体化供应链服务模式具有重要的示范意义。

作为国内领先的技术驱动供应链解决方案及物流服务商，京东物流凭借多年来在物流基础设施领域的沉淀，以及对供应链自动化、数字化和智能化的深刻理解，目前已经形成了包括汽车在内的多行业一体化供应链解决方案，为众多实体企业洞察消费需求，实现敏捷、柔性、智能的供应链升级提供了新路径。未来，京东物流将与更多行业伙伴一起，通过技术驱动的一体化供应链服务，扎根于实体经济，服务于实体经济，面向合作伙伴及多个领域开放自身沉淀多年的技术和供应链能力，持续为客户、行业和社会创造价值，努力让一体化供应链物流成为高质量发展的增长官、数字化转型的着力点、端到端效率的新引擎！

第2节 数智化社会供应链[①]

一、数智化社会供应链的基本内涵

2020年11月25日，在"数智互联·共塑未来"的JDDiscovery-2020京东全球科技探索者大会上，京东首次系统阐释了面向未来十年的新一代基础设施——京东数智化社会供应链，即用数智化技术连接和优化社会生产、流通、服务的各个环节，降低社会成本、提高社会效率。

二、数智化社会供应链的基本特征

1. 数智化

数智化是指通过数字化的技术手段，实现供应链的数字协同与网络智能，持续优化

---
① 数智化社会供应链案例来源于京东内部相关资料。

垂直行业的成本、效率与体验。供应链数智化的主要应用场景就是智能供应链，包括智能预测、自动调拨和智能履约等。例如，京东与美的协同合作围绕供应链基础数据打通、采购计划协同、预约入库优化和内配开放、仓网布局协同、大促作战运营及库存模式等模块开展合作，打造双方高度协同的数智化供应链。通过系统直连美的侧实现每人每月22小时的节省，通过供需协同实现自动单比例从10%至30%的提升；采购分仓准确性提升实现每人每月36小时的节省，自动预约实现系统轮循预约效率提升90%，内配开放及优化实现冰箱品类每年600万元费用的节省，分仓和自动排车工具降低备货偏差和运输成本最优支持；缺货归因及不健康库存损益量化等工具助力针对性改善和清晰决策。

2. 全链路

供应链全链路即切入商品生产环节，实现从消费端到产业端生产、流通、服务价值链各环节的整体优化与重构。京东一直在推进的C2M(反向定制)模式可以说是供应链渗透到生产端的鲜明例证，通过电商数据助力品牌洞察更加个性化的用户痛点，挖掘更深层次的消费潜力。例如，京东通过C2M海量大数据分析发现，已婚家庭的女性非常担忧热水器内胆细菌滋生的问题。基于这样的用户痛点，海尔与京东联合推出了智能监视胆内水质的健康可视化电热水器G7。该产品一上市就受到了用户的欢迎，在京东618期间更是爆卖超过万台，实现了销量与口碑的双增长。海尔G7热水器不光带动了海尔热水器的增长，更推动了行业内健康可视化新风向，重新定义了热水器杀菌功能，解除了用户在用热水器洗澡时的担忧，实现了京东、品牌、行业与用户四方的共赢。

3. 社会化

社会化即通过供应链的开放平台，有效调动各价值链环节的社会化资源，提升敏捷响应与匹配效率。京东零售的"全城购"、京东物流的"云仓"、京东健康的"药急送"和京东汽车的"京车汇"都是供应链社会化的典型案例。在这些业务中，京东集成了广泛的社会化的供应链能力，如把线下实体店的库存信息整合到线上，而这些能力又被集成到更加广泛的全社会的众多供应链中，向全社会提供高效、优质的供应链服务，不仅服务于京东自身供应链，而且协助合作伙伴提升供应链能力，通过优化成本、效率和体验，实现供应链高效协同的社会价值。

以京东健康为例，截至2020年6月，京东健康平台拥有超过9 000家第三方商家，为用户提供更丰富的产品品类，与自营业务形成良性互补。声望听力是中国知名的听力健康领域品牌，与京东健康达成生态合作后，将在线问诊与线下听力测试服务有效融合，为用户提供便捷、可靠的就医路径。患者可在京东健康进行线上初筛和医生问诊，诊断用户听力损失情况，并指引用户在线下合作门店完成专业听力测试，生成报告图并完成助听器匹配。同时，京东健康为用户建立健康信息档案，并提供后续的持续健康医疗服务。

三、数智化社会供应链的作用与价值

数智化社会供应链有效促进了产业链上下游的融合互动性，提升了供给侧与需求侧的信息对称性，以及产品和服务的适配性，帮助制造端企业实现降本增效、以需定产、有效资源配置，加快实施数字化转型。随着数字技术覆盖面的扩大、智能技术的广泛普及、创新型服务的爆发式增长，数智化社会供应链将实现 5D 属性：深度技术(deep tech)、深度链接(deep connectivity)、深度数据(deep data)、深度智能(deep intelligence) 和深远目的(deep purposes)，提升数字社会的经济价值。

深度技术通过基础设施、传感、通信、计算等，保证数据有效、快速、完整的获取、传输和计算；深度链接指各类社会软硬件及设施、供应链上的不同环节以及不同供应链之间高度互通的深度连接；深度数据实现对供应链各环节的数据抽象和详尽的描述，对完整供应链进行数据建模；深度智能通过算法的不断演进，实现数据价值的变现，从感知智能迈向认知智能；深远目的最终实现对客户、对伙伴、对员工、对社会的深度服务。深度技术是深度链接、深度数据及深度智能实现的基础，通过深度链接实现数据的全链接，推动深度数据的发展；深度链接实现万人万物互联，深度数据实现数据完整透明，推动深度智能的实现。最后，深度技术、深度链接、深度数据、深度智能共同推动深远目的的深度实现。

5D 属性精准匹配了数智化社会供应链的每一个环节，从宽、深、厚、长、虚 5 个维度帮助 C 端、B 端及 G 端客户创造精准的价值，最终实现数智化社会供应链服务社会的深远目的。第一是"做宽"，即"国内+国际"的供应链体系；第二是"做深"，即"商品+服务"的供应链体系；第三是"做厚"，即"to C+to B"的供应链体系；第四是"做长"，即产业全链路的供应链体系；第五是"做虚"，即"物理+数字"的供应链体系。基于以上 5 个维度，以人工智能、物联网、区块链、自主系统、下一代计算技术为驱动，数智化社会供应链将围绕降本增效、体验优化来突破新的生产率边界。

● 案例：京东物流助力安利数智化供应链

1. 企业背景

安利公司是一家美国大型家居护理产品直销企业，由杰·温安洛和理查·狄维士于 1959 年在美国密歇根州艾达城创立，主要经营日用消费品、个人护理用品、家居护理用品和家居耐用品等。安利拥有 100 多万名销售专家和 16 000 多名员工，其业务已拓展到 6 大洲的 100 多个国家和地区。1995 年，安利中国正式成立，通过几十年的不断开拓，中国市场已成为其全球份额最大的市场。

2. 安利供应链管理挑战

经过多年的发展，安利的供应链网络已广泛分布于全国各地，其中包括约 200 家的线下门店、25 个仓节点，以及线上商城渠道及背后的电商仓库。安利供应链管理受到的挑战出现在最近几年，这些挑战主要来自：快速增长的电商业务及其波动和不确定性；急剧增加的供应链物流网络复杂度；库存周转慢、成本高、用户体验差；链路数据无法有效整合，应对变化响应迟缓等，这些挑战让安利供应链团队应接不暇。早在 2014 年，安利就提出数字化、年轻化、体验化的供应链战略转型方向，经过几年的努力，实际效果仍低于预期。2019 年一季度末，安利全国库存周转天数达到 75 天，远高于行业同类品牌的 40 天。与此同时，各仓库现货率水平参差不齐，距离工厂和 CDC 较远的区域仓库现货率水平甚至低于全国平均水平。价值供应链解决方案如图 3-2-1 所示。

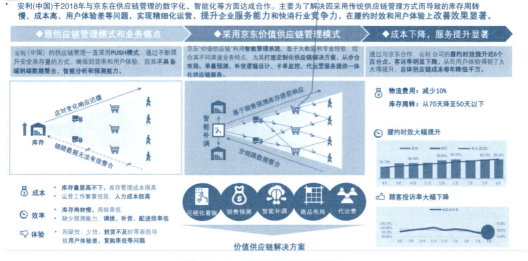

图 3-2-1　价值供应链解决方案

3. 京东物流赋能安利供应链数智化解决方案

京东物流集团成立于 2017 年(京东于 2007 年开始自建物流，2012 年正式注册物流公司，2017 年 4 月 25 日正式成立京东物流集团)，不仅充分运用其自身强大的仓网物流体系来服务企业客户(包括在全国运营超过 750 个仓库)，还致力于价值供应链管理的探索，通过数字化和智能化技术为客户的供应链管理赋能，实现全渠道+全链条的数智化供应链价值增值服务。

2018 年，京东物流承接了安利全国所有成品的仓储物流业务，双方就此建立了良好合作关系。在此基础上，2019 年双方进一步深化合作。京东物流利用其在电商领域积累的丰富需求预测、补货与库存管理经验并结合大数据智能算法能力，为安利定制化开发了销量预测与智能补货调拨系统(简称智能预测补调系统)，并全面承接安利的供应链分销计划工作，协助安利做好工厂到仓、仓到仓及仓到店的补货和调拨业务。

该数字智能解决方案并非仅强调算法工具的先进性，而是将大数据算法的能力与商业逻辑紧密结合。安利过去的人工分销与补货管理背后蕴含其多年业务经验沉淀下来的管理逻辑，这部分内容需要提炼和保留，但人工分销计划管理在速度、效率和精准度层面无法适应电商场景下消费者需求特征的多样化，特别是在复杂和快速变化的市场情况下。因此，大数据人工智能与商业逻辑的紧密结合才符合企业变革的要求。京东物流在为安利制定解决方案之前，先对安利库存计划团队的人工补货逻辑及整体库存策略进行了详细调研与分析，并通过算法模型初步佐证了数字化智能算法解决方案与安利业务策略的结合将有效提升安利供应链的运营成效及效率。

整个解决方案包括商品布局、销量预测、智能补货与调拨、经营看板、库存仿真、库存健康诊断、物流服务等系统方案，以及结合各仓差异化备货策略而制定的 B2C 订单拆单方案，如图 3-2-2 所示。

图 3-2-2　京东物流助力安利数智化供应链全景图

商品布局：通过销量预测、库存计划、运营模拟，基于时效、成本、服务水平等因素，提供商品入哪里(选仓)、入多少(库存) 的最优供应链决策建议。

销量预测：以京东物流大数据平台、算法平台、预测中心为基础，结合京东物流积累的行业数据，综合考虑品类、品牌、产品生命周期、价格、销售计划、营销计划、配额、节假日、市场环境等各种因素，输出销量预测。销售预测的主要步骤为数据清洗、特征工程、分类选型、算法迭代及输出预测结果。数据清洗是指对历史数据中的大单进行剔除，以及对由缺货导致的销量损失进行数据回填，同时把异常的数据基于一定规则做数据预处理；特征工程是指梳理数据层面的特征，以便识别；分类选型是指将数据特征与对应的算法模型进行匹配，输出对应的模型和权重后，选择结果最优的一个或几个组合模型，对 SKU 进行预测；算法迭代是指模型确认后进行训练和学习，算法模型持续调优的过程。

智能补货与调拨：根据安利业务特点提供多样化的补货策略，深入融合业务进行算法模型优化，系统会依据历史销量、销量波动程度两个因素输出 SKU 颗粒度的补货参数默认值(也可根据业务需求自主设置)。系统依据智能预测结果，结合补货规则，指导每个 SKU 在仓库维度的采购建议量，协助计划人员进行补货决策，为计划人员输出智能化、自动化的补货建议，提高计划人员的决策能力，提升补货的精准度，在有效提高现货率的同时降低库存周转天数。主要的补货策略为：基于销量预测和库存策略计算下游的补货需求，工厂库存供应充足时，按照下游补货需求进行满足；工厂的库存供应不足时，按照各仓由远及近优先级或者需求比例的方式修正下游的补货需求，同时会考虑总仓的可配出库存，启动总仓补货，工厂无法满足的需求由总仓进行支援，如果总仓也不能够满足下游剩余需求，系统还有最后的全国均衡的兜底逻辑进行补充。

经营看板：针对安利供应链各环节各部门的生产数据、业务数据、销售数据等进行 360° 全景展示，并根据数据分析后的结果进行方案建议和后续执行。

库存仿真：采用供应方、仓库和需求方三类基本逻辑单元建立库存系统的仿真模型，并定义各单元的属性参数，基于事件调度法，并借鉴进程交互的处理方法，实现库存系统仿真的算法，从而解决复杂模型的优先级处理、仿真运行状态存储及库存策略的实现等问题，实现正向的运营结果模拟和逆向的系统配置参数推荐。

整个解决方案除了技术方面，还包括异常情况的处理机制、业务策略与流程方面的调整和适配等，如图 3-2-3 所示。

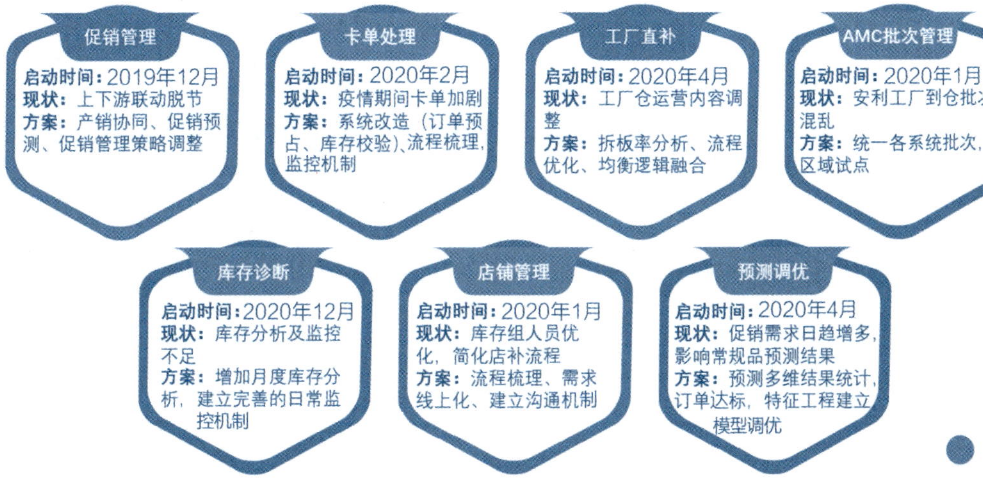

图 3-2-3 京东物流助力安利数智化供应链业务专项图

4. 总结

经过京东物流的价值供应链分销计划团队与安利的共同努力，从调研论证到分仓布局、单量预测、智能补货、卡单监控、代运营服务等一系列解决方案设计，再到落地运营，安利供应链转型成效已初步呈现，根据2020年的绩效数据来看：

- 安利成品物流费用节约10%以上；
- 库存周转天数从75天下降至45天；
- 重点品类预测准确率从73.6%提升至82%；
- 现货率从原先的97%~98%提升并维持在99.5%及以上水平；
- 顾客投诉率明显下降；
- 分销计划人员数量较之前减少一半，并有望进一步提升。

安利欧洲供应链规划总监认为安利(中国)和京东物流价值供应链的合作是一个很好的标杆，为安利(中国)的业务特别是电商渠道业务更快速的发展提供了强有力的供应链支撑，并且安利期望未来与京东物流开展更广阔的合作。而对京东物流而言，这个案例充分展示了京东物流在原有先进物流管理服务能力的基础上，通过数字化和智能化技术为客户供应链管理赋能，助力客户实现数字化供应链的转型，并创造更高业务价值的能力。

第3节 全球化供应链

一、全球化供应链的基本内涵

全球化供应链亦称全球网络供应链。全球化供应链的成员遍布全球，生产资料的获得、产品生产的组织、货物的流动和销售、信息的获取都是在全球范围内进行和实现。全球化供应链是指在全球范围内组合供应链，它要求以全球化的视野，将供应链系统延伸至整个世界范围内，根据企业的需要在世界各地选择最有竞争力的合作伙伴。全球化供应链管理强调在全面、迅速地了解世界各地消费者需求的同时，对其进行计划、协调、操作、控制和优化，在供应链中的核心企业与其供应商，以及供应商的供应商、核心企业与其销售商乃至最终消费者之间，依靠现代网络信息技术支撑，实现供应链的一体化和快速反应，达到商流、物流、资金流和信息流的协调与通畅，以满足全球消费者的需求。

二、全球化供应链的基本特征

全球化供应链以全球范围内的消费者来驱动供应链运作，以消费者满意为核心。全球化供应链将消费者服务定位为公司的核心，而且从战略上基于为消费者服务的思想，以消费者满意度作为绩效标准，重新进行市场细分。针对不同消费者群体的不同需求，提供多样化的产品和服务，注重降低成本和提高效率，以取得消费者对企业产品的认同，提升企业的业绩。

全球化供应链是一种新型合作竞争理念。全球化供应链从全球市场的角度对供应链全面协调性的合作式管理，不仅考虑核心企业内部的管理，更注重供应链中各环节、各企业之间资源的利用和合作，让各企业之间进行合作博弈，最终达到双赢。全球化供应链管理的合作竞争理念把供应链视为一个完整的系统，将每一个成员企业视为子系统，组成动态跨国联盟，彼此信任，互相合作，共同开拓市场，追求系统效益的最大化，最终分享节约的成本和创造的收益。

全球化供应链以现代网络信息技术为支撑。全球化供应链是现代国际网络信息技术发展与跨国战略联盟思想发展的结晶，高度集成的网络信息系统是其运行的技术基础，如ERP(企业资源计划)综合应用多项网络信息产业的成果，集企业管理理念、业务流程、基础数据、企业资源、计算机软硬件于一体。通过信息流、物流、资金流的管理，把供应链上所有企业的制造场所、营销系统、财务系统紧密地结合在一起，以实现全球内多工厂、多地点的跨国经营运作，使企业超越了传统的供方驱动的生产模式，转为需方驱动生产模式运营。通过信息和资源共享，实现以消费者满意为核心的战略目标。

三、全球化对供应链网络的影响

全球化供应链使得单一的运输方式难以满足当今供应链的需求，多式联运是高效、经济地解决货物运输的有效选择。多式联运系统包括公路、铁路、航空、水路等多种运输方式的联合使用和密切协调，以及无人机等其他非常规的"最后一公里"运输方式。全球化供应链环境对多式联运的路径规划、动态网络建模、信息实时跟踪提出了更高的要求。

全球化供应链可以快速响应客户需求、缩短交付周期、提升服务满意度，促进了企业海外仓的布局。海外仓实质就是通过在境外建立仓储节点，将货物通过大宗物流的方式运输至目标市场进行储存，待收到目标市场发出的订单后，以最快的速度提供分拣、包装、配送和退货等服务，海外仓既可以是以囤货的方式代替运输的"消费地"仓库，也可以是一种"中转"仓库。

四、全球化供应链布局新趋势

新冠疫情扩大了全球自由贸易体系中的裂痕，贸易保护主义借势而起，地缘政治走向充满变数，全球化供应链布局也在加速调整。新常态下，未来全球化供应链布局将呈现出"新四化"趋势：区域化、敏捷化、数字化和多元化。

1. 区域化

目前，全球化供应链的不稳定性持续上升，放眼未来，区域化发展将成为供应链新趋势。基于全球自由贸易和市场准入的全球供应链，将向以区域集群和贸易集团为中心的区域供应网络转变。区域化意味着如下供应链模式的嬗变：在原材料采购来源相对不变的情况下，相关部件和装配在区域内实现近岸生产以降低地缘政治风险；出于政府激励和减缓风险等考虑，总装则更加靠近终端市场和客户。

2. 敏捷化

敏捷化旨在提升供应链对市场波动的响应速度，强调产销协同，并根据不断变化的供需关系，协调应对方案与计划。通过在产品组合、库存层面的快速供需决策，协调生产、供应、物流相关方，最大化提升供应链业绩。

3. 数字化

供应链全环节数字化水平不断提升，构建端到端的韧性，主要应用包括：基于AI预测需求与资源配置；通过统一界面保证全方位信息实时可见、透明；通过预判和模拟降低风险；跨职能敏捷团队加速行动减少壁垒。

4. 多元化

新冠疫情让人们意识到"不要把所有鸡蛋都放在一个篮子里"的重要性，对于供应链也不例外。多元化供应网络，引入备选供应商，确保供应灵活度是大势所趋。多元化要确保在采购、生产和交付各环节设立与监控各项冗余度指标，留足缓存，确保供应链稳健、可用。

● **案例：华为全球供应链**

1. 企业背景

华为创立于1987年，是全球领先的ICT(信息与通信)基础设施和智能终端提供商。目前，华为约有19.7万员工，业务遍及170多个国家和地区，服务全球30多亿人口。

华为致力于把数字技术带入每个人、每个家庭、每个组织，构建万物互联的智能世界:让无处不在的联结,成为人人平等的权利,成为智能世界的前提和基础;为世界提供最强算力,让云无处不在,让智能无所不及;所有的行业和组织,因强大的数字平台而变得敏捷、高效、生机勃勃;通过AI重新定义体验,让消费者在家居、出行、办公、影音娱乐、运动健康等全场景获得极致的个性化智慧体验。

2. 华为全球供应链布局

为了实现"供应链能够支撑公司海外业务发展"的目标,顺利完成对全球客户的合同履行和交付,华为提出以简单化、标准化和IT自动化为原则,以提高海外业务的处理效率和运作效率、满足全球客户的订单要求为任务,以建设一个响应速度快、运作成本低、质量水平高、具有竞争优势的全球化供应链体系为战略目标的全球供应链变革方案。

(1) 建设全球化的供应能力

在硬实力上,华为对全球资源进行整合,建设全球化的供应能力。

第一步,着手解决标准化问题,对IT管理系统进行改造,将公司的集成供应链功能扩展到全球。2005年,华为启动了海外子公司ERP系统实施项目,开始在海外几十个国家的办事处实施ERP系统,以提高海外业务的处理效率和运作效率。通过总部专家组的支持,整合地区部、子公司的运作流程,贯彻并落实集团会计政策。华为开始在有条件的子公司,如尼日利亚、埃及、沙特阿拉伯、南非、英国、巴基斯坦等国家的子公司,优先试点实施ERP系统,支持地区部和子公司的供应链运作及财务管理。为了确保项目的成功,华为特地从公司总部的财务、采购、流程、IT等部门抽调出20多名精兵强将,采用"细胞分裂式"方法和"蜂群战术"将国内成功实施ERP系统的经验扩散到海外。

在项目实施过程中,华为团队遇到的最大挑战就是不同的国家有不同的税务、财务、商业政策及法规要求,客户需求差异也很大,ERP系统实施中遇到的困难比预期的要多,于是公司将原来的海外子公司ERP系统实施项目升级为公司级变革项目,成立了重量级的跨部门团队,将项目成员扩充到200人以上。截至2007年底,华为在全球的80多家子公司(除了设在巴西和俄罗斯的子公司)已经全部实施ERP系统,基本实现了全球业务的标准化和信息化管理,实现了订单管理、财务报表、采购、付款等运作流程的IT系统化。

第二步,对全球供应网络进行规划和布局。所谓供应网络规划,是解决从以产品为起点到以市场需求为终点的整个流通渠道中,以什么样的供应网络结构服务客户需求的问题,根据供应网络节点所服务的客户群体、产品类别,决定供应网络节点的类型、数量与位置,以及产品在节点之间的物流方式。供应网络规划还需要解决空间和时间问题,以及两者与成本的平衡问题。空间问题是指对各类设施如工厂、仓库、零售点的平面地理布局,要在考虑设施选址、数量和规模的同时兼顾客户服务水平与成本的平衡;时间问题是指客户花多少时间获得产品,要寻求客户服务时效与库存、物流运输等的平衡。

2005年以前,华为只在深圳设有一个生产基地,由一个中央仓库集中管理库存,当华为的客户遍布东南亚、非洲、中东、北美、欧洲、拉丁美洲等地区时,有限的生产能力、不健全的物流配送体系,使得华为在为全球客户提供服务时显得力不从心。为了有效支持公司拓展全球市场,除中国区,华为还在墨西哥、印度、巴西和匈牙利四国建立了4个供应中心,在迪拜、荷兰等国建立了区域配送中心,既快速响应了市场需求,又降低了物流运作成本,基本完成了全球供应网络的布局。以欧洲地区为例,匈牙利供应中心能够保证欧洲和北非大部分国家的订单需求得到满足,保证两周内及时交货。此外,除中国大陆,华为还分别在美国、日本、德国和中国台湾地区建立了4个采购中心,以集中认证、分散采购为原则,统一管理全球范围内的元器件供应商。

第三步,建立全球化的集成供应链。首先,要解决海外销量预测的问题。随着海外市场的井喷式发展,华为产品的海外销量已经超过国内,海外销量预测的必要性越来越大,过去那种以国内销量衡量海外供应量的模式已不再可行,海外预测销量的缺失及不准确会导致全线产品的供应问题:预测的量多了,会造成库存及流动资产的大量浪费;预测的量少了,供应又无法得到保障。为了有效管理全球的需求和订单,华为开始深入全球市场的前端,推动高级计划和排程系统(APS)在全球范围内的执行,沿袭国内的销售和运营计划(S&OP),要求全球的销售部门、国内的生产部门和采购部门每月举行一次例会,以检视需求和供应之间的差距,并据此调整采购计划、生产计划和交付计划,保证各个部门及时获取和更新信息,并将可承诺的交货信息发布给全球的销售部门和销售人员。

其次,要解决全球化的订单管理和交付的问题。2005年,华为向海外地区部同步推行国内的合同订单集成配置器,实现前后方数据共享,提升海外合同配置的准确率,提高订单处理的市场响应速度,减少各类错货,并为各类预测、计划及统计提供准确的数据源。

此外,华为投入了大量精力,研究交付的逻辑和算法,研究贸易结算方法,根据每个供应中心的供货能力来平衡各地区的订单。当客户下单到供应链系统后,系统能够自动运行拆分逻辑,将订单拆分到最近、最便捷、成本最优化的地区供应中心进行备货,在确保遵从海关法规的前提下,既缩短了货期,又节省了运输成本。通过这一订单管理和交付方案,华为的全球供应网络有了明显改善,订单履行和产品交付变得更及时、有效。

最后,还要解决全球化物流的问题。以前,华为的业务主要在国内市场,物流由华为自己掌握;而在海外,华为需要将物流服务外包给大量的第三方、第四方物流公司。一方面,华为与全球化的大型物流公司建立战略合作伙伴关系,以保证产品能及时从深圳的工厂运送到全球各地的地区供应中心,再从各个地区供应中心交付到世界的各个角落;另一方面,华为将本地物流外包给一些本地的物流公司,由它们负责从本地海关送货到客户基站或站点，这些本地的物流公司由本地办事处负责认证、考核和管理，物流成本相对较低，服务也能够得到保证。

(2) 培养国际化团队的工作能力

在增强全球供应链硬实力的同时，华为也在同步强化供应链的软实力。华为开始加强本地化建设和对国际化团队能力的培养，提升全体员工的全球化工作能力。一直以来，华为都将国际化、职业化、成熟化作为发展目标，在国际化方面更是提出市场国际化、技术国际化、资金国际化、人才国际化的具体要求。

在国际化能力建设中，除了建立地区供应中心、采购中心、物流中心，华为还加快海外供应链本地化建设的步伐，大量招聘和启用本地员工，加强对本地员工的培训，将本地员工培养为业务骨干，使其了解、熟悉本部的运作，进而加强供应链一体化的沟通与协作。

此外，华为还引进大批具有国际化视野的职业经理人和专业人士，提升供应链员工队伍的素质和能力。对于与海外接洽的业务人员，华为将英语能力作为任职的基本要求，任职人员必须具备英语口语交流和文档阅读的能力；对于干部的选拔，华为也以能否适应国际化为标准，对于不能胜任的，则会下调职务。在这一过程中，华为内部的文档资料和流程系统也逐步实现双语化。如今，华为在全球170多个国家拥有4万多名外籍员工，初步实现了人才的全球化。

ERP系统的上线和全球供应网络的建立为华为的全球供应链构建了基础。但是，没有任何一种供应链运营模式能够适用于所有业务和全球所有地区。全球化的供应链系统要求根据不同国家及地区特定的法律、法规和客户需求，从细节着眼，制定个性化的管理模式，持续推进精细化管理，对现有系统做出补充。比如，不同的地区有不同的库存要求、不同的交付要求、不同的物流运输条件，华为在全球化发展过程中，不断激励和驱动一线员工，不断创新和优化全球供应链管理系统。截至2008年，华为已打通了全球供应网络，形成了良好的全球供应链。华为的全球供应链已成为其核心竞争力的一部分，有效支撑了公司的高速发展。

3. 华为全球供应链调整

2019年5月16日，美国商务部宣布将华为及其附属公司列入管制"实体名单"，要求美国企业必须经过美国政府批准才可以和华为交易。此后，谷歌、ARM、英特尔等企业纷纷表示将遵守禁令，限制华为购买芯片、元器件和技术服务。这一举措意味着华为在美国供应商处采购的大批包含核心技术的零部件受到限制，全球供应链受到影响。面对危机，华为开始寻求供应链结构调整，快速加强国内供应链建设，增加中国供应商的数量，加快供应链本土化进程。截至2019年7月底，在华为的204家供应商中，中国公司的数量已上升至 92 家。2019 年，为了兑现公司对客户提供持续服务的承诺，华为保密柜里的备胎芯片"全部转正"，保证了华为大部分产品的战略安全和连续供应。

4. 总结

从 2005 年到 2007 年，华为通过三年的努力，初步实现了海外业务管理的信息化，在供应链领域陆续规划并启动了全球供应链(GSC)管理、全球化供应网络(GSN)管理、供应商关系管理(SRM)、供应商电子协同、国家计划统计调转、流通加工能力建设、客户电子交易等项目，对全球供应环境下的业务、组织、流程和信息技术进行了设计与优化。通过持续打造柔性的供应链能力，华为的供应链赢得了快速度、高质量和低成本的竞争优势。

华为推行的全球供应链管理变革，保证了新流程和管理系统的落实，使供应链能力和客户服务水平得到持续改善；华为全球供应网络的布局，全球供应链体系的构建，串联起了华为在全世界各个国家和地区的业务组织，有效支持了华为海外业务的扩张，帮助华为更好地抓住市场机遇，创造了经济效益。

第 4 节　绿色供应链

一、绿色供应链的基本内涵

绿色供应链广义上指的是要求供应商将其产品与环境相关的管理，亦即将环保原则纳入供应商管理机制中，其目的是让本身的产品更具有环保概念，提升市场竞争力。

绿色供应链的设计更应该强调在污染产生以前就尽量减少供应链上的环境污染、能源消耗和耗损，也就是在提供产品和服务的全过程中减少污染和对环境的不利影响，在战略层面上从一个全新的角度对环境保护进行考虑，建立参数化模型并给出模型的求解。基于绿色供应链自适应系统动态演化控制机理，用碳足迹分析碳排放对供应链总成本的影响，引入不同市场的响应时间变量，考虑响应时间对供应链销售收入的影响；借助惩罚函数系数等来平衡成本、响应时间、碳排放三者的相互制约关系，建立目标优化模型，即绿色供应链网络设计决策模型，使整个网络在环境质量和经济效益的效率边界实现最优。进而通过数值分析、验证模型的有效性，为绿色供应链网络设计提供辅助决策方案，促进整个供应链的可持续发展。

二、绿色供应链的主要内容

绿色供应链的内容涉及供应链的各个环节，其主要内容有绿色采购、绿色制造、绿色销售、绿色消费、绿色回收及绿色物流。

绿色采购是指根据绿色制造的要求，一方面，生产企业应选择能够提供对环境友好的原材料的供应商，采购环保的材料作为原料；另一方面，企业在采购行为中应充分考虑环境因素，实现资源的循环利用，尽量降低原材料的使用和减少废弃物的产生，实现采购过程的绿色化。

绿色制造包含绿色设计和绿色生产。绿色设计是一种全新的设计理念，又称生态设计、环境设计、生命周期设计，是在产品全部生命周期内，着重考虑产品的环境属性，包括节能性、可拆卸性、寿命长、可回收性、可维护性和可重复利用性等。绿色生产要求比常规生产方法显著节约能源和资源，同时，在生产过程中，最大限度地避免或减少对人体伤害和环境污染，如减少辐射、噪声、有害气体及液体等对人体的伤害和对环境的污染。

绿色销售是指企业在销售过程中充分满足消费需求、争取适度利润和发展水平的同时，能够确保消费者的安全和健康，遵循在商品的售前、售中、售后服务过程中注重环境保护、资源节约的原则。

绿色消费主要有三层含义：一是倡导消费者在消费时选择未被污染或有助于公众健康的绿色产品；二是在消费过程中注重对垃圾的处置，避免环境污染；三是引导消费者转变消费观念，崇尚自然、追求健康，在追求生活舒适的同时，节约资源和能源，实现可持续消费。

绿色回收就是考虑产品、零部件及包装等的回收处理成本与回收价值，对各方案进行分析和评价，确定最佳回收处理方案。

绿色物流是指在整个物流活动的过程中，尽量减少有害物质的产生，如降低废气排放量和噪声污染、避免化学液体等的泄漏对土壤和水源的污染等，尽可能减少物流对环境造成的危害，实现对物流环境的净化。使物流资源得到最充分的利用，如降低能耗、提高效率等。绿色供应链的物流过程包括前向物流和逆向物流。

三、绿色供应链的基本特征

绿色供应链管理是可持续发展的供应链管理模式。绿色供应链管理将"无危害成分""无污染""无废物排放"贯穿整个供应链管理始终，是生态发展规律和经济运行规律相结合的产物，遵循了可持续发展理念，目的是实现人与自然的协调发展。

绿色供应链管理是"全过程"的供应链管理。绿色供应链管理涉及供应商、制造商、分销商、零售商和最终客户，从产品研发、采购、加工、包装、消费到回收的全部过程都综合考虑对环境的影响。绿色供应链管理是站在可持续发展的角度审视产品的生命周期，注重产品性能、成本、研发周期等因素的同时，优化各种设计要素，降低产品在生产过程和消费过程中对环境的副作用。

绿色供应链管理以绿色制造理论为基础建立同盟关系。绿色供应链是由不同利益主体组成的联盟系统，提倡在企业间的协调合作中实现供应链管理绿色化，这就要求各利益主体在追求经济效益的同时不得以牺牲环境为代价，不能追求个体利益忽视集体利益，要将可持续发展思想及循环经济发展理念贯穿整个供应链经营过程中，提倡各节点企业共同承担起保护环境的责任。

●案例：京东物流绿色低碳供应链——供应链共享碳足迹

作为国内首家设立科学碳目标的物流企业，京东物流率先提出"供应链共享碳足迹"的减碳路径，并将绿色低碳纳入企业发展战略。

拥有20年供应链基础设施积淀的京东，致力于将绿色基础设施与数字技术深度融合，推进仓储、包装、运输、运算、回收及办公等多个环节协同共建绿色供应链，并将其面向全社会开放共享，与全产业链共同推进绿色发展。不仅为企业创造可持续经济价值，也产生了巨大的社会效益。

"双碳"政策的实施，促进企业对能源的利用向集约型转变。作为新型实体企业，京东致力于成为节能降耗的"碳"路者，依托绿色供应链带动节能、能效提升、储能等领域快速发展。

截至2022年底，京东已完成23座智能物流园的光伏发电系统安装，同时计划将光伏发电能力逐步提升至1 000兆瓦，为85%的京东智能产业园提供绿色能源。京东产发为宝马提供定制化的区域配送中心建设服务，让后者成为中国首个获得LEED金级认证的售后零件"绿色库房"。京东产发旗下的38个京东智能产业园完成了车辆充电桩配套，共计582座充电桩已投入使用。

京东在包装上通过延长使用寿命、创新包装方式、回收再利用等方式，守住青山绿水。京东物流循环保温箱是国内最早应用2C循环包装模式的试点，替代传统EPS白色泡沫箱和一次性冰袋。循环保温箱在京东B2C生鲜业务中使用，截至2022年底，已在18个城市规模化、常态化投放70万个，累计投放超2亿次，减少泡沫箱使用2亿个。循环青流箱取消一次性封签或胶带使用，仅依靠物流面单即可封箱，已在30个城市常态化投放20万个，累计投放2 000万次。近两年来，京东健康不断优化纸浆配比，药急送及京东到家使用超4 000万环保纸袋，节省纸浆相当于少砍伐1.5万棵树。此外，2022年，京东到家77.1%的包装袋为可降解包装袋，已覆盖约70%订单。2022年，京东到家还向商家提供包装材料6 587吨，同比下降约20%，在订单同比增长的情况下实现了配送包装袋使用的下降，其中可降解包装袋在总包装袋消耗量中占比为77.1%，目前已覆盖约70%的京东到家订单。

绿色运输方面，京东物流多式联运规模不断扩大，同时通过仓网运筹规划技术持续推动不同货物组合运输，在提升运输效率的同时降低能耗、减少碳排放。其中，2022年，京东物流铁路货物运输量超过180万吨，已拥有自营新能源车超5 000辆。在绿色包装方面，截至2022年，京东物流可循环快递包装累计投放次数已超过2.2亿次。未来，京东物流还将不断完善新能源运输工具及运输网络基础设施建设，力争到2030年100%使用新能源车。为了节能减排，京东的合作伙伴达达快送基本实现电车配送，全年配送距离18.2亿千米，并在分拣、打包、配送等环节全流程实施碳减排举措。

为了让数字化和智能化决策更好地为客户服务，京东物流向客户提供数字化供应链碳管理平台SCEMP试算服务，单月计算物流运输碳足迹超过35万张运单，在单项仓配运输场景下，所计算的温室气体排放量总量超过450 000千克二氧化碳当量，温室气体减排量为37千克二氧化碳当量。

依托"有责任的供应链"，京东与全产业共同推进绿色发展，为产业"降碳"、为发展"增绿"，通过绿色供应链实现与美好生活的双向奔赴。

 读书笔记

参考文献

[1] 苏尼尔·乔普拉. 供应链管理 [M]. 6 版. 北京：中国人民大学出版社，2017.

[2] Marshall Fisher. What Is The Right Supply Chain for Your Product[J]. Harvard Business Review, March-April 1997.

[3] Gartner for supply Chain Leaders Sample Presentation, Framework for Demand-Driven Maturity.

[4] 杨海愿. 零售供应链 [M]. 北京：机械工业出版社，2021.

课程资源申请表

"供应链网络规划"课程是高等职业院校供应链运营、物流服务与管理、物流工程技术等相关专业的核心课程,是从事供应链物流管理、物流规划类岗位工作的必修课程。本课程依据供应链网络规划在企业中的真实应用场景,结合当前供应链仓储网络的选址、多级仓储网络的配置等实际工作过程,还原企业真实工作过程与逻辑,提取网络规划的工作方法进行实践方法论的转化,并应用企业供应链网络规划工具进行实践与学习。通过本课程的学习和实训,旨在让学生掌握企业供应链网络规划的工作过程和方法,为其未来从事物流企业相关岗位工作或企业供应链中涉及相关网络规划的工作奠定基础。

可填写下表申请京东数字化教学平台在线课程的相关资源。

姓名		职务	
大学/学院		系/科	
学校邮箱		是否为双高院校	
手机		通信地址	
学生人数		学期起止日期时间	
学院/系/科教学负责人电话/邮件/研究方向: (请在此处标明学院/系/科教学负责人电话/邮件并加盖公章)			
教材购买由 我☐　　我作为委员会的成员☐　　其他人☐(姓名:　　　　)决定。			

本课程资源申请邮箱:yanganqi6@jd.com

联系电话:18500231490